U0937972

“十四五”职业教育国家规划教材

浙江省高职院校“十四五”重点教材

高等职业教育国际经济与贸易专业系列教材

国际贸易理论与实务

（第三版）

主　编　何　璇　曹晶晶
副主编　李春丽　季晓伟
主　审　李文静

科学出版社
北　京

内 容 简 介

本书共分为五个项目，涵盖了国际贸易理论、建立进出口贸易公司、交易准备与磋商、合同签订、履行国际贸易合同等国际贸易方面的理论与实务内容。全书以任务为核心，以工作过程为主线，内容简单实用、通俗易懂，是一本适时、适用的项目化教材。

本书可作为高等院校国际经济与贸易专业的教材，也可供外贸工作者和其他涉外企业工作人员岗位培训和自学时参考。

图书在版编目（CIP）数据

国际贸易理论与实务/何璇，曹晶晶主编．—3 版．—北京：科学出版社，2019.11

（“十四五”职业教育国家规划教材・高等职业教育国际经济与贸易专业系列教材）

ISBN 978-7-03-063379-8

Ⅰ．①国… Ⅱ．①何… ②曹… Ⅲ．①国际贸易理论-高等职业教育-教材 ②国际贸易-贸易实务-高等职业教育-教材 Ⅳ．①F740

中国版本图书馆 CIP 数据核字（2019）第 254735 号

责任编辑：任锋娟　周春梅 / 责任校对：马英菊

责任印制：吕春珉 / 封面设计：东方人华平面设计部

科学出版社 出版

北京东黄城根北街 16 号

邮政编码：100717

http://www.sciencep.com

天津翔远印刷有限公司印刷

科学出版社发行　各地新华书店经销

*

2007 年 8 月第 一 版　2024 年 4 月第二十一次印刷

2014 年 9 月第 二 版　开本：787×1092　1/16

2019 年 11 月第 三 版　印张：17 3/4

字数：418 000

定价：53.00 元

（如有印装质量问题，我社负责调换〈翔远〉）

销售部电话 010-62136230　编辑部电话 010-62135397-2015

第三版前言

教育是国之大计、党之大计。培养什么人、怎样培养人、为谁培养人是教育的根本问题。本书以落实立德树人根本任务为导向，突出产教融合特色。本书结合国际贸易规则和国际贸易惯例的新变化，在第二版的基础上做了大量的调整和修改。本书按照"项目驱动"和"基于工作过程导向"的思路编写，在此基础上，合理增加跨境电商等内容；本书由校企合作共同编写，具有丰富外贸一线工作经验的企业经理参与教材实训环节的设计并担任主审。

本书分为五个项目，每个项目都设置有若干任务，每一任务下又包括任务要求、任务学习、任务评价三个部分。本书配有教学课件、思考与练习答案等教学资源，并配套浙江省在线开放课程"国际贸易理论与实务"的教学资源（https:www.zjooc.cn/course/5000449），以提升课程教学效果。

本书由何璇、曹晶晶担任主编，李春丽、季晓伟担任副主编，其中何璇负责拟定全书的编写大纲、主题内容及最后的统稿工作。具体编写分工如下：何璇、曹晶晶、王宇佳、龚文龙、黄艺、蒋鑫琳和叶丽芳负责编写项目一、项目三；朱简和龚江洪负责编写项目二；何璇负责编写项目四中的任务一至任务九；龚孔屏、龚江洪负责编写项目四中的任务十、任务十一；李春丽负责编写项目五中的任务一；季晓伟负责编写项目五中的任务二；上海詹雅贸易有限公司的李文静负责全书的审稿工作。

本书的编写和出版得到了科学出版社的大力协助，在编写中借鉴和吸收了国内外专家、学者的大量研究成果，在此一并致谢。

本书由于编写时间仓促，加之编者水平所限，书中的疏漏、不足之处在所难免，敬请读者批评指正。

第一版前言

“国际贸易实务”是高等院校国际经济与贸易类专业的核心课程，也是获得外经贸从业资格的必修课程。国际贸易实务课程的目的不仅在于建立学生国际贸易业务的理论知识结构，更重要的是培养其处理国际贸易业务的能力。

根据国际上最新修订、颁布的有关法规和条例，并结合国际贸易中现行的惯例和习惯做法，我们新编了本书，其主要特点是“简单实用、通俗易懂”。具体表现为：本书在编写过程中将国际贸易惯例、法规和解释与现实案例相结合，在尽量做到内容精要的同时，大量引用精心筛选过的、有一定代表性的案例，并对每一个案例都有详细的分析和解释，还提出防范和处理意见，使学生在领会概念的同时，轻松掌握其实际应用意义和方法。为了提高学生的学习兴趣并养成积极思考的学习习惯，本书还精心设计了练习题。

何璇负责本书总体框架设计和全书总纂，具体分工为：何璇编写第一至三章；陈亭编写第四章；马园艺编写第五、七章；张利深编写第六、八章；李春丽编写第九章；彭学军编写第十章。

本书的编写和出版得到了科学出版社的大力协助，在编写中借鉴和吸收了国内外专家、学者的大量研究成果，在此一并表示感谢。

由于时间仓促，加之编者水平所限，书中的疏漏、不足在所难免，敬请读者批评指正。

目　录

项目一

国际贸易理论

学习目标

1. 认识国际贸易的产生与发展，掌握国际贸易的基本概念与分类；
2. 理解各种国际贸易政策；
3. 了解并掌握各种鼓励和限制出口的国际贸易措施。

技能目标

培养从国际贸易发展趋势洞察和关注世界经济和贸易、进一步发现国际贸易市场发展趋势的能力；学会限制进口和鼓励出口主要措施的技术性操作，在国际贸易中具有能采用灵活多变措施的能力，以及能运用国际贸易通则的规则来保护自己利益和规范自己行为的能力。

学习任务

任务一：认识国际贸易的基本概念；
任务二：了解国际贸易政策与措施。

在这两项任务的学习中，如果你认真学习理论知识，积极参与实践训练，并且能够顺利地完成具体任务，那么你会惊喜地发现自己已经培养了从事国际贸易活动的兴趣，并且对国际贸易政策与措施了然于胸。

任务一 认识国际贸易的基本概念

任务要求

掌握国际贸易的基本概念；了解国际贸易的产生与发展及其趋势。

导入案例

2018年3月22日，美国特朗普政府宣布“因知识产权侵权问题对中国500亿美元商品征收关税，并实施投资限制”。同年4月4日，美国政府发布了加征关税的商品清单，将对我国输送美国的1333项500亿美元的商品加征25%的关税。

据中国海关总署2019年1月14日公布的数据，2018年，中国外贸进出口总值超过30万亿元人民币，比2017年增长9.7%。其中，出口16.42万亿元，增长7.1%；进口14.09万亿元，增长12.9%；贸易顺差2.33万亿元，收窄18.3%。中美贸易总额增长5.7%，其中，中国对美国出口额上升11.3%，从美国的进口额增长0.7%，中国对美国贸易顺差增长17.2%，达到3233.2亿美元。

思考：

中美贸易战中究竟谁是胜利者？

任务学习

一、国际贸易的基本概念及分类

（一）国际贸易与对外贸易的概念

国际贸易（international trade）：亦称“世界贸易”，泛指国际上的商品和劳务（或货物、知识和服务）的交换。

对外贸易（foreign trade）：指一个国家（或地区）与其他国家（或地区）的商品和劳务的交换活动。这是从个别国家（或地区）的角度来看其与其他国家（地区）的商品和劳务交换活动。

对外贸易主要包括进口贸易和出口贸易两大部分，所以通常又称之为进出口贸易，而对于一些海岛国家，如英国、日本等，常常又把对外贸易称为海外贸易（overseas trade）。

两者关系：国际贸易由各国（地区）的对外贸易构成，是世界各国对外贸易的总和。

（二）国际贸易考核指标

应该如何考察国际贸易及对外贸易，一般我们可以应用以下考核指标。

1. 对外贸易额与国际贸易额

1）对外贸易额：以货币表示的一国在一定时期内进口额与出口额总和。

进口贸易总额：一定时期内一国从国外进口货物的全部价值。

出口贸易总额：一定时期内一国向国外出口货物的全部价值。

2）国际贸易额（世界进口/出口总额）：世界上所有国家的进口/出口总额按同一种货币单位换算后加总。

2. 对外贸易量与国际贸易量

1）对外贸易量：为剔除价格变动的影响并准确反映一国对外贸易的实际数量而确立的一个指标，它能确切地反映一国对外贸易的实际规模。具体计算方法是以固定年份为基期而确定的价格指数去除报告期的出口或进口总额，得到的是相当于按不变价格计算的进口额或出口额，叫作报告期的对外贸易量，即

$$对外贸易量=进（出）口额\div价格指数$$

$$价格指数=报告期价格\div基期价格\times100\%$$

以货币所表示的对外贸易值经常受到价格变动的影响，因而不能准确地反映一国对外贸易的实际规模，更不能使不同时期的对外贸易值进行直接比较。而以一定时期为基期的贸易量指数同各个时期的贸易量指数相比较，就可以得出比较准确的反映贸易实际规模变动的贸易量指数。

2）国际贸易量：以一定时期的不变价格为标准来计算的国际贸易额，是用出口价格指数去除国际贸易额，得出消除价格变动的近似值，即

$$国际贸易量=国际贸易额\div出口价格指数$$

3. 对外贸易依存度

对外贸易依存度：又称对外贸易系数，它是指一个国家国民经济的对外依赖程度，具体是用一国对外贸易值与国民生产总值（GNP）或国内生产总值（GDP）的比率来反映的。

对外贸易依存度可分为进口依存度和出口依存度，前者是指进口额对国内生产总值的比率；后者是指出口额对国内生产总值的比率。

在国民生产总值（国内生产总值）既定的前提下，对外贸易值越大，对外贸易系数越高，说明国民经济对外依赖程度越高；反之，对外贸易值越小，对外贸易系数越低，说明国民经济对外依赖程度越低。

4. 对外贸易条件

对外贸易条件：表示一国每进口一单位商品需要用多少单位出口商品交换（或每出口一单位商品，可以换回多少单位的进口商品）的比率。

通常是用出口价格指数与进口价格指数的对比来反映贸易条件的变化情况。若出口价格指数上涨幅度超过进口价格指数上涨的幅度，则贸易条件改善；相反，则贸易条件恶化。

5. 国际贸易商品结构与对外贸易商品结构

1）国际贸易商品结构：是指各类商品在国际贸易总额中所占的比重。

现代国际贸易商品结构变化的总趋势是：初级产品的比重逐渐减少，制成品的比重不断增加，尤其是技术密集型产品的比重增加得更为迅速。

2）对外贸易商品结构：是指各类进出口商品在一国对外贸易总值中所占的比重。

6. 国际贸易地理方向与对外贸易地理方向

1）国际贸易地理方向：是指国际贸易的地区分布（国别分布）和商品流向，也就是各个地区、各个国家在国际贸易中所占的比重和地位。

2）对外贸易地理方向：是指一国进口商品原产国和出口商品消费国的分布情况，即进口商品从哪里来，出口商品往何处去，它表明一国同世界各地区、各国之间经济贸易联系和依赖的程度。

7. 贸易差额

贸易差额：是指一个国家在一定时期（通常为一年）出口总值与进口总值的对比关系。它是衡量一国对外贸易状况的重要指标。

当出口总值大于进口总值时，称贸易顺差、出超或盈余。

当进口总值大于出口总值时，称贸易逆差、入超或赤字。

一国贸易顺差并非越多越好，过高的贸易顺差是一件危险的事情，意味着本国经济的增长比过去几年任何时候都更依赖于外部需求，对外依存度过高。巨额的贸易顺差也带来了外汇储备的膨胀，给此国货币带来了更大的升值压力，也给国际上贸易保护主义势力以口实，认为巨额顺差反映的是此国货币被低估。这增加了此国货币升值压力和金融风险。

（三）国际贸易的分类

国际贸易分类方法很多，主要有以下几种。

1. 按货物移动方向分

1）进口贸易（import trade）：指把外国生产和加工的产品运往本国国内市场销售。

2）出口贸易（export trade）：指把本国生产或加工的产品及本国化产品运往他国市

场销售。

3）过境贸易（transit trade）：商品从甲国经过乙国向丙国运送，对乙国来说是过境贸易，过境贸易是商品运输过程的第三地，过境国除了对过境商品征收很低的过境税或印花税以外，与商品交易双方并未发生任何贸易关系。

4）复出口贸易（re-export trade）：指把外国商品买进后，未经加工又输出到国外的贸易活动。

5）复进口贸易（re-import trade）：指把本国商品出口后，未经加工又重新输入本国的贸易活动。

2. 按国境和关境分

1）总贸易：指进出口以国境为标准，凡进入国境的商品一律列为进口，离开国境的商品一律列为出口，前者称为总进口，后者称为总出口，总进口额加上总出口额就是一国的总对外贸易额，即总贸易额＝总进口额＋总出口额。采用这种方法划分的有美国、日本、英国、加拿大、澳大利亚等90多个国家和地区，我国也采用总贸易的统计方法。

2）专门贸易：指进出口以关境为标准，进入一国关境的货物就是本国的进口，离开一国关境的货物就是本国的出口，前者称为专门进口，后者称为专门出口，专门进口额加上专门出口额是一国的专门贸易额。目前采用这种方法划分的有德国、意大利、瑞士等国家。

总贸易和专门贸易对一国而言，通常作为该国家记录和编制进出口货物统计的方法。采用总贸易划分方法的通常称为总贸易体系（general trade system）；采用专门贸易划分方法的称为专门贸易体系（special trade system）。

3. 按商品的存在形态分

1）有形贸易（visible trade）：指实物商品的进出口，因为实物商品是有形的，可以看得见、摸得着的。

2）无形贸易（invisible trade）：指非实物形式的服务和技术的进出口，因为服务和技术是无形的，看不见、摸不着的。它主要包括运输、保险、金融、邮政通信、国际旅游、工程承包、劳务合作、技术转让等。

主要区别体现在：有形商品的进出口，经过海关办理手续，包括在海关的贸易统计中，它是整个国际收支的主要构成部分；无形商品的进出口，不经过海关办理手续，不包括在海关的贸易统计中，但它也是国际收支的一个组成部分。

4. 按贸易是否有第三者参加分

1）直接贸易（direct trade）：指商品生产国（出口国）与商品消费国（进口国）之间直接进行的商品买卖行为，对生产国来讲是直接出口，对消费国来讲是直接进口。

2）间接贸易（indirect trade）：指商品生产国（出口国）与商品消费国（进口国）之间不是直接进行商品买卖，而是通过第三国转手而间接进行的贸易，对商品生产国来讲是间接出口，对商品消费国来讲是间接进口，而对第三国来讲是转口贸易。

3）转口贸易（entrepot trade）：指国际贸易中进出口货物的买卖，不是在生产国与消费国之间直接进行，而是通过第三国转手进行的贸易。这种贸易对第三国来说就是转口贸易。

二、国际贸易的产生与发展

（一）国际贸易的产生

国际贸易是一个历史范畴，它是在一定的历史条件下产生和发展起来的，是人类社会发展到一定阶段的产物。国际贸易的产生必须具备两个条件：一是具有可供交换的剩余产品；二是存在各自为政的社会实体。

分工是交换的基础，没有分工就没有交换，当然也就没有国际贸易。当人类处在原始社会初期时，生产力水平极其低下，没有剩余产品，没有私有财产，也没有人类处于自然分工的状态。氏族公社成员实行平均分配制度，没有交换，更谈不上国际贸易。

随着人类社会生产力的不断发展，出现了三次大分工。第一次大分工使畜牧业逐渐从农业中分离出来。社会分工促进了生产力的发展，使产品有了剩余。在氏族公社的部落之间开始有了剩余产品的相互交换，但这还只是偶然的物物交换。生产力的发展促进了手工业从农业中分离出来，人类社会出现了第二次大分工。手工业的出现，产生了以直接交换为目的的商品生产，促进了交换活动的发展，最终导致了货币的产生，产品之间的相互交换渐渐地演变为以货币为媒介的商品流通，这直接导致了人类社会的第三次大分工，即出现了专门从事贸易的商人，从而出现了贸易活动。生产力不断进步，逐渐出现了私有财产，在原始社会的末期出现了阶级和国家，商品交换超越了国界，产生了最初的国际贸易。

（二）资本主义社会以前的国际贸易

1. 奴隶社会的国际贸易

奴隶社会时期，自然经济占统治地位，生产的目的主要是为了消费，商品生产在整个经济生活中还是微不足道的，进入流通的商品很少。加上生产技术落后，交通运输工具简陋，因此国际贸易的范围受到了很大的限制。在奴隶社会，进行贸易的商品主要是奴隶和供奴隶主阶级享乐的奢侈品。当时希腊的雅典是一个贩卖奴隶的中心，主要的贸易国家有欧洲的腓尼基、希腊和罗马等。我国在夏商时代进入奴隶社会，贸易集中在黄河流域。尽管在奴隶社会，对外贸易在经济中不重要，但对手工业发展的促进作用较大，在一定程度上推动了社会生产的进步。

2. 封建社会的国际贸易

封建社会时期，国际贸易有了较大发展。尤其是从封建社会中期开始，随着商品生产的发展，封建地租由劳役和实物形式转变为货币形式，商品经济范围逐步扩大。到了封建社会末期，随着城市的兴起和城市手工业的发展，资本主义开始萌芽，商品经济和对外贸易都有了进一步的发展。

当时国际贸易的中心主要位于地中海东部，君士坦丁堡、威尼斯和北非的亚历山大是中世纪著名的三大国际贸易中心。11世纪以后，随着意大利北部和波罗的海沿岸城市的兴起，国际贸易的范围扩大到地中海、北海、波罗的海和黑海沿岸。封建社会晚期，交易品已从香料和奢侈品扩展到呢绒、葡萄酒、羊毛和金属制品等。

中国封建社会对外贸易发展较早。在公元前2世纪，西汉就开辟了从新疆经中亚通往中东和欧洲的丝绸之路，中国的丝绸、茶叶、瓷器通过丝绸之路输往欧洲；另外还有一条早在汉武帝时就开辟了的中印海上航线——海上丝绸之路，使中国同马来西亚、印度尼西亚、印度建立了直接的海上贸易关系。同时，通过印度又连通了中国同西亚、北非和罗马的海上贸易。明朝郑和七次下西洋，足迹最远到达了非洲东部海岸。这些远航把中国的绸缎、瓷器等输往国外，换回了香料、象牙、宝石等物品。通过对外贸易，把我国的火药、罗盘等较先进的技术，输入亚欧各国，同时也把这些国家和地区的土特产和优良种子等输进我国。这种贸易不仅推动了各国对外贸易的发展和亚欧间的经贸交往，也对世界文明的进程产生了深远的影响。

（三）资本主义时期国际贸易的发展

1. 资本主义生产方式准备时期的国际贸易

16—18世纪中叶是西欧资本主义生产方式准备时期。这一时期是资本原始积累和工场手工业发展的时期。工场手工业的发展促进了劳动生产率的提高，商品生产和商品交换进一步发展。不仅国际贸易范围迅速扩大，交换的商品品种和数量也比以前有所增加。地理大发现更是加速了资本的原始积累，促使世界市场初步形成，从而大大扩展了世界贸易的规模。

这一时期，欧洲国家通过暴力、掠夺和欺骗等方式扩大了对殖民地的贸易。殖民地在宗主国对外贸易中的比重和地位日益提高，宗主国从中攫取了巨额利润。

2. 资本主义自由竞争时期的国际贸易

从18世纪后期到19世纪中叶是资本主义的自由竞争时期。这一时期欧洲国家先后发生了产业革命和资产阶级革命，资本主义机器大工业得以建立并广泛发展。而机器大工业的建立和发展，一方面使社会生产力水平有了巨大的提高，商品产量大大增加，可供交换的产品空前增多，真正的国际分工开始形成；另一方面，大工业使交通运输和通信联络工具得到显著改进和广泛使用，极大地便利和推动了国际贸易的发展。于是国际贸易量显著增加，贸易商品结构发生巨大变化，商品种类越来越多，工业品的比重显著上升，贸易方式有了进步，各种信贷关系也随之发展起来，出现了专业性的国际贸易组织机构，国家之间的贸易条约关系也逐渐发展起来。

在这个时期，欧洲国家，尤其是英国，进一步推行殖民政策，使广大殖民地日益成为资本主义宗主国的销售市场和原料来源地，形成了不合理的国际分工，国际贸易中的斗争也趋于激烈。

3. 资本主义垄断时期的国际贸易

19 世纪末 20 世纪初，各主要资本主义国家从自由竞争时期过渡到垄断资本主义时期，国际贸易也发生了重大变化，明显带有垄断的特点。

由于生产和资本的高度积聚和集中，垄断组织在经济生活中起着决定性的作用。它们不仅控制了国内贸易，而且控制了国际贸易。垄断组织通过专门机构，直接操纵了进出口贸易，垄断了市场和原材料来源地。国际贸易成了垄断组织追求最大限度利润的重要手段。在国际贸易中，特别是在对殖民地、附属国的贸易中，垄断组织通过垄断价格，不断扩大不等价交换。

同时，垄断组织把资本输出与商品输出直接结合起来，殖民地不仅成为宗主国的产品销售市场，而且变成了宗主国的投资场所。通过资本输出，垄断组织一方面争夺和垄断国外市场、控制和奴役殖民地及附属国，另一方面推动了扩大商品输出，加重了对殖民地和附属国的掠夺。殖民地和附属国不仅在国际贸易上，而且全部经济都卷入世界经济体系中，形成了资本主义世界经济体系。

在垄断资本主义时期，竞争更加激烈。各主要资本主义国家普遍建立了关税壁垒，相继采取了具有进攻性的超保护贸易政策。它们之间的矛盾不断加深，争夺市场的斗争更加尖锐，最终导致了两次世界大战的爆发。

在两次世界大战之间，由于欧洲各交战国的国内经济受到了严重的破坏，加之周期性经济危机的加深，尤其是 1929—1933 年资本主义世界的大危机使得各国工业生产大受影响，国际贸易的发展几乎停滞了，这期间，世界贸易量的年均增长率仅为 0.7%，世界贸易值反而减少了 32%。

（四）当代国际贸易的发展

进入 21 世纪，世界经济已经由工业经济向知识经济转变，当代的国际分工是以知识、资金、科技、信息技术、人才等高级生产要素为基础的新的分工形式。这种新的、深入的、高级的分工形式促进了新的国际贸易方式和交易手段的产生和发展，使得当代的国际贸易呈现出新的趋势。

1. 贸易投资一体化趋势明显，跨国公司对全球经济的主导作用日益增强，国际贸易交易市场垄断化程度加剧

20 世纪 90 年代以来，跨国公司数量剧增，大型跨国公司日益全球化，并且开始结成新的“战略联盟”。这对于加剧国际分工的深化、促进国际市场的统一、推动世界市场的竞争、推动贸易自由化不断深化都有着重要的影响。由于跨国公司垄断了国际技术创新的 70%～80%和国际技术贸易的 90%，跨国公司在国际交易市场中的垄断地位日益加强。在迈向知识经济快速发展的 21 世纪，信息技术和高效运输技术的突飞猛进，使企业的跨国经营变得更加容易和有效，跨国公司的发展也将面临新的飞跃。因此，跨国公司现在都纷纷调整其发展战略，对内进行经济结构的升级和技术的大规模更新，对外

竭力维护其市场份额，并努力开拓新市场。可见，在未来的国际贸易中跨国公司的垄断地位将进一步得到加强。

2. 贸易自由化和保护主义的斗争愈演愈烈，贸易壁垒花样繁多，各种经济体的利益冲突白热化

在经济全球化的推动下，世界各国、各经济体的贸易和经济往来愈加频繁。从国际贸易的总体发展趋势来看，贸易自由化已经成为不可逆转的趋势和潮流。

然而，各国经济发展水平的差异、区域贸易集团的排他性增强、国际贸易利益分配的两极化等问题都加剧了贸易保护主义的横向、纵向发展。

发达国家为了维护自身利益，加速对世界资源的掠夺，采取种种不公平竞争手段、制定各种新兴的贸易壁垒，并通过控制世界贸易组织（World Trade Organization，WTO）贸易体制来限制发展中国家贸易的发展，致使世界贸易争端及贸易摩擦层出不穷。贸易与劳动标准、贸易与环境保护以及汇率等问题都已列入世界贸易组织的谈判议程，资源摩擦与贸易摩擦交互作用的趋势越来越明显，中国已成为国际贸易保护主义的最大受害国。这些趋势的出现，必然会给 21 世纪的国际贸易带来巨大的障碍和不利影响。发达国家同发展中国家的矛盾，将会因为贸易利益的两极化而进一步加剧。同等发展水平的国家之间的斗争，也因为争夺海外市场、战略资源等目的愈演愈烈，各种经济体的利益冲突将日趋白热化。

3. 国际贸易及生产领域绿色浪潮兴起，绿色贸易盛行，国际贸易被赋予新的特点和内涵

近年来，在全球范围内，以保护环境为主题的绿色浪潮声势日高，绿色贸易也应运而生。随着各国消费者环保意识的增强，以及各国政府对环境效益、社会效益的重视，绿色消费将成为新的消费潮流，绿色贸易将成为国际贸易的主要发展趋势。主要体现在以下两个方面。

1）绿色消费将引领消费潮流，成为绿色贸易的基础。国际贸易的基础是各国生产和消费上的差异。20 世纪 90 年代以来，随着社会经济的发展，人们的价值观念、消费心理都发生了深刻的变化：重视环保、崇尚自然的绿色消费之风蔚然兴起。据联合国有关部门统计，越来越多的消费者更青睐于绿色产品，并在购物时将环保国家考虑在内。可见，绿色消费的理念已经越来越深地根植于消费者的日常消费之中，绿色消费成为绿色贸易的基础。

2）绿色产品优化了国际贸易商品结构。随着世界绿色消费、绿色产业、绿色市场的兴起，国际贸易商品结构得到进一步的优化，主要表现在：绿色产品在国际贸易商品结构中所占的比例日益增大，同时，加速自然资源消耗的初级产品贸易所占的比重日益降低，新能源、新材料、新技术的兴起和发展，使得各种环保产品和新工艺得以广泛的应用，产品的技术知识含量不断提高，使得原来的国际贸易商品结构从以资源密集型商品为主转化为以高新技术、知识密集型产品为主，即绿色产品贸易日渐成为国际贸易的主要内容。

4. E国际贸易成为国际贸易新的交易方式

E国际贸易是对传统国际贸易的“扬弃”，是建立在现代互联网技术、云计算技术、形成大数据流量处理的能力基础上，依托跨境贸易平台的集聚和管理，以数据的流动带动全球消费者和生产者、供应商、中间商集成产生贸易流量，形成国际化、信息化、市场化、社会化、平台化和混沌化的一种全新贸易方式。犹如蒸汽机之于工业革命一样，E国际贸易不仅突破了传统国际贸易的时空地理障碍，还呈现出了以下一些新的趋势特征。

（1）平台化与网络化并存

E国际贸易以电子商务平台为依托进行国际贸易，并衍生出了电子商务交易平台、支付结算平台、物流平台、征信平台等各种平台基础设施。依托这些平台基础设施，E国际贸易所涉及的商流、物流、信息流、资金流和人员流动在平台上实现了分离与聚合，E国际贸易呈现出平台化的典型特征。同时，利用现代通信技术和计算机技术，平台依托网络把分布在世界各地不同地点的计算机、电子终端设备和移动终端设备连接起来，实现了商品资源、信息资源等的全面共享，国际贸易呈现网络化特征。

（2）信息化与无纸化并存

E国际贸易下，信息成为一种独特资源进入流通并成为流通中最大的变量，成为国际贸易的先导性力量，各类要素都呈现信息化和数据化特征，并依托平台形成跨国界的消费者集成、生产商集成、供应商集成、市场集成等的巨大贸易流量信息。同时，E国际贸易下，交易主体依托信息化实现无纸化操作和交易，卖方通过网络发送信息，买方通过网络接收信息，整个电子信息的传输过程实现了信息化，无纸化交易方式代替了传统对外贸易中的书面文件（如书面合同、结算单据等）进行贸易往来，大大简化了国际贸易流程，降低了交易成本，使国际贸易效率提高。

（3）有形商品与无形商品并存

传统国际贸易主要是进行实物交易，是以有形商品为主要内容的贸易，随着电子信息技术的发展与网络的普及应用，越来越多无形商品与服务进入流通与贸易领域，一些数字化产品和服务（如计算机软件、视听娱乐产品、电子书、电影、版权等）贸易量增长迅猛。有形商品贸易与无形商品和服务贸易并存，推动实体经济与虚拟经济两种基本经济形态共同发展，有形要素禀赋与无形要素禀赋共同进入全球化大流通，出现有形市场与无形市场的融合发展。

（4）即时性和快速演进性并存

在传统国际贸易中，交易双方受时空地理限制，信息传递存在不同程度的时间差，无法使信息即时流畅地进行传递，这在一定程度上影响了国际贸易的进行。在E国际贸易下，跨境电子商务依托网络平台打破了传统时空地理限制，实现了信息的即时传输，在网上实现了传统贸易中的“面对面”交流磋商。一些数字化商品（如软件、电影等）的交易，下单、付款、交货、结算更是可以通过网络瞬间完成，给交易双方带来极大的便利。而且，E国际贸易的即时性特征减少了传统国际贸易中的中间商环节，使出口商直接面对最终消费者成为可能，提高了贸易的效率。此外，互联网和信息技术变革日新月异，E国际贸易的即时性特征推动互联网和信息技术快速变革与之相适应，从而使得国际贸易呈现出即时性与快速演进性并存的特点。

（5）去中心化与民主消费交织

一方面，在E国际贸易下，网络、设备、平台、支付、物流、数据、金融、云计算等都成了基础设施，依托这些基础设施，E国际贸易可以绕过传统国际贸易的中间商，缩短交易环节，实现供应商乃至制造商与最终消费者之间的直接交易。无数市场微观主体汇聚产生了市场集成，突破了传统地理疆域和行政阻隔，呈现出去行政化、去中心化的典型特点。另一方面，在E国际贸易下，消费者可以依托国际贸易平台在成千上万的同类乃至同质商品做出选择，使得消费者选择真正成为基本权利，民主制造、民主消费成为未来引导国际贸易生产和消费的重要力量。

（6）碎片化与集成化并存

E国际贸易使单个企业之间或者是单个企业与单个消费者之间的交易成为可能，国际贸易零售模式开始兴起，这种满足消费者个人需求的跨境零售模式使国际贸易尤其是消费品行业的国际贸易呈现出订单量较多、金额较小的碎片化特征。与此同时，依托平台的E国际贸易汇集了全球的消费者、供应商、生产者和制造商，产生了若干消费者市场集成，若干制造商、批发商、中间商、零售商市场集成，呈现出集成化的特征。

（7）消费的个性化与趋同化并存

一方面，E国际贸易发展使得国际贸易从以生产者为中心向以消费者为中心转变，在E国际贸易下，网络贸易的即时性特征使消费者的需求，以及消费者对商品与服务的回馈信息能很快反馈给平台乃至供应商，从而出现更好满足消费者个性化需求的产品（定制产品）和商业模式（C2B）；另一方面，网络经济下消费者对商品与服务的正回馈信息会产生集聚效应，若干个性化需求通过正反馈集聚效应形成了趋同化的消费行为和消费者需求偏好，产生了需求方的规模经济效益，E国际贸易呈现消费个性化与趋同化并存的特征。

（8）多边化与全球化并存

在E国际贸易下，国际贸易不再局限于两国之间的双边贸易，依托平台可以将贸易过程中涉及的信息、资金流、物流向多边演进和拓展，并呈现网状的多边化结构。如俄罗斯的居民可以通过美国的跨境电子商务交易平台，中国的支付结算平台，新加坡的物流平台，来实现与其他国家居民间的直接贸易。此外，建立在互联网平台上的国际贸易，实现了全球互联，突破了传统国际贸易受时空地理的限制，凸显出全球性特征，形成了一个真正意义上的全球化大市场和大流通的平台体系。

2013年我国开始推行跨境电子商务试点，目前，我国已经在杭州、天津、上海、郑州等多个城市设立跨境电子商务综合试验区，E国际贸易正在以井喷之势发展和发酵，已经并将继续创造E国际贸易发展的先发优势，将逐步与一般贸易、加工贸易、小额边境贸易和采购贸易等方式交互融合，有可能在下一代贸易方式——E国际贸易发展中占领制高点，重塑贸易规则与治理体系，这对中国来说是重大战略机遇。

任务评价

同步训练

实训项目：

李舒大学毕业以后准备从事国际贸易相关工作，上岗之前，要先对我国的对外贸易状况进行全面了解，对其了然于胸。

具体任务：

查阅相关资料，了解我国前一年或前几年的对外贸易额、对外贸易依存度、对外贸易条件、贸易差额、对外贸易商品结构和对外贸易地理方向。

思考与练习

一、选择题

1. 能够比较确切地反映一国对外贸易实际规模，便于各个时期进行比较的指标是（　　）。

A. 贸易顺差　　B. 对外贸易额
C. 对外贸易商品结构　　D. 对外贸易量

2. 海岛国家，如英国、日本，也常用（　　）来表示对外贸易。

A. 国外贸易　　B. 外国贸易
C. 商业贸易　　D. 海外贸易

3. 一国在其境内设有自由港和自由贸易区时，其关境（　　）。

A. 大于国境　　B. 小于国境
C. 等于国境　　D. 与国境无关

4. 一国关境与其国境相比（　　）。

A. 关境可以小于国境　　B. 关境可以大于国境
C. 关境可以等于国境　　D. 以上都对

5. 转口贸易又称（　　）。

A. 间接贸易　　B. 进口贸易
C. 出口贸易　　D. 对外贸易

6. 贸易顺差是指（　　）。

A. 出口总额大于进口总额　　B. 进口总额大于出口总额
C. 国际收支为正　　D. 国际收支为负

7. 某国 1988 年国民生产总值为 1 200 亿美元，同年该国出口贸易额为 240 亿美元，进口贸易额为 200 亿美元，这一年该国贸易依存度为（　　）。

A. 出口贸易依存度为 16.6%　　B. 进口贸易依存度为 20%
C. 对外贸易依存度为 36.6%　　D. 对外贸易依存度为 16.6%

8．能指明一国出口货物和服务的去向与进口货物和服务的来源，并能反映出一国与其他国家或国家集团之间经济贸易联系程度的指标是（　　）。

A．对外贸易方向　　B．国际贸易地理方向

C．对外贸易结构　　D．国际贸易商品结构

9．当一定时期内一国进口总额超过出口总额时，称为（　　）。

A．贸易顺差　　B．贸易逆差

C．贸易失衡　　D．贸易平衡

10．通常所说的国际贸易额是单指（　　）而言。

A．世界进口总额　　B．世界出口总额

C．世界进出口总额　　D．世界进口差额

11．具体商品的进出口属于（　　）。

A．有形贸易　　B．无形贸易

C．进出口贸易　　D．商品贸易

12．当货物运输的过程中经过第三国的国境时，对第三国来说这种贸易是（　　）。

A．进口贸易　　B．出口贸易

C．过境贸易　　D．转口贸易

13．当进口总额超过出口总额时，可称之为（　　）。

A．贸易顺差　　B．贸易逆差

C．贸易赤字　　D．出超　　E．入超

14．按货物移动方向不同，国际贸易可分为（　　）。

A．直接贸易　　B．进口贸易

C．出口贸易　　D．过境贸易　　E．转口贸易

15．下列属于无形贸易的是（　　）。

A．服装贸易　　B．技术服务

C．劳务输出　　D．运输　　E．保险

二、案例分析题

新冠肺炎疫情背景下，各国相继采取交通运输管制、限制人口流动等措施，国际贸易环境更加严峻复杂。贸易依存度较高的国家的经济受到了较大的冲击。

思考：

比较中国、日本、美国三国的外贸依存度，哪个国家的经济更依赖对外贸易？

任务评价答案 1-1

了解国际贸易政策与措施

任务要求

掌握关税和各种非关税壁垒；了解并掌握各种鼓励和限制出口的国际贸易措施。

导入案例

欧洲和美国都是中国重要的光伏产品出口市场。但美国和欧洲先后发动了对中国的贸易保护调查。美国在2011年和2014年先后2次发动了对我国光伏产品出口的“反倾销、反补贴”调查，并出台了高额反倾销和反补贴关税。2017年，美国又启动了对全球太阳电池及光伏组件的“201调查”，2018年1月宣布了对进口太阳电池片（2.5吉瓦以上）和光伏组件征收30%关税的决定。欧洲于2012年9月立案调查从中国进口的光伏组件与关键零部件，并于2013年年底与中方就光伏产品贸易争端达成限价限量的价格承诺。除价格承诺外的企业，对中国光伏组件与电池征收47.7%～64.9%不等的“双反”税。此外，其他国家也开始对中国发动针对光伏产品的贸易壁垒调查。2017年，土耳其发动了对我国光伏产品的反倾销调查，并宣布了针对不同出口企业20～25美元/米^{2}不等的反倾销税。同年，全球第三大光伏市场——印度也发动了对进入印度的光伏产品的保障措施调查，并出台了“第1年25%，此后逐年递减”的保障措施税。中国光伏产业自2012年以来，一直面临严峻的贸易形势。2018年9月1日，欧盟委员会宣布，决定在9月3日午夜结束其对中国太阳电池和光伏组件的反倾销和反补贴措施，至此，欧盟对中国光伏产业历时6年的“反倾销、反补贴”告一段落。这也意味着欧、美等国家或地区对中国光伏产业设置的各类贸易壁垒无疾而终。

思考：

什么是贸易壁垒？多国对华光伏产品设置集中式的贸易壁垒的原因是什么？

任务学习

一、国际贸易政策

（一）国际贸易政策的概念

国际贸易政策是一国政府在其发展战略的总目标指导下，运用经济、法律和行政手段对外贸活动进行有组织的协调和管理的行为。通常制定对外贸易政策是为了达到以下目的：一是保护国内市场，发展民族工业；二是扩大产品出口，占领国际市场和积累资金，缩小和弥补经济发展过程中的资金缺口；三是促进产业结构的调整，增强产业竞争力；四是服务于本国对外政治经济政策。国际贸易政策主要由三部分内容构成：一是总贸易政策，即各国根据本国经济的整体现状及发展战略而制定的政策；二是进出口商品政策，即在总贸易政策的基础上，根据本国经济结构和产品市场的供求现状而制定的政策；三是国别政策，即在不违反国际规范的大前提下，对不同国家实行不同的外贸策略和措施。

（二）国际贸易政策的类型

国际贸易政策由一个结构复杂的体系构成，一般可以根据不同需要从不同角度对国际贸易政策进行分类。以下重点介绍最常见的一种国际贸易政策分类方式。

1. 自由贸易政策

自由贸易政策是指一般情况下国家或地区不干预商品进出口活动，即在商品进口方面不加限制、不设障碍，在商品出口方面也不给予特权和优惠，允许商品自由流通，并在国内外市场上自由竞争的贸易政策。

自由贸易政策产生于 18 世纪初的资本主义自由竞争时期，其理论依据是西方的自由贸易理论。但由于各国的经济利益不一致，历史表明完全意义上的自由贸易政策是不存在的。

2. 保护贸易政策

保护贸易政策是指国家利用各种措施积极干预甚至管制商品进出口活动，以保护国内产品免受外国商品的竞争压力，同时又通过优惠和补贴等手段来鼓励出口的贸易政策。

保护贸易政策产生于 15—16 世纪的重商主义学派，其理论依据是西方的保护贸易理论。

3. 管理贸易政策

管理贸易政策是指介于自由贸易政策和保护贸易政策之间，强调以政府协调为轴心，以政府干预为主导，以磋商为手段，进行干预、协调和管理对外贸易活动的贸易政策。

二、关税措施

（一）关税的概念和特点

关税是进出口商品经过一国关境时，由政府所设置的海关向其进出口商所征收的税收。关税是国家财政收入的一个重要组成部分，与其他税收一样具有税收的三性：强制性、无偿性、固定性。

关税具有以下主要特点。

1. 关税是一种间接税

关税的纳税人，是本国进出口商人，但最终把关税转嫁到商品价格中，最后承担的仍然是消费者。（现在我国的税收管理主要有两种：一种是直接税，主要是指企业所得税和个人所得税；另一种是间接税，是除直接税之外的税收。）

2. 关税的税收主体和客体是进出口商人和进出口货物

税收主体也就是课税主体，是指法律上根据税法规定、负担纳税的自然人或法人，也称纳税人。进出口货物则是税收客体，即依法被征税的标的物。

3. 关税是对外贸易政策的重要手段

税收措施体现一国对外贸易政策。关税税率影响着一国经济和对外贸易的发展。

4. 关税可起到调节进出口贸易发展的作用

对非必需品或奢侈品的进口，可以提高进口关税；对原料、半制成品或生活必需品，可以降低进口关税。贸易逆差时提高关税，顺差时降低关税。

（二）关税的作用

1. 增加国家的财政收入

关税是国家财政收入的一个重要组成部分，与其他税收一样，具有强制性、无偿性、和固定性。关税在财政收入中所占的比重，发达国家比较低，一般为 3%；发展中国家一般为 13%左右。

2. 关税的积极作用和消极作用

（1）保护作用

对进口货物征收关税，提高进口货物的价格，可以削弱它与本国同类产品的竞争能力，以保护本国的生产免受外国竞争者的损害。对出口商品征收关税，可以抑制这些商品的出口，使国内市场得到充分供应，防止本国物资大量外流。

（2）调节作用

一是调节生产；二是调节市场供求；三是调节物价；四是调节财政和外汇收支。

（3）关税在对外贸易关系上的维护作用

关税一直与国际经济关系有着密切的联系。一方面，关税仍然是国际经济斗争的一个重要武器；另一方面，关税也是各国争取友好贸易往来、密切贸易关系的一种手段。

（4）关税的消极作用

对进出口商品征收关税，提高价格，增加了消费者的支出，加重了消费者的财务负担；征收关税减少了进出口流量，不利于国际贸易的开展；再者，关税虽有保护本国生产的作用，但如果征税过高，保护过重，会使有关企业养成依赖性，不努力提高经营管理水平，不积极参与国际竞争。

（三）关税的种类

1. 按照征收的对象或商品流向分类

（1）进口税

进口税是进口国的海关在外国商品输入时对本国进口商所征收的关税，包括最惠国税和普通税两种。通常讲的关税壁垒就是指高额进口税。

（2）出口税

出口税是出口国的海关在本国商品输往国外时对本国出口商所征收的关税。征收出口税的目的主要是为了增加财政收入和保证本国的生产或本国市场的供应。

（3）过境税

过境税又称通过税，是对于通过其关境的外国商品所征收的一种关税。目前由于运输业的发展和竞争，加上其财政意义不大，过境税逐渐被废止。

2. 按照征税的目的分类

（1）财政关税

财政关税又称为收入关税，是指以增加国家的财政收入为主要目的而征收的关税。目前，财政关税在财政收入的重要性相对较低。

（2）保护关税

保护关税是指以保护本国工业或农业发展为主要目的而征收的关税。保护关税税率越高，越能达到保护之目的。有时税率高达100%以上，成为禁止关税。

3. 按照征税计算方法不同分类

（1）从量税

从量税是以商品重量、数量、容量、长度和面积等计量单位为标准计征的关税。

计算公式：从量税额＝商品数量×从量税率。

（2）从价税

从价税是以进口商品的价格为标准计征的关税，其税率表现为货物价格的百分率。

计算公式：从价税额＝商品总值×从价税率。

（3）混合税

混合税又称复合税，是对某种商品同时采用从量税和从价税征收的一种方法。

计算公式：混合税额＝从量税额＋从价税额。

（4）选择税

选择税是对于一种进口商品同时定有从价税和从量税两种税率，但征税时选择其税额较高者的一种征税。

4. 按照差别待遇和特定的实施情况分类

（1）普通关税

普通关税即不附带任何优惠条件的关税，是税率最高的一种，被称为歧视性关税。

（2）最惠国税

最惠国税率适用于与该国签订有最惠国待遇条款的贸易协定的国家或地区所进口的商品。比普通税率要低，且税率差幅较大，被称为正常关税。

（3）特惠税

特惠税是指一国对来自某个国家或地区进口的全部或部分商品给予特殊优惠的减免税待遇，其税率低于最惠国税。特惠税有的是互惠的，有的是非互惠的，如宗主国与殖民地附属国之间的关税。

（4）普遍优惠制税

普遍优惠制税是发达国家单方面给予发展中国家出口制成品和半成品的一种普遍的、非歧视的、非互惠的关税优惠待遇。其目的是增加发展中国家或地区的外汇收入，促进发展中国家或地区的工业化，加速发展中国家或地区的经济增长。普遍优惠制（简称普惠制）是发展中国家长期斗争和争取的结果，享受普惠制待遇的有170多个发展中国家和地区。

普惠制原则上是无歧视的，但给惠国从各自政治经济利益出发，对受惠国或地区进行限制。给惠国一般把发展中国家的工业制成品和半制成品都列入受惠范围，但是一些敏感性商品，如纺织品、服装、鞋类及皮革制品和石油制品常常被排除在外，而且农产品受惠也较少。受惠商品的减税幅度取决于最惠国税率和普惠制税率的差额。由于普惠制是一种单向的优惠，为了保护本国某些产品的生产和销售，给惠国一般都规定保护措施，如免责条款、竞争需要标准、原产地规则等。发展中国家随着它们的经济状况的改善，不能再享受特别的优惠待遇，逐步从普惠制受益者身份毕业。

（5）进口附加税

进口附加税是对进口商品除征收一般关税以外，再加征的额外关税，又称特别关税，是一种特定的临时性措施。主要有反补贴税、反倾销税、差价税等。

其目的主要是：应付国际收支危机，维持进出口平衡；防止外国商品低价倾销；对国外某个国家实行歧视或报复。

1）反补贴税，又称抵消税或补偿税，是对于直接或间接地接受奖金或补贴的外国商品进口所征收的一种进口附加税。一般按照“补贴金额”征收。其目的在于提高进口商品价格，抵消其所享受的贴补金额，削弱其竞争能力，使其不能在进口国家的市场上进行低价竞争。

2）反倾销税，是对于实行商品倾销的进口商品所征收的一种进口附加税。一般按照倾销差额征收。其目的在于抵制外国商品的倾销，保护本国产业和国内市场。

3）差价税，又称差额税，当某种本国生产的产品的国内价格高于同类的进口商品价格时，为了削弱进口商品的竞争能力，保护国内生产商和国内市场，按国内价格与进口价格间的差额征收关税，就是差价税。

三、非关税措施

非关税措施泛指一国政府为了调节、管理和控制本国的对外贸易活动，从而影响贸易格局和利益分配而采取的除关税以外的各种行政性、法规性措施和手段的总和。

非关税措施具有以下特点。

1）比关税措施具有更大的灵活性和针对性。

2）比关税措施更能直接达到限制进口的目的。

3）比关税措施更具有隐蔽性和歧视性。

（一）进口配额制

进口配额制又称进口限额制，是一国政府在一定时期内，对某些商品的进口数量或金额加以直接的限制。主要有以下两种。

1. 绝对配额

绝对配额是指在一定时期内，对某些商品的进口数量或金额规定一个最高限额，达到这个数额后，便不允许进口。在实施中它又有以下两种方式。

1）全球配额，即属于世界范围的绝对配额，对来自任何国家或地区的商品一律适用，按进口商品的申请先后批给一定的额度，至总配额发放完为止，超过总配额就不准进口。全球配额并不限定进口的国别或地区，故配额公布后，进口商往往相互争夺配额。

2）国别配额，即在总配额内按国别和地区分配给固定的配额，超过规定的配额便不准进口。为了区分来自不同国家或地区的商品，在进口商品时进口商必须提交原产地证明书。实行国别配额可使进口国家根据其与有关国家或地区的政治经济关系给予不同的配额。

2. 关税配额

关税配额是指对商品进口的绝对数额不加限制，而对在一定时期内，在规定的关税配额以内的进口商品，给予低税、减税或免税待遇，对超过配额的进口商品征收高关税、附加税或罚款。这种方式在实施中有以下两种形式。

1）优惠性关税配额，即对关税配额内进口的商品给予较大幅度的关税减让，甚至免税；超过配额的进口商品征收原来的最惠国税。欧盟在普惠制实施中所采用的关税配额就属此类。

2）非优惠性关税配额，即对关税配额内进口的商品征收原来正常的进口税，一般按最惠国税率征收；对超过关税配额的部分征收较高的进口附加税或罚款。例如，1974年12月，澳大利亚曾规定对除男衬衫、睡衣以外的各种服装，凡是超过配额的部分加征175%的进口附加税。

（二）自动出口限制

自动出口限制又称“自愿出口限制”或“自动出口配额制（voluntary export quotas）”，简称“自限制”，是指在进口国的要求或压力下，出口国“自动”规定某一时期内某些商品对该国的出口限制，在限定的配额内自行控制出口，超过配额即禁止出口。

自动出口限制是20世纪60年代以来非关税壁垒中很流行的一种形式。几乎所有发达国家在长期贸易项目中都采用了这种形式，它通常是两个政府之间谈判的结果。尽管自动出口限制实际上是与WTO的原则相违背的，但具有较大的隐蔽性，避免了与WTO原则的直接冲突。

自动出口限制一般采取以下两种形式。

1. 单方面自动出口限制

单方面自动出口限制，即由出口国单方面自行规定出口配额，限制商品出口。此种配额有的由出口国政府规定并予以公布，出口商必须向有关机构申请配额，领取出口许可证后才能出口，有的由出口国的出口厂商或同业公会根据政府的政策意向来规定。

2. 协定自动出口限制

协定自动出口限制，即由进口国与出口国通过谈判签订自限协定或有秩序销售协定，在协定的有效期限内规定某些产品的出口配额，出口国据此配额实行出口许可证制，自动限制有关商品出口，进口国则根据海关统计来进行监督检查。

（三）进口许可证制

进口许可证制是指商品的进口，事先要由进口商向国家有关机构提出申请，经过审查批准并发给进口许可证后，方可进口，否则一律不许进口。这种方式不仅可以在数量和金额以及商品性质上进行限制，而且可以控制来源国别和地区，也可以对国内企业实施区别待遇。

1. 按其是否有配额分

1）有定额的进口许可证，即先规定有关商品的配额，然后在配额的限度内根据进口商的申请发放许可证。

2）无定额的进口许可证，主要根据临时的政治的或经济的需要发放。

2. 按对来源国别有无限制分

1）公开一般进口许可证。进口商只要填写公开一般进口许可证，即可获准进口。

实际上是“自由进口”的商品，填写的目的只是履行报关手续，供海关统计和监督需要。

2）特种许可证。这种许可证直接受管理当局控制，多数贯以国别或地区政策，适用于特殊商品以及特殊项目的申请，如烟、酒、麻醉药品、军火等。

（四）外汇管制

外汇管制是指一国政府为平衡国际收支和维持本国货币汇率而对外汇进出实行的限制性措施，是一国政府通过法令对国际结算和外汇买卖进行限制的一种限制进口的国际贸易政策。在中国又称外汇管理。外汇管制分为数量管制和成本管制。前者是指国家外汇管理机构对外汇买卖的数量直接进行限制和分配，通过控制外汇总量达到限制出口的目的；后者是指国家外汇管理机构对外汇买卖实行复汇率制，利用外汇买卖成本的差异，调节进口商品结构。

（五）进出口国家垄断

进出口国家垄断是指为巩固垄断资本的统治和推行非关税壁垒，对某些商品的进出口实行国家垄断经营。其经营形式包括国家直接经营和把商品的进出口权正式委托给某个垄断组织经营。进出口国家垄断是国家资本在对外贸易方面的一种表现，是为垄断资产阶级的政治和经济利益服务的。

具体做法是：由国营贸易公司或专设机构在国外购买某些产品，然后低价出售给本国垄断组织；在国内向垄断组织高价收购某些产品，然后以低价在国外市场倾销；或为了保证军需原料供应，然后输出到受“援”国家。

发达国家的进出口国家垄断主要集中在三大类商品：烟酒、农产品、武器。

（六）歧视性政府采购政策

歧视性政府采购政策又称为“购买国货政策”（buy-national policies），是指一些国家通过法令或虽无法令明文规定，但实际上要求本国政府机构在招标采购时必须优先购买本国产品，从而导致对国外产品歧视与限制的做法。

主要发达国家都有相应的歧视性政府采购政策规定。如英国规定政府机构使用的通信设备和电子计算机必须是英国产品；日本部分地方政府规定，政府机构需用的办公设备、汽车、计算机、电缆、导线、机床等不得采购外国产品；美国实行的“购买美国货法案”规定，凡是联邦政府所需采购的货物，应该是美国制造的，或是用美国原料制造的，只有在美国自己生产的数量不够，或国内价格过高，或者不买外国货就会损害美国利益的情况下，才可以购买外国货。由于发达国家政府采购的数量非常庞大，因此，这是一种相当有效的限制进口的非关税壁垒措施。

（七）反倾销

反倾销是指对外国商品在本国市场上的倾销所采取的抵制措施。一般是对倾销的外国商品除征收一般进口税外，再加征附加税，使其不能廉价出售，此种附加税称为“反倾销税”。

根据关税及贸易总协定（简称“关贸总协定”）（1994年）第六条和WTO反倾销协议规定，确定某一进口产品是否存在倾销的条件是其进口价格。

1）低于相同产品在出口国正常情况下用于国内消费时的可比价格；

2）如果没有这种国内价格，则低于：

① 相同产品在正常贸易情况下向第三国出口的最高可比价格；

② 产品在原产国的生产成本加上合理的管理费、销售费等费用和利润。

根据WTO规定，实施反倾销措施必须满足以下三个条件。

1）倾销成立；

2）国内产业受到损害；

3）倾销与损害有因果关系。

反倾销的最终补救措施是对倾销产品征收反倾销税。征收反倾销税的数额可以等于倾销幅度，也可以低于倾销幅度。

（八）反补贴

反补贴是指一国政府或国际社会为了保护本国经济健康发展，维护公平竞争的秩序，或者为了国际贸易的自由发展，针对补贴行为而采取必要的限制性措施。它包括临时措施、承诺和征收反补贴税。其中的补贴是指一国政府或者任何公共机构向本国的生产者或者出口经营者提供的资金或财政上的优惠措施，包括现金补贴或者其他政策优惠待遇，使其产品在国际市场上比未享受补贴的同类产品处于有利的竞争地位。

1. 补贴可分成可诉补贴和不可诉补贴

（1）不可诉补贴

不可诉补贴包括具有全局影响和非经济的补贴，这些补贴是被允许的，被称为“绿箱子”范围内的补贴。

（2）可诉补贴

不在“绿箱子”范围内的补贴就是可诉补贴，可以采取反补贴措施。

2. 进口国政府可以对出口补贴采取反补贴措施的条件

1）补贴确定存在；

2）同类或相同产品的国内产业已受到实质损害；

3）补贴与损害之间存在因果关系。

只有同时满足以上三个条件，进口国政府才可以向受到补贴的进口产品征收反补贴税。

（九）紧急保障措施

紧急保障措施是指当国内产业受到进口产品严重损害时，政府可以实行临时的进口限制以保护国内生产者。

根据关贸总协定的规定，使用紧急保障措施的必要条件如下。

1）进口产品大量增加；

2）进口增加是由不可预见的情况造成的；

3）进口增加是各边贸易谈判所带来的贸易自由化的结果；

4）这种大量进口对国内生产者造成了严重损害或严重损害的威胁。

紧急保障措施实施方式主要有：提高关税，实行关税配额及数量限制等。但紧急保障措施应在防止或救济严重损害或严重损害威胁的必要限度内。关贸总协定对紧急保障措施设有时间限制：保障措施不得超过 4 年，延长后总期限不得超过 8 年。

（十）进口最低限价和禁止进口

进口最低限价和禁止进口是指一国政府规定某种进口商品的最低价格，若进口商品价格低于最低价，则禁止进口或征收进口附加税。附加税税额是进口价格和最低价格之间的差额。

例如，规定钢材每吨最低限价为 370 美元，若进口时每吨为 350 美元，则进口国要征收 20 美元的附加税，以抵消出口国可能的补贴或倾销。

（十一）进口押金制

进口押金制是为防止投机、限制进口，维持国际收支平衡而采取的一种经济措施，又称“进口存款制”或“进口保证金”。在这种制度下，进口商在进口商品时，必须预先按进口金额的一定比率和规定的时间，在指定的银行无息存入一笔现金，才能进口。这种制度无疑增加了进口商的资金负担，影响了资金的正常周转，同时，由于是无息存款，利息的损失等于征收了附加税。所以，进口押金制度能够起到限制进口的作用。

（十二）专断的海关估价制

海关估价是指海关按照规定对申报进口的商品价格进行审核，以确定或估计其完税价格。专断的海关估价是指有些国家根据国内某些特殊规定，提高某些进口商品的海关估价，来增加进口商品的关税负担，阻碍商品的进口。使用这种措施来限制商品的进口，以美国最为突出。

（十三）技术性贸易壁垒

技术性贸易壁垒是国际贸易中商品进出口国在实施贸易进口管制时通过颁布法律、法令、条例、规定，建立技术标准、认证制度、检验制度等方式，对外国进出口产品制定过分严格的技术标准、卫生检疫标准、商品包装和标签标准，从而提高进口产品的技术要求，增加进口难度，最终达到限制进口目的的一种非关税壁垒措施。

技术性贸易壁垒是目前各国，尤其是发达国家人为设置贸易壁垒、推行贸易保护主义的最有效手段。

四、鼓励出口和出口管制措施

（一）鼓励出口措施

许多国家除了利用关税和非关税措施限制进口外，还采取鼓励出口的措施扩大商品的出口并争夺海外市场。主要采用的鼓励出口措施如下。

1. 出口补贴

出口补贴又称出口津贴，是一国政府为了降低出口商品的价格，增加其在国际市场上的竞争力，在出口某商品时给予出口商的现金补贴或财政上的优惠待遇。

出口补贴有以下两种方式。

1）直接补贴，是指政府在商品出口时，直接付给出口商的现金补贴。其目的是为了弥补出口商品的国际市场价格低于国内市场价格所造成的损失。有时候，补贴金额还可能大大超过实际的差价，这已包含出口奖励的意味。这种补贴方式以欧盟对农产品的出口补贴最为典型。

2）间接补贴，是指政府对某些商品的出口给予财政上的优惠，如退还或减免出口商品所缴纳的销售税、消费税、增值税、所得税等国内税，对进口原料或半制成品加工再出口给予暂时免税或退还已缴纳的进口税，免征出口税，对出口商品实行延期付税、减低运费、提供低息贷款、实行优惠汇率以及对企业开拓出口市场提供补贴等。其目的仍然在于降低商品成本，提高国际竞争力。

2. 出口信贷

出口信贷是一个国家为了鼓励商品出口，增强商品的竞争能力，通过银行对本国出口商或国外进口商提供的贷款。主要适用于金额较大、期限较长的商品，如成套设备、船舶等。出口信贷主要有以下两种。

1）卖方信贷，是银行直接资助本国出口商向外国进口商提供延期付款服务，以促进商品出口的一种方式。

2）买方信贷，是出口商国家的银行直接向外国的进口商（即买方）或进口商国家的银行提供的贷款，其附带条件就是贷款必须用于购买债权国的商品。

3. 出口信贷国家担保制

出口信贷国家担保制（export credit guarantee system）是一国政府设立专门机构，对本国出口商和商业银行向国外进口商或银行提供的延期付款商业信用或银行信贷进行担保，当国外债务人不能按期付款时，由这个专门机构按承保金额给予补偿。这是国家用承担出口风险的方法，鼓励扩大商品出口和争夺海外市场的一种措施。

4. 商品倾销

商品倾销是指出口商以低于正常价格的出口价格，集中地或持续大量地向国外抛售商品。这是资本主义国家常用的行之已久的扩大出口的有力措施。

商品倾销通常由私人大企业进行，但随着国家垄断资本主义的发展，一些国家设立专门机构直接对外进行商品倾销。

5. 外汇倾销

外汇倾销是垄断企业利用本国货币对外贬值，以争夺国外市场的一种特殊手段。当一国货币贬值后，出口商品以外国货币表示的价格降低，从而提高了竞争力，有利于扩大出口。

外汇倾销必须具备以下两个条件才能起到扩大出口的作用。

1）货币贬值的程度大于国内物价上涨的程度。

2）其他国家不同时采取同等程度的货币贬值或其他报复性手段。

6. 建立经济特区

经济特区是一个国家或地区在其关境以外所划出的一定范围内，修建或扩建码头、仓库、厂房等基础设施和实行免除关税等优惠待遇，吸引外国企业从事贸易与出口加工工业等业务活动的区域。建立经济特区的目的是促进对外贸易发展，鼓励转口贸易和出口加工贸易，繁荣本地区和邻近地区的经济，增加财政收入和外汇收入。

知识拓展 1-1

其具体形式有以下几种。

（1）自由港或自由贸易区

自由港或自由贸易区是指划在关境以外，对进出口商品的全部或大部分实行免征关税，并且允许外国或本国的厂商在港内或区内自由从事生产、加工、储存、展览、拆改装等业务活动，然后免税出口，以促进本港或本地区经济发展和对外贸易的发展，增加财政收入和外汇收入。

拓展阅读

2018 年中国和这些国家贸易迈入零关税时代

截至 2018 年 2 月，中国已与分布于四大洲的 21 个国家建立自由贸易区，包括东盟 10 国、智利、巴基斯坦、秘鲁、韩国、澳大利亚、格鲁吉亚等国家签署并实施自贸协定。关税减让进程是协定的重要组成部分，一般而言，自贸协定对货物的关税减让大部分从实施之日起逐年下降最终为零。2018 年，我国和下列国家共同迈入零关税时代。

在亚洲，《中国—东盟自由贸易协定》规定，成员方的降税产品分为正常产品和敏感产品两大类。2018 年，中国出口到东盟成员国的正常产品已能享受零关税待遇；

《中国—新加坡自由贸易协定》规定，新加坡已取消全部自中国进口产品关税;《中国—巴基斯坦自由贸易协定》规定，巴基斯坦已对原产自中国的 11 372 个 6 位税目号产品实施了不同程度的关税减免优惠，占总税目数的 85%;《中国—韩国自由贸易协定》规定，目前占总税目数 50%的出口韩国产品已经降为零关税。

在南美洲，2018 年，《中国—智利自由贸易协定》货物贸易关税减让已执行完毕，出口智利享受零关税的中国产品占总税目数的 97%;《中国—秘鲁自由贸易协定》规定，双方的全部产品分为五类实施关税减让。目前，秘方已对中国原产的第一、第二类产品实施零关税待遇，已降为零关税的产品占总税目数的 85.64%;《中国—哥斯达黎加自由贸易协定》货物贸易协定双方的全部产品分为六类实施关税减让。目前，哥方已对原产于中国的第一、第二类产品给予零关税待遇，占总税目数的 66.9%，涵盖了纺织原料及制品、轻工、机械、电器设备、蔬菜、水果、汽车、化工、生毛皮及皮革等产品。

在欧洲，《中国—冰岛自由贸易协定》规定，冰岛对从中国进口的所有工业品和水产品实施零关税;《中国—瑞士自由贸易协定》规定，2018 年，瑞方对原产自中国的工业品、962 项农产品已全部实施零关税;《中国—格鲁吉亚自由贸易协定》协定水平较高，2018 年 1 月 1 日实施后，格方对中方 96.5%的产品立即实施零关税，覆盖格方自中方进口总额的 99.6%。

在大洋洲，《中国—新西兰自由贸易协定》规定，至 2018 年新西兰已取消全部自中国进口产品关税;《中国—澳大利亚自由贸易协定》规定，2018 年 1 月 1 日起，澳方将对占总税目数 91.6%的中国出口产品实施零关税待遇。

（资料来源：马筱玉，2018. 2018 年中国和这些国家贸易迈入零关税时代[EB/OL].(2018-02-12)[2020-10-30]. https://gd.qq.com/a/20180212/020680.htm.）

由于各自贸协定的降税进程不同，企业在开拓国外市场时，可选择受益更大的自贸区成员国进行贸易。比如原产于中国的多喇叭音箱，2018 年出口韩国征收的进口关税是 4.8%，而出口澳大利亚则可享受零关税。因此，了解熟知各自贸协定的关税减让进程及原产地规则，用足用好优惠原产地政策，可有效降低企业的经营成本。

（2）保税区

保税区是一国海关设置的或经海关批准注册、受海关监督和管理的可以较长时间存储商品的区域。外国商品存入保税区内，可以暂时不缴纳进口税，如果再出口，则不缴纳出口税；如果运进所在国的国内市场，则须办理报关手续，缴纳进口税。

（3）出口加工区

出口加工区是一些国家或地区在其临近港口或机场附近的地区，划出一定的区域范围，配以良好的码头、车站、道路、仓库、厂房等基础设施和生活服务设施以及提供免税等各种优惠待遇，以吸引外国企业和本国企业在区内投资办厂，生产的产品全部或大部分出口销售的加工区域。

出口加工区与自由港或自由贸易区的主要区别是，它不以发展贸易为主，而主要面向工业，以发展出口加工业为主。

（4）自由边境区

自由边境区是一些国家的政府为了开发某些边境地区的经济，按照自由贸易区和出口加工区的模式，在本国的指定边境设立的吸收国内外厂商投资，开展贸易，并给予免税或减税的区域。

（5）过境区

过境区是沿海国家为了便利内陆邻国的进出口货运，开辟某些海港、河港或国境城市作为货物过境区，对于过境货物，简化海关手续，免征或减征关税。过境货物可短期存储或重新包装，但不得加工制造。

（二）出口管制措施

出口管制是一些国家从其本身的政治、经济利益出发，对某些商品，特别是战略物资和先进技术的出口实行限制和禁止的措施。

1. 出口管制商品

需要实行出口管制的商品一般有以下几类。

1）战略物资和先进技术资料，如军事设备、武器、军舰、飞机、先进的电子计算机和通信设备、先进的机器设备及其技术资料等。对这类商品实行出口管制，主要是从“国家安全”和“军事防务”的需要出发，以及从保持科技领先地位和经济优势的需要考虑。

2）国内生产和生活紧缺的物资。其目的是保证国内生产和生活需要，抑制国内该商品价格上涨，稳定国内市场。如西方各国往往对石油、煤炭等能源商品实行出口管制。

3）需要“自动”限制出口的商品。这是为了缓和与进口国的贸易摩擦，在进口国的要求下或迫于对方的压力，不得不对某些具有很强国际竞争力的商品实行出口管制。

4）历史文物和艺术珍品。这是出于保护本国文化艺术遗产和弘扬民族精神的需要而采取的出口管制措施。

5）本国在国际市场上占主导地位的重要商品和出口额大的商品。对于一些出口商品单一、出口市场集中，且该商品的市场价格容易出现波动的发展中国家来讲，对这类商品的出口管制，目的是稳定国际市场价格，保证正常的经济收入。例如，欧佩克（Organization of the Petroleum Exporting Countries，OPEC）对成员国的石油产量和出口量进行控制，以稳定石油价格。

2. 出口管制的形式

1）单方面出口管制，指一国根据本国的出口管制法案，设立专门机构对本国某些商品出口进行审批和颁发出口许可证，实行出口管制。以美国为例，美国政府根据国会通过的有关出口管制方案，在美国商务部设立外贸管制局，专门办理出口管制的具体事务，美国绝大部分受出口管制的商品的出口许可证由这个机构办理。

2）多边出口管制，指几个国家政府，通过一定的方式建立国际性的多边出口管制机构，商讨和编制多边出口管制货单和出口管制国别，规定出口管制的办法等，以协调彼此的出口管制政策和措施，达到共同的政治和经济目的。

任务评价

同步训练

实训项目：

李舒在分析了我国对外贸易基本情况以后，决定进一步调查我国具体的出口鼓励措施与出口管制措施，希望在今后的工作中能加以利用和注意。

具体任务：

上网及走访有关政府部门，调查我国的出口鼓励措施与出口管制措施。

思考与练习

一、选择题

1．以增加国家财政收入为主要目的的关税称为（　　）。

A．差价关税　　B．特惠关税　　C．财政关税　　D．保护关税

2．与从价税相比，从量税（　　）。

A．在商品价格上涨时保护作用更强

B．在商品价格下降时保护作用更强

C．能够体现公平税负原则

D．目前被大多数国家采用

3．从价税＝商品（　　）×从价税率。

A．重量　　B．质量　　C．数量　　D．总值

4．以下不属于进口附加税的是（　　）。

A．反倾销税　　B．差价税　　C．反补贴税　　D．报复关税

5．属于间接限制进口的非关税壁垒措施的是（　　）。

A．进口配额制　　B．进口许可证制

C．进口最低限价　　D．“自动”出口限制

6．最惠国税是缔约国之间的贸易协定，其待遇给予的方式是（　　）。

A．单向的　　B．双向的　　C．多方的　　D．非互惠的

7．普惠制的主要原则是（　　）。

A．普遍的、非歧视的和互惠的　　B．普通的、非歧视的和非互惠的

C．非普遍的、非歧视的和互惠的　　D．普遍的、歧视的和非互惠的

8．关税的主要特点在于，它是一种间接税。按国内价格与进口价格之间的差额征收的关税是（　　）。

A．特惠税　　B．反倾销税　　C．反补贴税　　D．差价税

9．关税的特点有（　　）。

A．强制性　　B．间接性　　C．无偿性

D．固定性　　E．直接性

10．进口附加税征收的目的主要有（　　）。

A．应对国际收支危机　　B．维持进出口平衡

C．防止外国商品低价倾销　　D．对他国实行歧视或报复

E．增加财政收入

11．关税按照征收的目的可以分为（　　）。

A．进口关税　　B．出口关税　　C．财政关税

D．保护关税　　E．过境税

12．国际贸易的进口配额制主要有（　　）。

A．进口许可证　　B．国家进口垄断　　C．绝对配额

D．关税配额　　E．出口配额

13．直接限制进口的非关税壁垒措施主要有（　　）。

A．进口配额制　　B．进口许可证制　　C．进口最低限价

D．进口押金制　　E.“自动”出口限制

14．普惠制的原产地规定中，有关货物实质性变化的标准主要有（　　）。

A．竞争需要标准　　B．直接运输规则

C．加工标准　　D．增值标准　　E．成分标准

15．一国对进口商品征收反倾销税必须以（　　）为依据。

A．进口产品低于其正常价格

B．对进口国同类产业造成损害

C．进口产品是否接受政府补贴

D．对进口国消费者造成损害

E．进口产品是否低于进口国同类产品价格

16．普惠制的原产地规定中的毕业规定包括（　　）。

A．部分毕业　　B．附加条件　　C．全部毕业

D．非歧视原则　　E．非互惠原则

17．海关税则包括海关课征税的规章及关税税率表，其关税税率表主要包括（　　）。

A．税率　　B．税号　　C．税种

D．税目　　E．货物分类目录

18．通关手续是办理进出口手续的过程，包括的环节有（　　）。

A．申报　　B．查验　　C．征税　　D．提货　　E．放行

19．外汇管制的方式一般可分为（　　）。

A．数量性外汇管制　　B．政策性外汇管制

C．成本性外汇管制　　D．混合性外汇管制　　E．选择性外汇管制

20．按照乌拉圭回合修订的《海关估价协议》所规定的新估价法，海关估价可以采用（　　）。

A．进口商品在出口国国内的零售价格
B．进口商品在进口国国内的零售价格
C．进口商品的成交价格
D．相同商品的成交价格
E．类似商品的成交价格

二、案例分析题

国务院关税税则委员会发布公告，经国务院批准，自 2018 年 7 月 1 日起，将税率分别为 25%、20%的汽车整车关税降至 15%，降税幅度分别为 40%、25%；将税率分别为 8%、10%、15%、20%、25%的汽车零部件关税降至 6%，平均降税幅度为 46%。

思考：

2018 年汽车进口关税下调最大受益者是谁？

任务评价答案 1-2

项目二

建立进出口贸易公司

学习目标

1. 了解并掌握建立外贸公司的程序和步骤，主要涉及哪些部门；
2. 了解建立外贸公司需要准备的材料和应注意的问题。

技能目标

培养国际贸易从业者独立动手操作的能力和不同部门沟通、协调的能力。

学习任务

任务：成立外贸公司。

在这项任务的学习中，如果你认真学习理论知识，积极参与实践训练，并且能够顺利地完成具体任务，那么你会惊喜地发现自己已经知道了在建立外贸公司的过程中要和哪些部门打交道，要准备哪些材料，如何建立一家外贸公司。

任务 成立外贸公司

任务要求

掌握建立外贸公司的步骤和要求。

导入案例

一般贸易公司的建立

小金大学毕业后，进入某进出口贸易公司工作。经过几年的努力，已经积累了一些工作经验和一些海外客户。接下来他决定自己创业，成立一家外贸公司。要想从事国际贸易，首先要取得公司法人资格，还要依法进行对外贸易经营者备案登记，并到税务局、海关等有关部门办理相关手续。

任务学习

外贸公司，包括一般贸易公司和拥有自主进出口权的贸易公司，一般贸易公司没有自主进出口权，报关出运和结汇都要通过拥有自主进出口权的贸易公司，其余的贸易流程二者是一样的。

一、一般贸易公司的工商登记

（一）公司设立登记

1. 前期准备阶段

1）确定经营场所。注册公司的第一步需要确定经营场所。

2）工商核名。确定好经营场所后，需要到地址所在区县市场监督管理局办理名称核准（或在网上核名也可），领取“企业名称预先核准申请表”，填写你所准备的公司名称，由市场监督管理局上网检索是否有重名，如果没有重名就会核发一张“企业（字号）名称预先核准通知书”。（名字一般由四部分组成，依次是行政区划＋字号＋行业特点＋组织形式，名字准备5～10个，备用）。

3）编写公司章程。由股东共同制定公司章程，股东为自然人的由本人签字，自然人以外的股东加盖公章。

4）刻法人私章。

5）到市场监督管理局指定的银行开立公司验资账户，并存入注册资金。

6）到会计师事务所办理验资报告。持股东身份证复印件、银行出具的股东缴款单、银行盖章后的询征函、公司章程、名称预先核准通知书、房租合同、房产证复印件等到会计师事务所办理验资报告。

2. 设立登记阶段

1）到市场监督管理局办理公司设立登记。到市场监督管理局领取公司设立登记的各种表格，包括设立登记申请表、股东（发起人）名单、董事经理监理情况、法人代表登记表、指定代表或委托代理人登记表等。填好后，连同核名通知、公司章程、房租合同、房产证复印件、验资报告等一起交给工商局。由工商核发五证合一的营业执照（五证的第一个证是工商营业执照，也就是最常见的工商执照，合并后工商注册号被修改为统一社会信用代码；第二个证是税务登记证，合并后原税务登记代码合并为统一社会信用代码；第三个证是组织机构代码证，原机构代码合并为统一社会信用代码；第四个证是社会保险登记证，这个证被取消，统一划归到统一社会信用代码；第五个证是统计证，这个证也被取消，划归到统一社会信用代码中）。

2）刻公司公章、合同章以及财务章。

3）凭五证合一的营业执照去银行开立基本账户。

（二）公司登记的管理

1. 年度检验

根据《中华人民共和国公司登记管理条例》的规定，公司登记机关于每年 3 月 1 日至 6 月 30 日对公司进行年度检验。

2. 证照管理

“企业法人营业执照”分为正本和副本，其法律效力相等。

3. 法律责任的承担

出现以下情况应承担法律责任。

1）提交虚假材料。

2）无正当理由超过六个月未开业。

3）公司未依法备案。

4）虚报注册资本。

5）公司不按照规定接受年检。

6）公司未依法变更登记。

7）伪造、涂改、出借营业执照。

8）未将营业执照置于醒目位置。

二、进出口贸易公司的工商登记

近年来，中国进出口贸易快速发展，拥有进出口权的贸易公司注册量也相应增加。进出口贸易公司注册登记的流程一般为：取名核名—前置审批—工商在线网申提报—书面材料提交，登记受理—领取工商执照—篆刻公章—银行开户—税务登记—外经委备案—海关登记—外汇局核销—电子口岸—商检登记—退税。有进出口权的贸易公司比一般国内贸易公司多出外经委备案之后的一系列步骤。

（一）公司设立工商登记

进出口贸易公司设立工商登记的过程与一般贸易公司注册过程大致相同。区别如下。

1）注册经营范围需要加入“技术进出口、货物进出口”（一般贸易公司不需要）。

2）注册资金：普通的贸易公司最低注册资金为 3 万元，如果带有“进出口”字样的贸易公司最低注册资金为 100 万元。

3）进出口贸易公司注册资金 500 万元以上的，可以申请一般纳税人，申请一般纳税人可以享受税收优惠政策；成立货物批发或零售公司一年后，年销售额 180 万元以上的，可以申请办理增值税一般纳税人；注册进出口贸易公司，办公面积 100 平方米以上，注册资金 50 万元以上，可以办理出口退税。

（二）对外贸易经营者备案登记

知识拓展 2-1

对外贸易经营者备案登记程序如下。

1）领取《对外贸易经营者备案登记表》（以下简称《登记表》）。对外贸易经营者可以通过商务部网站下载，或到所在地备案登记机关领取《登记表》。

2）填写《登记表》。对外贸易经营者应按《登记表》要求认真填写所有事项的信息，并确保所填写内容是完整的、准确的和真实的；同时认真阅读《登记表》背面的条款，并由企业法定代表人或个体工商负责人签字、盖章。

3）向备案登记机关提交如下备案登记材料。①按要求填写的《登记表》；②五证合一的营业执照复印件；③对外贸易经营者为外商投资企业的，还应提交外商投资企业批准证书复印件；④依法办理工商登记的个体工商户（独资经营者），须提交合法公证机构出具的财产证明文件；⑤依法办理工商登记的外国（地区）企业，须提交经合法公证机构出具的资金信用证明文件。

备案登记机关应自收到对外贸易经营者提交的上述材料之日起 5 日内办理备案登记手续，在《登记表》上加盖备案登记印章。

备案登记机关在完成备案登记手续的同时，应当完整、准确地记录和保存对外贸易经营者的备案登记信息和登记材料，依法建立备案登记档案。

对外贸易经营者应凭加盖备案登记印章的《登记表》在 30 日内到当地海关、检验检疫、外汇、税务等政府部门办理开展对外贸易业务所需的有关手续。逾期未办理的，《登记表》自动失效。

（三）海关注册登记

自海关申请领取的表格有《企业情况登记表》《企业管理人员情况表》《报关单位保管专用章备案表》《自立报关注册登记申请书》《企业基本情况表》。

新企业须带的资料如下。

1）市场监督管理局颁发的“企业法人营业执照”副本复印件（须带原件核对）；

2）外经贸部门颁发的“中华人民共和国进出口企业资格证书”复印件（须带原件核对），或“中华人民共和国外商投资企业批准证书”复印件及“同意可行性报告和章程的批复”复印件（须带原件核对）；

3）中国人民银行颁发的“开户许可证”复印件（须带原件核对）；

4）公司章程复印件（须带原件核对）。

企业在当地海关受理申报材料3个工作日（申报当日不计算在内）后，若无电话通知“不合格”，则凭“业务受理单”到海关办理领证手续（取得流水号、输入数据、打印证书、盖章），取得有效的“自理报关单位注册登记证明书”，次日即可开展业务。

（四）外汇核销

外贸企业从外汇管理局申领的每一张核销单，都在外汇管理局的数据库中有备案和留档。核销单跟随外贸业务一路走过海关、银行和税务局，被烙上各种印章或撕开。但最终的存根必须回到外汇管理局，以核对原来数据库的电子档案并注销此核销单号码。这一过程就叫作“核销”，表示此笔买卖在外汇的收支上是合法的，准予一笔勾销。

企业必须具备一定的资格才可以向外汇管理局申领核销单，当然最重要的资格是企业的进出口权。外汇管理局会一次发放多张连续号码的空白核销单，这些核销单的编号便于企业关联起来，并当场加盖企业名称印章。今后，由这些核销单产生的外汇方面的责任就由该企业承担。核销单只准本企业使用，不得借用、冒用、转让和买卖。此外，空白核销单是没有使用期限的，并且可以跨年使用。企业在进出口业务中可自行根据具体情况填写核销单并在各环节中使用，但每一张核销单都必须到外汇管理局核销。

（五）电子口岸

知识拓展 2-2

中国电子口岸企业 IC 卡的申领流程为：①到所属制卡代理点领取并如实填写 4 张表格，企业法人签字并加盖公章。表格为：《中国电子口岸企业情况登记表》（1 号表）；《中国电子口岸企业情况海关登记表》（2 号表）；《中国电子口岸企业情况外汇登记表》（3 号表）；《中国电子口岸企业操作员情况登记表》（4 号表）。其中《中国电子口岸企业操作员情况登记表》，按照本企业指定的操作员人数，每人一联。②由市场监管、税务、海关、外贸、外汇部门对企业用户进行资格审查，企业用户购买 IC 卡、读卡器、Oracle Lite 软件以及向中国电信申请了17999账号后，由制卡代理点为企业制发中国电子口岸企业法人卡和操作员卡。

（六）商检登记

我国进出口商品检验工作，主要有四个环节：接受报验、抽样、检验和签发证书。

1）接受报验：报验是指对外贸易关系人向商检机构报请检验。报验时需要填写“报验申请单”，填明申请检验、鉴定工作项目和要求，同时提交对外所签买卖合同，成交小样及其他必要的资料。

2）抽样：商检机构接受报验后，及时派员赴货物堆存地点进行现场检验、鉴定。抽样时，要按照规定的方法和比例，在货物的不同部位抽取一定数量的、能代表全批货物质量的样品（标本）供检验之用。

3）检验：商检机构接受报验后，认真研究申报的检验项目，确定检验内容，仔细审核合同（信用证）对品质、规格、包装的规定，弄清检验的依据，确定检验标准、方法，然后进行抽样检验、仪器分析检验、物理检验、感官检验、微生物检验等。

4）签发证书：在出口方面，凡列入“种类表”内的出口商品，经商检机构检验合格后，签发放行单（或在“出口货物报关单”上加盖放行章，以代替放行单）。凡合同、信用证规定由商检部门检验出证的，或国外要求签检验证书的，根据规定签发所需封面证书；不向国外提供证书的，只发放行单。“种类表”以外的出口商品，应由商检机构检验的，经检验合格发给证书或放行单后，方可出运。在进口方面，进口商品经检验后，分别签发“检验情况通知单”或“检验证书”，供对外结算或索赔用。凡由收、用货单位自行验收的进口商品，如果发现问题，供对外索赔用。对于验收合格的，收、用货单位应在索赔有效期内把验收报告送商检机构销案。

（七）进出口企业核销退税

1. 收汇核销所需资料

1）核销单；
2）报关单（出口收汇专用联），前提是已以电子口岸交单；
3）银行结汇水单；
4）出口收汇核销表（一式两份）。

2. 退税申报所需资料

1）核销单（退税专用联，已核销过）；
2）报关单（退税专用联），前提是在电子口岸下的出口退税子栏目下已交单；
3）进项发票（已认证）；
4）出口发票（有些地方不用附此单证）。
以上四种资料按报关单顺序，外加封皮封底装订。

3. 另外所需三表一盘

1）出口退税汇总表（一份）；
2）出口退税出口明细表（三份）；
3）出口退税进货明细表（三份）；
4）转为正式申报后生成的资料导入U盘。

4. 出口的大概流程

1）申领核销单；
2）核销单网上进行口岸备案，做报关资料（箱单、发票、报关委托书、一般贸易的报关单、核销单等给货运代理公司，以便报关。备注：2012年8月1日起，取消纸质出口核销单，报关时不再需要提供）；
3）拖箱，工厂装柜；
4）起运；
5）单证退回后，先进行核销单和报关单电子口岸交单工作；
6）核销；
7）退税。

5. 出口退税的操作流程和时间

操作流程为：认证发票—银行结汇（出具水单）—核销—退税。
有关时间如下。
1）退税申报期为90天（备注：生产性出口企业退税申报期为每年4月30日前）；
2）核销期为180天；
3）发票认证期为90天。

6. 单证备案:

退税申报后，在15天内要及时进行单证备案，所需单证如下。
1）单证备案明细表；
2）提单；
3）托单；
4）场站收据；
5）购货合同。
有些地区特别要求外加两样材料，即报关单复印件和出口明细表，外加封皮装订，放司备查。

任务评价

同步训练

实训项目：

到当地一家进出口贸易公司进行调查：在建立外贸公司的过程中有哪些需要特别注意的事项？遇到了哪些困难和问题？

具体任务：

走访一家进出口贸易公司进行调查。

思考与练习

一、判断题

1．注册进出口贸易公司，办公面积100平方米以上，注册资金50万元以上，可以办理出口退税。（ ）

2．企业必须具备一定的资格才可以向外汇管理局申领核销单。（ ）

3．对外贸易经营者应凭加盖备案登记印章的《登记表》在30日内到当地海关、检验检疫、外汇、税务等政府部门办理开展对外贸易业务所需的有关手续。逾期未办理的，《登记表》继续有效。（ ）

4．企业在进出口业务中可自行根据具体情况填写核销单并在各环节中使用，但每一张核销单都必须到外汇管理局核销。（ ）

5．外贸企业从外汇管理局申领的每一张核销单，无须在外汇管理局的数据库中有备案和留档。（ ）

二、案例分析题

义乌市互胜进出口有限公司在市行政服务中心市场监督管理局联办窗口一次性领取了营业执照、组织机构代码证、税务登记证等多本证照，标志着义乌市多部门“证照联办”正式实施。多部门“证照联办”是为配合义乌国际贸易综合改革试点，由市行政服务中心管理委员会联合市场监管、税务、公安等部门共同完成的一项便民举措。

思考：

建立进出口贸易公司需要哪些步骤，涉及哪些政府部门？

任务评价答案 2-1

项目三

交易准备与磋商

学习目标

1．了解在进出口交易前的一系列准备工作，特别是如何做好行情调研以及学会如何寻找客户；

2．了解并掌握国际贸易磋商的具体步骤，重点掌握交易磋商的必经环节：发盘与接受。

技能目标

培养国际贸易交易前做好策划准备工作、进行交易磋商及签订合同的能力。

学习任务

任务一：交易前的准备工作；

任务二：交易磋商。

在这两项任务的学习中，如果你认真学习理论知识，积极参与实践训练，并且能够顺利地完成具体任务，那么你会惊喜地发现自己已经成功掌握交易准备的各项重点任务，学会了如何开发客户，并掌握了进行交易磋商的各种技巧，能够应对国际贸易中的一般磋商任务。

任务一 交易前的准备工作

任务要求

了解外贸业务员寻找客户的途径。

导入案例

“我有一个客户，我永远也忘不了第一次见到他的情形。那是在一个展会上。当天的展览都要结束了，我正在整理样品，突然觉得有人在展台前停住了，我抬头一看，只见一个五十岁左右的男人，头发蓬乱，络腮胡子，面色灰土。穿着土灰色T恤，脏兮兮的牛仔裤。我的第一反应是来收破烂的。但看着他直勾勾地盯着我们的样品，我放大了胆子，假设他是买家，迎上去向他介绍我们的产品，并同他互换了名片。通过名片和交谈我肯定他是一个很专业，而且很大的潜在客户。现在，我们已经同这个客户建立了非常稳固的合作关系，而且他还是我们的超级大客户之一呢。”

思考：

在展览会上寻找客户应注意哪些问题？

任务学习

一、行情调研

凡是想进入一个产品的国际市场领域，任何企业都不能省略国际市场调研这个环节。企业通过国际市场调研，分析国际市场行情特点，从而判定贸易的可行性并据以制订贸易计划。

（一）国际市场调研的内容

从国际贸易商品进出口角度看，国际市场调研主要包括国际市场环境调研、国际市场商品情况调研、国际市场营销情况调研、国外客户情况调研等。

1. 国际市场环境调研

企业开展国际商务进行商品进出口，如同军队作战首先需要分析地形、了解作战环境一样，需要先了解商务市场环境，做到知己知彼、百战不殆。企业对国际市场环境调研的主要内容如下。

1）国外经济环境，包括一国的经济结构、经济发展水平、经济发展前景、就业、收入分配等。

2）国外政治和法律环境，包括政府结构的重要经济政策、政府对贸易实行的鼓励和限制措施，特别是有关外贸方面的法律法规，如关税、配额、国内税收、外汇限制、卫生检疫、安全条例等。

3）国外文化环境，包括使用的语言、教育水平、宗教、风俗习惯、价值观念等。

4）其他，包括国外人口、交通、地理等情况。

2. 国际市场商品情况调研

企业要把产品打入国际市场或从市场进口产品，除需要了解国外市场环境外，还需要了解国外商品市场情况，主要有以下几点。

1）国际市场商品供给情况，包括商品供应的渠道、来源，国外生产厂家生产能力、数量及库存情况等。

2）国际市场商品需求情况，包括国外市场对商品需求的品种、数量、质量要求等。

3）国际市场商品价格情况，包括国际市场商品的价格、价格与供求变动的关系等。

3. 国际市场营销情况调研

国际市场营销情况调研是对国际市场营销组合情况的调研，除上述已经提到的商品及价格外，一般还应包括以下方面。

1）商品销售渠道，包括销售网络设立、批零商的经营能力、经营利润、消费者对他们的印象、售后服务等。

2）广告宣传，包括消费者购买动机、广告内容、广告时间、方式、效果等。

3）竞争分析，包括竞争者产品质量、价格、政策、广告、分配路线、占有率等。

4. 国外客户情况调研

每个商品都有自己的销售（进货）渠道。销售（进货）渠道是由不同客户所组成的。企业进出口商品必须做好国外客户的调查研究，选择合适的销售（进货）渠道与客户。一般说来，商务企业对国外客户的调查研究主要包括以下内容。

1）客户政治情况，主要了解客户的政治背景、与政界的关系、公司企业负责人参加的党派及对我国的政治态度。

2）客户资信情况，包括企业的资金和信用两方面。资金指的是企业的注册资金、实收资金、公积金、其他财产及资产债务的情况等。信用是指企业的经营作风，履约守信情况等。这些情况在对客户要求做经销、代理、独家包销、寄售等业务做出决定时是十分重要的。

资信情况调查有以下几种方法。

① 通过国内往来银行，向对方的往来银行调查。了解有关企业的基本背景、信用状况、付款能力、不良记录等信息，监控管理目标客户，识别高风险的客户，寻找潜在的利润来源。申请办理资信调查业务时须向银行提交申请书，注明：被调查单位名称、地址、电话、传真；对海外客户的调查必须提供英文名称和地址。

② 直接向对方的往来银行调查，将简洁文稿和调查对象的资料寄给对方的往来银行。

③ 通过国内和国外的咨询机构调查。国外有名的资信机构，不仅组织庞大、效率高，而且调查报告详细且准确。其调查报告均以密码编类各类等级，这种等级的划分以估计财力与综合信用评价分为High、Good、Fair和Limited四个等级。

④ 通过国外商会、我国驻外商务机构、国外的亲朋调查。

在这里不得不提的是，对高危客户的产品做出口信用保险是十分必要的。具体见本节的拓展阅读。

3）客户公司、企业业务，指客户的公司企业是中间商还是使用户或专营商或兼营商等。

4）客户经营能力，指客户业务活动能力、资金融通能力、贸易关系、经营方式和销售渠道等。

拓展阅读

一、出口信用保险的定义

出口信用保险（export credit insurance）是国家为了推动本国的出口贸易，保障出口企业的收汇安全而制定的一项由国家财政提供保险准备金的非营利性的政策性保险业务，以分担中国出口企业从事对外贸易的风险，让其开拓国际市场、在贸易领域中更具竞争力。

出口信用保险分为短期出口信用保险和中长期出口信用保险。其中，短期出口信用保险是指贸易合同中规定的放账期不超过180天的出口信用保险。经保险公司同意，放账期可延长到360天。中长期出口信用保险适用于信用期在180天至5年或8年之间的资本性或半资本性货物的出口项目。

二、出口信用保险的对象

出口信用保险承保的对象是出口企业的应收账款，承保的风险主要是人为原因造成的商业信用风险和政治风险。

商业信用风险主要包括买方因破产而无力支付债务、买方收货后超过付款期限四个月以上仍未支付货款、买方因自身原因而拒绝收货及付款。

政治风险主要包括因买方所在国禁止或限制汇兑、实施进口管制、撤销进口许可证、发生战争、叛乱等卖方、买方均无法控制的情况，导致买方无法支付货款。而以上这些风险，是无法预计、难以计算发生概率的，因此也是商业保险无法承受的。

国际贸易中商业性保险承保的对象一般是出口商品，承保的风险主要是因自然原因在运输、装卸过程中造成的对商品数量、质量的损害。有的商业保险也承保人为原因造成的风险，但也仅限于对商品本身的损害。而这些风险可以计算发生概率，根据概率制定保费以确保赢利。

三、出口信用保险的作用

1. 投保出口信用保险可确保收汇的安全性，扩大企业国际结算方式的选择面（如除 L/C 外还可采用 T/T、DP、DA 等），从而增加出口成交机会。同时，投保后可提高出口企业信用等级，有利于获得银行打包贷款、托收押汇、保理等金融支持，加快资金周转。

2. 出口信用保险公司还可为企业提供客户信用调查、账款追讨等其他业务。

四、出口信用保险业务遵循的基本原则

最大诚信原则：投保人必须如实提供项目情况，不得隐瞒和虚报。

风险共担原则：赔偿比率大多低于百分之百。

事先投保原则：保险必须在实际风险有可能发生之前办妥。

五、不适用于投保出口信用保险的出口贸易合同：

1. 发货前或在劳务提供前，价款全部预付的出口合同；

2. 金额和付款期限不确定的出口合同；

3. 不以货币结算的贸易合同；

4. 违反我国或进口国法律的贸易合同；

5. 投保人与其关联企业之间的交易合同不能办理商业风险的保险，但可办理政治风险保险。

六、投保出口信用保险可以给企业带来的利益

1. 出口贸易收汇有安全保障。出口信用保险使企业出口贸易损失发生时得到经济补偿，维护出口企业和银行权益，避免呆坏账发生，保证出口企业和银行业务稳健运行。

2. 有出口信用保险保障，出口商可以放心地采用更灵活的结算方式，开拓新市场，扩大业务量，从而使企业市场竞争能力更强，开拓国际贸易市场更大胆。

3. 出口信用保险可以为企业获得出口信贷融资提供便利。资金短缺、融资困难是企业共同的难题，在投保出口信用保险后，收汇风险显著降低，融资银行才愿意提供资金融通。

4. 得到更多的买家信息，获得买方资信调查和其他相关服务。出口信用保险有利于出口商获得多方面的信息咨询服务，加强信用风险管理，事先避免和防范损失发生。

5. 有助于企业自身信用评级和信用管理水平的提高。

七、出口信用保险主要提供收汇风险保障的范围

1. 海外买家的商业风险：

1）进口商无力偿还债务或破产、倒闭；

2）国外进口商无理、故意拖欠货款；

3）国外进口商拒收货物及拒付货款或以拒收货物为手段进行不正当的压价。

2. 买方国家的政治风险：

1）进口商所在国禁止或限制外汇汇出；

2）进口商所在国进口管制，限制进口；

3）进口商所在国或货款须经过的第三国颁布延期付款令；

4）进口商所在国发生战争、暴乱和革命等；

5）出口商和进口商都无法控制的其他非常事件。

八、出口信用保险理赔指南

1. 如果获悉下列情况，可在十天内向保险公司填报《短期出口信用保险可能损失通知书》。

1）买方已破产或无力偿付债务；

2）买方已提出拒绝收货及付款；

3）买方逾期三个月未付或未付清货款；

4）发生保险公司承保的政治风险项下的事件。

及时填报《短期出口信用保险可能损失通知书》有利于保险公司及时了解情况、采取措施、控制风险、避免损失的扩大。对您的延迟填报，保险公司有权拒赔。

2. 办理索赔的流程：首先要填写《索赔申请书》，并提供以下资料：贸易合同、提单、出口报关单、发票、装箱单、汇票、买卖双方往来函电、买方信用限额审批单、出口申报表、保险公司要求的其他资料 。

九、出口信用保险投保流程

（一）申请投保

需要填写《短期出口信用保险综合险投保单》一式三份，把本出口企业的名称、地址、投保范围、出口情况、适保范围内的买方清单及其他需要说明的情况填写清楚后，企业法人签章，向保险公司申请投保出口信用保险。

（二）申请限额

在接到保险公司承保并签发的《短期出口信用保险综合险保险单》后，应就本保单适用范围出口的每一买家尽早向保险公司书面申请信用限额，并填写《短期出口信用综合险买方信用限额申请表》一式三联，按表内的要求，把买家的情况、双方贸易条件以及本企业所需的限额如实填写清楚，为本企业在适保范围内的全部海外新旧买家申请信用限额。

（三）申报出口

保险公司通过《短期出口信用综合险买方信用限额审批单》批复限额，企业每批出货后，十五天内（或每月 10 日前）逐批填写《短期出口信用综合险出口申报单》（或《短期出口信用保险综合险出口月申报表及保费计算书》）一式三份，按表中之要求，把出口的情况如实清楚填写，供保险公司计收保险费。对于未在规定时间内申报的出口，保险公司有权要求补报。但若补报的出口已经发生损失或可能引起损失的事件已经发生，保险公司有权拒绝接受补报。如果有故意不报或严重漏报或误报情况，则保险公司对已申报出口所发生的损失，有权拒绝承担责任。

（四）缴纳保险费

企业在收到保险公司发出的“保险费发票”及有关托收单据的日期起十日内应缴付保险费。如果未在规定期限内交付保险费，则保险公司对申报的有关出口，不负赔偿责任；如果超过规定期限两个月仍未交付保险费，则保险公司有权终止保单，已收的保险费概不退还。保险公司每个月按申报和报单明细表列明的费率，计算应交的保险费。保险费率如果需要调整，保险公司将出具书面通知，通知发出后第二个月出口的货物，保险费按新费率计算。

（五）填报可能损失通知书

出货后，买方已破产或无力偿付债务、买方已提出拒绝收货及付款、买方逾期三个月未付或未付清货款或者发生保险公司承保的政治风险项下的事件，应在十天内向保险公司填报《短期出口信用保险可能损失通知书》。要清楚简述案情，并在赔偿等待期间，努力催收货款，密切与保险公司联系，及时知道追讨或处理的进程和结果。

（六）索赔损失

收不到货款且追讨无效，保险条款规定的赔偿等待期届满，应尽快以书面的形式向保险公司提出索赔，并填写《短期出口信用保险索赔申请书》，同时，齐全、真实地提供该申请书列明的所需单证（包括贸易合同、提单、出口报关单、发票、装箱单、汇票、买卖双方往来函电、《短期出口信用综合险买方信用限额审批单》、出口申报表和保险公司要求的其他资料）。对因买方无力偿付债务所致损失的索赔，保险公司在证实买方破产或丧失偿付能力后尽快赔付；对其他原因所致损失的索赔，保险公司在规定的赔偿等待期满后，尽快赔付。对买方无力偿付债务引起的损失，如果未在买方被宣破产或丧失偿付能力后一个月内提出索赔，对其他原因引起的损失，未在赔偿等待期满后两个月内提出索赔，又未提出充分理由，则保险公司对企业的索赔有权拒绝受理。保险公司对保险责任范围内的损失，分别按保单明细表所列商业信用保险和政治风险所致损失的赔偿百分比赔偿，但赔偿以不超过保险公司批准买方信用限额或被保险人自行掌握信用限额的上述百分比为限。

（七）权益转让

获悉保险公司的赔偿通知后，须出具《赔款收据及权益转让书》（中英文各一份）和中英文的《追讨委托书》。如果买方逾期三个月未付或未付清货款，企业在报《短期出口信用保险可能损失通知书》时同意委托保险公司先追讨，则须提供该案的合同、提单、发票、贸易双方往来函电及中英文《追讨委托书》。

十、出口信用保险的赔偿比例及免责条例

出口信用的赔偿比例为：政治风险 90%；破产、拖欠 90%；拒收 80%。出口信用保险的责任免除情况通常为以下几种：汇率变更引起的损失，如出货时美元结汇价 8.2645，收汇时人民币升值了，结汇价 8.2600，这种损失不能获得赔偿；被保险人（出口商，下同）或其代理人违约、欺诈以及其他违法行为所引起的损失，或者被保险人的代理人破产引起的损失；被保险人发货前买家的信用限额已被撤销、失效，或未经保险公司批复信用限额且不适用被保险人自行掌握信用限额的买方出口所发生的损失。

（二）国际市场调研的方法

国际市场调研是复杂细致的工作，须有严格、科学的程序和方法。

企业对国际市场调研获取的资料，按其取得的途径不同，一般分为两类：一类是通过自己亲自观察、询问、登记取得的，称为原始资料；另一类是别人搜集到的，调查者根据自己研究的需要，将其取来为己所用，称为第二手资料。

国际市场调研方法可以分为案头调研法和实地调研法。

1. 案头调研法

案头调研法就是第二手资料调研或文献调研，它是以在室内查阅的方式搜集与研究项目有关资料的过程。第二手资料的信息来源渠道很多，如企业内部有关资料、本国或外国政府及研究机构的资料、国际组织出版的国际市场资料、国际商会和行业协会提供的资料等。

2. 实地调研法

实地调研法是国际市场调研人员采用实际调研的方式直接到国际市场上搜集情报信息的方法。采用这种方法搜集到的资料，就是第一手资料，也称为原始资料。实地调研常用的调研方法有三种：询问法、观察法和实验法。

比如，企业进行国外市场环境、商品及营销情况调查，一般可通过下列渠道、方法进行。

1）派出国推销小组深入国外市场以销售、问卷、谈话等形式进行调查（一手资料）。

2）通过各种媒体（报刊、新闻广播、计算机数据库等）寻找信息资料（二手资料）。

3）委托国外驻华或我驻外商务机构进行调查。

通过以上调查，企业基本上可以解决应选择哪个国家或地区为自己的目标市场、应该出口（进口）哪些产品以及以什么样的价格或方法出口（进口）。

二、寻找客户

寻找客户对于外贸业务员来说是非常重要而又非常艰难的任务，寻找客户的方法亦有很多，在此介绍重要的几种。

（一）展览会

展览会是一种综合运用各种媒介的传播方式，通过现场展览和示范来传递信息，推荐形象，是一种常规性的公共关系活动。在展会中，来自各方面的商家、买家等相聚一堂，不仅做成了生意，而且还调查了市场，得到了新的启发，获得了新的信息，同时也客观地检验了参展的产品。

由此，不难看出参加国际贸易展览会是企业扩大出口的重要手段，同时也是走向国际化的最佳途径之一。但是，要使展览会真正起到期望的作用与效果，还需要一些合理的方法与步骤。

1. 展览会的选择

国际国内的展会可以说是“渐欲迷人眼”，有综合性也有专业性的，公司应该结合自身实际来参展。应该说，一年两届的中国进出口商品交易会（广交会）是国内最大的国际性展会。

有效选择是参加展览会的首要步骤。公司应仔细分析展会资料，根据展览会的展览性质、展览内容、展览规模、展览时间、展览场地等进行认真选择，并结合自身实际来参展。

（1）按展览性质来选择

展览会分为贸易和消费两种性质。贸易性质的展览会是为产业即制造业、商业等行业举办的展览。展览的主要目的是交流信息、洽谈贸易。消费性质的展览是为公众举办的展览，基本上展出的是消费品，目的是直接销售。展览的性质由展览组织者决定，可以通过参观者的身份反映出来：对工商界人士开放的展览是贸易性质的展览，对公众开放的展览是消费性质的展览。

（2）按展览内容来选择

展览分为综合展览和专业展览两类。综合展览指包括全行业或数个行业的展览会，也被称作横向型展览会，如工业展、轻工业展。专业展览指展示某一行业甚至某一项产品的展览会，如钟表展。专业展览会的突出特征之一是常常同时举办讨论会、报告会，用以介绍新产品、新技术。

（3）按展览规模来选择

展览会分为国际、国家、地区、地方展，以及单个公司的独家展。规模是指展出者和参观者所代表的区域规模而不是展览场地规模。不同规模的展览有不同的特色和优势，应根据企业自身条件和需要来选择。

（4）按展览时间来选择

展览会按展览时间可划分为定期和不定期两种。定期的有一年四次、一年两次、一年一次、两年一次等。不定期展会则是视需要和条件举办，分长期和短期。长期展可以是三个月、半年甚至常设，短期展一般不超过一个月。在发达国家，专业贸易展览会一般是三天。

（5）按展览场地来选择

大部分展览会是在专用展览场馆举办的。展览场馆可划分为室内场馆和室外场馆。室内场馆多用于展示常规展品的展览会，比如纺织展、电子展。室外场馆多用于展示超大超重展品的展览会，比如航空展、矿山设备展。在几个地方轮流举办的展览会称为巡回展。

2. 参展前精心准备

展览会是一项系统工程，需要考虑的问题很多。经调查，发现影响展会参观者记忆的因素主要有六条，其比例如下：展品有吸引力占39%；操作演示占25%；展台设计占14%；展台人员表现占10%；散发资料占8%；展出者的名气占4%。据此，建议展出者不妨从以下几个方面入手。

（1）展位选择

在展位的选择上很有技巧。以广交会为例，广交会一年两季，分为春交会和秋交会。广交会的展位的位置很重要，如果公司的位置跟一大片同类别的产品在一个片区，势必造成激烈的价格竞争。比较合适的方式就是：选择跟不同类别的产品公司在一个片区。举个例子，纺织类分梭织和针织，如果是做梭织产品的公司，就可以选择针织产品的公司做邻居；选择跟中小公司在一个片区，避开实力强大的进出口集团公司。

（2）展品选择

展品是参展商能直接给观摩者留下印象的最重要因素。据不完全统计，在参观者记忆因素中，展品具有吸引力可占到39%的比重，因此，应给予特别的重视。展品选样三原则：①针对性；②代表性；③独特性。

针对性——展品要符合展出的目的、方针、性质和内容；

代表性——展品要体现展出者的高新技术、生产能力及本行业特点；

独特性——展品要有自己的独特之处，以便与其他同类产品相比有明显区别。

（3）展示方法

展品本身在大部分情况下，并不能说明其全部性能、显示全部特征，需要借助其他材料或设备等手段来加以说明、强调及渲染，要考虑让参观者在现场积极参与，并准备一些小包装样品免费派发。这些都是为了引起参观者的兴趣，增加客商们的购买欲。

（4）展台设计

从表面上看，展台设计的任务应着重美观，其实，并非如此简单。主要是展台要能充分反映出参展商的形象，能吸引参观者的注意力。因此，还要注意以下几点：①展台设计要与整体的贸易气氛相协调；②展台设计是为了衬托展品，不可喧宾夺主；③展台设计需要考虑参展商的公众形象，不可过于标新立异；④展台设计时，不要忽略展示、会谈、咨询和休息等基本功能。

（5）人员配备

它是展览成功与否的关键所在。展台的人员配备可从四个方面加以考虑：①按展览会的性质选派合适类型或相关部门的人员；②根据工作量的大小来决定人员数量；③注重人员的基本素质；④加强专业知识的培训及产品性能的了解，如专业知识、产品性能、演示方法等。

（6）客户邀请

展位定下来后，其中很重要的一项工作就是遍发“英雄帖”，邀请客户届时参观你的展位。邀请函要注明展会的名称、时间、公司的展位号，参展人员及联系方式，顺便也可附带一下最新推出的产品。邀请的时间一般在展会前一个月左右。这样做的好处有很多：首先，告诉客户参展，是在传递公司有实力参展的信息；其次，参展商由被动地等客户变成主动请客户，效果更加明显；最后，面对面的沟通要比电话或邮件沟通容易得多，同时也节省了出国拜访客户的费用。

3. 参展中细心应对

参展前的各项细致的准备是为展会做铺垫的，参展中与客户的交流至关重要。细节决定成败，在参展过程中需要注意一些细节。

1）保持斗志。参展人员除统一着装和佩戴有公司标识的胸牌外，需要特别注重自己的形象。每个人要站立迎宾，精神抖擞，良好的精神面貌体现了公司的活力和蓬勃向上的氛围。参展人员不要在展会前随意打闹或吃喝，不要在展位前无所事事、读书看报，以免给客户留下不好的印象。

2）胆大心细。面对光顾展位的客户，不要胆怯，要主动打招呼，欢迎进来参观。只要能到展位驻足一下，起码他还是有一定的兴趣，就应主动表示欢迎。

此外，不仅仅是对光临展位的客户要热情接待，还需要找各种机会与在过道闲逛的客户进行接触、聊天，有意向的可以邀请来展位谈谈。（参展商经常能在过道、洗漱间碰到各种客人。）

如果客户是老客户，需要掌握以下两点信息：一是询问客户对以前使用的产品有何建议，二是询问客户将来需要什么样的产品。对于新客户，要了解对方是厂家还是经销商，做到心中有数，总之要多掌握一些信息。

3）谨防探子。展会上经常会碰到同行中的探子，他们扮作客户来套底价和技术，甚至客户资料，所以要保持警惕。识别探子的方法有多种，可以到同行展位去转转，初步认识一下参展的人员，这样他们来公司展位刺探信息时就会有点印象了。另外，从谈话中可以感觉出对方是否为探子，一般他会询问一些敏感性的问题。

4）每天做工作总结。每天参展结束后，要对当天的客户进行归类整理，并将谈话要点记录下来。配合合影努力记住客户的模样和名字。另外，根据客户谈话中所提出的需求判断今年的产品流行趋势，展后和公司决策层讨论新产品的开发及推广。

4. 参展后及时跟进

参展结束，只能说工作才进行了一半，真正起作用的是展后及时跟进。

1）客户分类。根据展会上与客户谈判的过程及结果，将客户分为正式客户、潜在客户和无效客户。这里的正式客户是指老客户，根据上面提出的两点来开展工作即可。潜在客户即指对公司的产品有明确的订购意向，只需要进一步跟进，确定一些细节即可订货的客户。无效客户指仅在展会留下名片，没有进行过交流，且对方仅是收集一些资料的客户。将展会期间的客户记录进行梳理，与客户对应起来，以备下一步工作的开展。

2）联系客户。给每位客户发邮件，注意不要群发。邮件中体现出上次展会的内容。对重点客户要重点联系，先联系重点客户，分清主次。

3）回复客户。邮件发出去以后，陆续会收到一些回复。对这些回复要认真阅读，掌握客户的真实的想法，针对客户的回信内容及时复信。如果客户需要某产品的报价，那就专门为客户制作报价单。

4）再次跟进。如果客户对公司的产品及价格比较满意，则要诱导他订购产品，比如问订购的数量、时间、交易条件等，用这些来引导客户进入正题。如果发了邮件，客户没有反应，一个星期后再发一封与上次有所变化的邮件。如果客户仍旧没有回复，则要考虑一下客户是否对公司的产品不感兴趣。如果频繁地发邮件会引起客户的反感，不妨在接下来的第三封邮件加上一条，"如果贵司不希望收到此封邮件，请回复说明"。

（二）介绍

介绍寻找法是指外贸业务员通过他人的直接介绍或者提供的信息进行顾客寻找。外贸业务员可以通过自己的熟人、朋友等社会关系，也可以通过企业的合作伙伴、客户等关系，由他们进行介绍，主要方式有电话介绍、口头介绍、信函介绍、名片介绍、口碑效应等。

利用这个方法的关键是业务员必须注意培养和积累各种关系，在积累关系的过程中要特别注意以下几点。

1）必须保证和朋友有经常性的真诚的沟通和交流。从经济角度讲，这也是一份感情投资。通过经常性的交流，让朋友充分认识你所从事的业务，让朋友有客户信息就能想到你。

2）想要现有客户为你带来新的客户，那么必须为现有客户提供满意的服务和可能的帮助。口碑好、业务印象好、乐于助人、与客户关系好、被人信任的业务员一般都能取得有效的突破。

3）和其他企业的外贸业务员搞好关系，没事和他们聊天交换客户，只要你有技巧和诚心，他们总会有好的客户介绍给你。因为每个公司所经营的产品范围有限，在不存在直接竞争的前提下，其他企业的外贸业务员很可能会在客户有需求时，将不是本公司范围内的业务介绍给你。

在交换的过程中，我们的客户也会越来越多。因为你可以把从A那儿交换到的客户去和B交换，再把从A、B那儿交换到的客户去和C交换，你的客户群会像滚雪球一样越来越大。

4）要保证对朋友的尊重和互利。在被介绍了客户以后，要简单地向介绍人汇报联系进程。无论结果如何，都要真诚地对其帮助表达赞赏和感激，并让他在此过程中感觉到自我实现。同时，要注意"礼尚往来"，有机会的时候要回馈朋友，实现互利。

做贸易、做生意就是结交商人朋友的过程，想办法结交更多的朋友，你的客户也会随之而来。很多人今天不是你的客户，说不定明天就是，也许他会意想不到地介绍更多的商人朋友给你，你只要不断积累，客户资源就会越来越多。

（三）跨境电子商务

1. 跨境电子商务的主要类型

跨境电子商务根据对象可以划分为 B2B（business to business）、B2C（business to consumer）和 C2C（consumer to consumer）。

（1）跨境 B2B

跨境 B2B 即商业对商业，是指分属不同关境的企业对企业，通过电商平台达成交易、进行支付结算，并通过跨境物流送达商品、完成交易的一种国际商业活动。目前，中国 B2B 跨境电商市场交易规模占整个跨境电商市场的 90%左右，企业级市场始终占据主导地位。

B2B 平台主要为境内外会员搭建网络营销平台，传递商品或服务信息，在所有平台中占主导地位。其中，具有代表性的平台主要包括阿里巴巴国际站、敦煌网、环球资源、中国制造网等。

1）阿里巴巴国际站（http://www.alibaba.com/）。

阿里巴巴国际站是阿里巴巴集团最早创立的业务，是目前主要的跨境 B2B 电子商务平台，服务全世界数以千万计的采购商和供应商。阿里巴巴国际站专注服务于全球中小微企业，在这个平台上，买卖双方可以在线更高效地找到适合的彼此，并更快更安心地达成交易，此外，阿里巴巴外贸综合服务平台提供的一站式通关、退税、物流等服务，让外贸企业在出口流通环节也变得更加便利和顺畅。

阿里巴巴国际站提供一站式的店铺装修、产品展示、营销推广、生意洽谈及店铺管理等全系列线上服务和工具，帮助企业降低成本、高效率地开拓外贸大市场。

2）中国制造网（http://www.made-in-china.com/）。

中国制造网创建于 1998 年，是由焦点科技股份有限公司开发和运营的，国内最著名的 B2B 电子商务网站之一，连续四年（2003—2006 年）被《互联网周刊》评为中国最具商业价值百强网站。中国制造网是一个中国产品信息荟萃的网上世界，面向全球提供中国产品的电子商务服务，旨在利用互联网将中国制造的产品介绍给全球采购商。

截至 2012 年年底，中国制造网拥有注册会员超过 800 万，仅 2012 年就有来自超过 200 多个国家和地区的用户访问了中国制造网，访问量超过 5.5 亿人次。中国制造网为中国中小企业发掘了商业机会，创造了大量就业机会，并且为中小企业提供各类电子商务软件服务，以软件服务业带动和提升了传统制造业的信息化能力。

3）环球资源网（http://www.globalsources.com/）。

环球资源是一家多渠道 B2B 媒体公司，其核心业务是通过一系列英文媒体，包括环球资源网站、印刷及电子杂志、采购资讯报告、“买家专场采购会”、贸易展览会（Trade Show）等形式促进亚洲各国的出口贸易。

超过 100 万名国际买家（包括 95 家全球百强零售商）使用环球资源提供的服务了解供应商及产品的资料，以在复杂的供应市场进行高效采购。另外，供应商借助环球资源提供的整合出口推广服务，提升公司形象、获得销售查询，赢得来自 200 多个国家及地区的买家订单。

（2）跨境 B2C

跨境 B2C 是指分属不同关境的企业直接面向消费个人开展在线销售产品和服务，通过电商平台达成交易、进行支付结算，并通过跨境物流送达商品、完成交易的一种国际商业活动。跨境 B2C 所面对的客户是个人消费者，以网上零售的方式为主，销售商品一般以个人消费品居多。

B2C 平台的典型代表有阿里全球速卖通、亚马逊、Wish、兰亭集势等。

1）阿里全球速卖通（https://www.aliexpress.com/）。

阿里全球速卖通（AliExpress）正式上线于 2010 年 4 月，是阿里巴巴旗下唯一面向全球市场打造的在线交易平台，被广大卖家称为“国际版淘宝”。全球速卖通面向海外买家，通过支付宝国际账户进行担保交易，并使用国际快递发货；是全球第三大英文在线购物网站。

阿里全球速卖通是阿里巴巴帮助中小企业接触终端批发零售商，小批量多批次快速销售，拓展利润空间而全力打造的融合订单、支付、物流于一体的外贸在线交易平台。2015 年 12 月 7 日，阿里全球速卖通对外宣布，全面从跨境 C2C 平台转型为跨境 B2C 平台，提高商家入驻门槛，帮助中国优质中小企业开拓全球市场。

2）亚马逊（https://www.amazon.com/）。

亚马逊公司（Amazon）是美国最大的一家网络电子商务公司，位于华盛顿州的西雅图，是网络上最早开始经营电子商务的公司之一。亚马逊成立于 1995 年，一开始只经营网络的书籍销售业务，现在则扩及了范围相当广的其他产品，已成为全球商品品种最多的网上零售商和全球第二大互联网企业，在公司名下，也包括了 AlexaInternet、A9、Lab126 和互联网电影数据库（Internet Movie Database，IMDB）等子公司。

亚马逊及其他销售商为客户提供数百万种独特的全新、翻新及二手商品，如图书、影视、音乐和游戏、数码下载、电子和电脑、家居园艺用品、玩具、婴幼儿用品、食品、服饰、鞋类和珠宝、健康和个人护理用品、体育及户外用品、玩具、汽车及工业产品等。

目前，亚马逊美国市场的新增卖家中，有 50%来自美国以外的国家，这些卖家中又有 56%来自中国。换句话说，亚马逊美国市场每新增四个卖家，就有一个来自中国。

3）Wish（https://www.merchant.wish.com）。

Wish 于 2011 年 12 月上线，是北美地区最大的移动跨境购物平台。Wish 平台 60%～70%的商家来自中国，其交易额达到总交易额的 80%～90%。Wish 打造了一套自有的推荐算法，根据用户在 Wish 上的购物行为，以瀑布流形式为用户推荐用户可能感兴趣的商品，以最快最简单的方式帮助商户把产品卖出去，为数量众多的中国小卖家提供了产品走出国门的机会，也为移动跨境电商的发展起到了示范作用。

（3）C2C 平台

C2C 平台向所有个人开放注册，典型代表有 eBay、Etsy 等。

1）eBay（https://www.ebay.com/）。

eBay（中文名为电子湾、亿贝、易贝）是一个可让全球民众上网买卖物品的线上拍卖及购物网站。ebay 于 1995 年 9 月 4 日由皮埃尔·奥米戴尔（Pierre Omidyar）以

Auctionweb 的名称创立于加利福尼亚州圣荷塞。人们可以在 ebay 上通过网络出售商品。

目前，eBay 已发展成为全球主要的网络零售市场之一，在所有的交易中，有 20%是跨境交易，并使用 PayPal 进行支付。

2）Etsy（https://www.etsy.com/）。

Etsy 是一个网络商店平台，以手工艺成品买卖为主要特色，曾被《纽约时报》拿来与 eBay、亚马逊相比较。网站定位于复古和创意，集聚了一大批富有影响力和号召力的手工艺术品设计师。每个人都可以在 Etsy 平台上注册，销售自己的手工艺品。Etsy 的模式类似于 eBay 和淘宝，但对自主设计、制作要求较严格。2015 年 3 月，Etsy 在美国上市。

2. 国际电子商务操作小技巧

（1）内容的制作

高质量的图片更能吸引买家的注意，详细的产品说明更能让客户熟悉公司的产品。任何一个平台都是如此。图片的质量越高，给买家的印象越专业。

（2）关键词

在发布产品的时候，所有 B2B 平台都提供了一个让客户自己选择添加关键词的地方。注意要选择精准的词，以便买家可以更快地找到产品。

（3）排名优化

排名越靠前的产品越容易被发现。最简单的办法是对已经发布的商品不变更内容，进行重新发布，定期更新产品。再就是内容的专业，关键词的精准，对排名优化也很有帮助。

（4）B2B 站内广告投放

通常，所有 B2B 平台的首页和次级栏目页都有广告位出租，也就是常说的“Banner 标志广告”。

（5）心态

其实任何行业都是如此，平台是一方面，人的心态是最重要的；心态要好，尤其是刚开始投资做外贸 B2B 业务的公司往往对效果有较高的期许，往往一个月没出单子就着急了，越是这个时候越要沉住气，多跟有经验的人交流，看看有什么地方需要改进。在这时，信心非常重要。

（四）行业协会

这里，我们专门介绍一种既节约成本又迅速的方法——通过行业协会找客户。

1. 行业协会简介

行业协会是“一些为达到共同目标而自愿组织起来的同业或商人团体”。协会的成立不是政府授意、推动或资助的结果，多由企业或个人自发成立，会员自愿参加。协会不属于政府部门序列，绝大多数是非营利性组织，在官方机构注册后开展活动。协会不受政府干预，高度自治，独立性强。协会以服务会员、维护会员合法权益为宗旨，政府一般不予以经济资助。

综观各个发达国家的行业协会，我们可以看到一个共同的特点，即发达国家的行业协会都有为企业提供信息服务这一职能。这些信息服务包括：提供协会成员信息，提供相应产品的生产商，提供进口和出口信息，提供产品和行业发展趋势信息，提供相关产品的展会信息，等等。这些信息对于外贸工作者来说都是极其宝贵的财富。行业协会主持的业内的技术研讨会、产业发展研讨会及专业的行业期刊、杂志，对企业了解产品、了解客户作用也很大。

每个正规的大型的行业协会，都建立了自己相关的网站，行业协会网站所提供的信息在为会员单位提供便利的同时，无形中也为外贸企业寻找客户创造了更大的空间。外贸企业应充分利用行业协会的网站，寻找更多的合作伙伴。

2. 搜索行业协会

（1）通过搜索引擎寻找行业协会

1）搜索引擎设置。

我们可以通过多个搜索引擎，用关键词搜索行业协会。要注意的是，不要固定用几个搜索引擎，同样的关键词，在不同的搜索引擎搜索就有不同的结果。不同的国家有本土的搜索引擎，我们需要了解该国家比较常用的搜索引擎。例如，俄罗斯的 Yandex 网站，德国的 Fireball 网站，阿联酋的 arabo 网站，南非的 Aardvark 都是本国搜索引擎市场占有率很高的搜索引擎。

针对需要搜索的不同国家的客户，尽可能多找些国家本土的搜索引擎，再用关键词搜索。大胆地试，结果就不同，找到的信息就会多些。

2）关键词设置。

搜索引擎绝对是重要的信息来源，但是要充分利用它们的优势，在关键词设置上还是要花一些工夫的。

关键词是通用的名称及相关的词，就是输入搜索框中的文字，也就是命令搜索引擎寻找的东西。设置关键词的目的是提高搜索查询资料的准确性。

挑选关键词是网络搜索最重要的步骤之一，同时也是多数人容易忽视的问题。仅靠常规的关键词搜索，不一定会带来理想的效果。对于做不同产品的销售员来说，可以借助不同的搜索关键字组合来获得比较精确的定位信息，多种关键字的组合会达到意想不到的效果，要通过多种跟产品相关的关键字进行组合来完成这项工作。因此，我们要熟悉行业协会的几种英文表达方式。

对于大多数人来说，一提到行业协会，首先想到的是对应的英文翻译“Association”，其实很多国家各个行业的协会组织有各种说法。下面我们举例说明：

Association (Western Wall & Ceiling Contractors Association)；

Alliances (The Solar Smart Roof Alliance)；

Bureau (The Northwest Wall and Ceiling Bureau)；

Council (Insulation Council of Australia and New Zealand)；

Institute (Master Painters Institute)；

Society (The American Society for Testing and Materials)；

Guild (The Boulder Creen Building Guild)。

在进行行业协会搜索时，可以用这几个词都试一试，不要局限于自己熟悉的叫法，这样找到的信息量会增大很多。

设置恰当的关键词的另一个优势是保证目标客户群准确。通过搜索特殊的关键词去寻找客户，目标性很强，搜索到的往往就是准备购买产品的准客户，细分寻找行业协会的关键词，我们所搜索到的就是细分产品的最相关行业协会，这样就会大大加快搜索过程。

（2）通过中国商务部网站来寻找行业协会

在中华人民共和国商务部的网站上可以找到中国驻各个国家大使馆经济商务参赞处的网站，在这些网站上可以找到很多和该国有关的商务信息，其中包括一些国家的行业协会，这些行业协会有的是分门别类的，如建筑行业协会、化工行业协会等，有的就是单一的进出口商会。通过这些行业协会，可以找到一些有价值的客户资源。

3. 在行业协会网站上搜索客户信息

（1）成员名单

成员名单是获得潜在用户的最直接途径。对于大多数行业协会而言，其成员名单是公开的，在栏目里会看到成员（member）一类的项目，这里面都是该协会的成员名单。通常情况下分为三个部分：生产商（manufacturer）、承包商（contractor）、经销商（dealer）。有些协会还会详细提供成员的联系方式、公司地址等。也有一些行业协会的网站，可以提供一些表格的选择，以进一步筛选出我们想联系的成员的范围，网站会给出各个筛选条件，包括成员类型、主要从事行业、产品、地址等。我们可以依照这些条件进行选择，进一步缩小搜索范围，找出潜在客户。

对于一些不提供该行业协会成员名单的网站，我们可以试着查找一下该协会所出的书籍，一般的行业协会都会有自己的出版物，而且出版物中有很多重要信息，通常情况下，都有成员目录（member directory），这些资料会非常详细，不过对于非会员来说，这些资料的价格会较高一些。

（2）网站的链接

网站的链接会提供给我们更大的信息量。在链接信息里不仅能找到成员名单，而且还有相关的行业协会和网站，里面会有更多的信息可供选择。同时很多网站的链接，也会有很多展会的信息，对于从事该行业贸易的人员来说，也是很重要的获得潜在客户的来源。

（3）潜在信息

1）董事会成员名单。有些行业协会，通过直接搜索网络，或是打开链接，搜索不到成员的名单。除非通过缴纳一定数额的年费成为这个协会的成员，否则关于这个协会的成员名单是不会正式公开的。然而在这个网站上，能找到董事会的名单，列有董事会的成员，后面有他们的公司介绍，实际上这些公司就可能成为我们的潜在客户。

2）网站的新闻。一些大型的行业网站会不断更新行业的最新动态，其中不乏相关行业的知名展会信息，里面有详细的关于展会及主要参展商的介绍，对于我们寻找客户，增加对同行业企业的了解十分有益。

任务评价

同步训练

实训项目：

1．全球各地每年举办各种国际贸易展览会，参加国际贸易展览会是企业扩大出口的重要手段，企业如何选择适合自身的展览会？

2．义乌鹏达进出口贸易有限公司欲开发美国市场，现要求业务员李舒进行市场开拓。

具体任务：

李舒要做好哪些前期准备工作？在公司经费有限的情况下应如何寻找客户？

思考与练习

一、选择题

1．（　　）在整个跨境电子商务中的比重最大，约占整个电子商务出口的 90%。（　　）虽只占跨境电子商务总量的 10%左右，但却是增长最为迅速的部分。

A．B2B　　B．C2C　　C．B2C

2．跨境电商人员需要具备的素质是（　　）。

A．了解海外客户网络购物的消费理念和文化

B．了解相关国家知识产权和法律知识

C．熟悉各大跨境电商平台不同的运营规则

D．具备“当地化、本地化”思维

3．通过（　　）可以获得新产品的潜在供应商。

A．贸易期刊　　B．贸易展销　　C．网络平台　　D．供应商产品目录

4．建立供应商资源库的目的有（　　）。

A．采购事务的招标等采购方式需要建立数据库以供查询和使用

B．采购单位需要对供应商经过一段时期的合作和交流后进行评价

C．从长远来说，有必要加强对供应商的管理

D．提高采购部门的管理和工作效率

5．海外仓的优点有（　　）。

A．传统外贸方式走货到仓，物流成本低

B．可提供灵活可靠的退换货方案，提高海外客户的购买信心

C．发货周期较短

D．有库存压力

二、案例分析题

中国A公司与美国B公司签订了总价值为1000万美元的轻工产品出口合同，双方洽谈时，美国B公司总经理麦克以“加速资金周转”为名，要求中国A公司在货物装船后将提单正本寄给他，让他先行提货，支付方式采用D/P（付款交单）和D/A（承兑交单）两种方式。B公司保证在提走货物后会如期付款。A公司考虑到这是一笔大生意，就同意了对方的要求，陆续向B公司发货，并在货物装船后将正本提单直接寄给这家美国公司。刚开始一两个月，B公司按合同支付部分款项，两个月以后，就直接将货物提走而不付款。A公司去美国追讨，找不到这家公司，麦克无影无踪。

思考：

我方从该案例中吸取哪些教训？

任务评价答案3-1

任务二 交易磋商

任务要求

了解并掌握国际贸易磋商的一般步骤；掌握发盘的含义、构成要件、有效期、撤回和撤销、效力的终止；掌握接受的含义、构成要件、生效时间、逾期接受、撤回。

导入案例

请参看下面一组电文：

1. A于星期三向B发出电报："中国松香W级100吨，香港仓库交货价，每吨500美元，现货现金交易，星期五电复有效。"

2. B于星期四复电："中国松香W级，100吨，香港仓库交货价，每吨500美元，你能否同意两个月内交货。"

3. B于星期五下午1时25分，在尚未接到A的复电的情况下，立即发出接受电报："中国松香W级，100吨，香港交货价，每吨500美元，现金现货交易，我接受。"

思考：

A与B的合同关系有无建立？为什么？

任务学习

交易磋商是买卖双方为买卖商品，对交易的各项条件进行协商以达成交易的过程。在国际贸易中，交易磋商有明确的内容和规范的程序。

交易磋商可以是口头的（面谈或电话），也可以是书面的（传真、电传或信函）。交易磋商的过程可分为询盘、发盘、还盘和接受四个环节，其中发盘和接受是必不可少的，是达成交易所必经的法律步骤。

一、询盘

（一）询盘的含义

询盘（inquiry），也称询价，是指交易一方向另一方询买或询卖某项商品的交易条件。

询盘的内容包括商品的品质、规格、数量、包装、价格、装运等成交条件或索取样品。

（二）询盘的种类

由于询盘人的地位不同，询盘可分为以下两种。

1）买方询盘，也称“邀请发盘”。例如：飞鸽牌自行车请报盘。

P1ease offer Flying Pigeon Brand Bicycles.

2）卖方询盘，也称“邀请递盘”。例如：可供 1000 辆飞鸽牌自行车 5 月份装运请递盘。

Can Supply 1000pcs Flying Pigeon Brand Bicycles May Shipment Please Bid.

（三）询盘的法律效力

在实际业务中，询盘只是探询交易的可能性，所以不具有法律上的约束力，也不是每笔业务的必经程序。

（四）询盘范例

Dear Sir or Madam,

We obtained your name and address from the international internet and we know that you are interested in Telecontrol Racing Car produced in China. Now , we are writing to you to hope establish business relations with you.

Our company was founded in 1975, specialized in toy and handicraft, and have already became one of the biggest import & export company in China now. Telecontrol Racing Car is our new product, and it is very popular all over the world.

Our product hold high reputation by the clients in the world wide with the high quality and favorable price.

In order to give you a general idea of various kinds of product that we are handling, we are airmailing you under separate cover our latest catalogue for your reference. Please let us know immediately if you are interested in our products.

We look forward to your early reply.

Yours faithfully,

Catherine

二、发盘

（一）发盘的含义

发盘（offer/quote/bid），也称发价、报价，是指交易的一方向另一方提出买入或卖出某种商品的各项交易条件，并愿意按这些交易条件达成交易、订立合同的一种肯定表示。在法律上称发盘为“要约”。

（二）发盘的种类

根据发盘人的地位不同，发盘可分为以下两种。

1）卖方发盘，或称“售货发盘”（selling offer）；

2）买方发盘，或称“购货发盘”（buying offer），习称“递盘”（bid）。

例如：兹发盘美加净牙膏货号 101 纸箱装每箱 6 打每罗 32 英镑 CIF 伦敦 12 月装运即期不可撤销信用证付款。

OFFER MAXAM TOOTHPASTE ART.NO.101 PACKED IN CARTONS OF SIX DOZ EACH STERLING THIRTY-TWO PER GROSS CIF LONDON DECEMBER SHIPMENT IRREVOCABLE SIGHT CREDIT.

（三）构成发盘的条件

根据《联合国国际货物销售合同公约》（以下简称《公约》）第十四条第（1）款规定：“向一个或一个以上特定的人提出的订立合同的建议，如果十分确定并且表明发价人在得到接受时承受约束的意旨，即构成发价。一个建议如果写明货物并且明示或暗示地规定数量和价格或规定如何确定数量和价格，即为十分确定。”《公约》第十五条第（1）款规定：“发价于送达被发价人时生效。”据此，可以归纳为以下构成发盘的四个条件。

1. 发盘应向一个或一个以上特定的人提出

即发盘必须指定受盘人，可以是一个人也可以是多个人，但必须向有名有姓的公司或个人提出。不指定受盘人的发盘，仅应视为发盘的邀请，或称邀请做出发盘。

2. 发盘内容必须十分确定

根据《公约》规定，所谓“十分确定”，即指一项订约建议中只要列明三大要素：货物品名与质量、数量和价格三项条件，即被认为其内容“十分确定”，而构成一项有效发盘。关于构成一项发盘究竟应包括哪些内容，各国法律解释不一致，我国实际业务中，为了避免发生争议，在对外发盘时，应明示或暗示至少六项主要交易条件，即货物的品质、数量、包装、价格、交货和支付条件。

3. 发盘应表明订约的意旨

即发盘人必须表明：其发盘一旦被受盘人接受，就承担与受盘人按发盘条件订立合同的责任。发盘只是订立合同的建议，如果根本没有“承受约束”的意思，就不能被认为是一项发盘。例如，在订约建议中加注“仅供参考”“以……确认为准”等保留条件，都不是一项发盘，只是邀请对方发盘。

4. 发盘应传达到受盘人

根据《公约》规定，发盘只有被送达受盘人时才生效。

（四）发盘的有效期

发盘的有效期是指受盘人接受发盘的期限，超过发盘规定的时限，发盘人即不受其约束，也就是说，受盘人在有效期内接受发盘，发盘人须承担按发盘条件与之订立合同的责任；而受盘人超过有效期做出接受，发盘人就不承担与之订立合同的义务。发盘的有效期对发盘人和受盘人而言，既是一种限制又是一种保障。

在国际货物买卖中，对发盘的有效期可做明确规定，也可以不做明确规定。不做明确规定有效期的发盘，按法律在“合理时间”内有效，关于“合理时间”，国际上并无统一规定，容易引起纠纷，我们对外发盘，一盘采用明确有效期的方法。

在实际业务中，常见的明确规定有效期的方法如下。

1. 规定最迟接受期限

例如：发盘限10月5日复到。
OFFER SUBJECT TO REPLY HERE OCTOBER 5TH.

2. 规定一段接受的期限

例如：发盘有效期为5天。
OFFER VALID 5 DAYS.

这种规定方法，必须明确“一段时间”的起止问题。《公约》规定：以电报交发时刻或信上载明的发信日期起算；如果信上未载明发信日期，则从发盘送达受盘人时起算。如果接受期限的最后一天是发盘人营业地的正式假日或非营业日，则应顺延至下一个营业日。

注意：受盘人能够利用的有效接受的时间范围，并非发盘有效期的全部范围，一般是有效期扣除通知传递时间，而且发盘有效期一般不是从发盘生效开始计算。

（五）发盘的撤回和撤销

实际业务中，一项发盘发出以后，由于种种原因，发盘人可能要求撤回或撤销发盘。在法律上，“撤回”和“撤销”属于两个不同的概念。

撤回是指在发盘尚未生效，发盘人采取行动、阻止它的生效，《公约》第十五条第（2）款规定：“一项发价，即使是不可撤销的，得予撤回，如果撤回通知于发价送达被发价人之前或同时，送达被发价人。”

撤销是指发盘已生效后，发盘人以一定方式解除发盘的效力。根据《公约》规定，发盘可以撤销，其条件是：发盘人撤销的通知必须在受盘人发出接受通知之前传达到受盘人。但是《公约》第十六条第（2）款规定，在下列情况下，发盘不能再撤销。

1）发盘中注明了有效期，或以其他方式表示发盘是不可撤销的；

2）受盘人有理由信赖该发盘是不可撤销的，并且已本着对该发盘的信赖行事。

这一款规定了不可撤销的两种情况。①发盘人规定了有效期，即在有效期内不能撤销。如果没有规定有效期，但以其他方式表示发盘不可撤销，如在发盘中使用了“不可撤销”字样，那么在合理时间内也不能撤销。②受盘人有理由信赖该发盘是不可撤销的，并采取了一定的行动。

（六）发盘的失效

发盘失效是指发盘的法律效力消失，也就是发盘人不再受发盘的约束，受盘人失去接受该发盘的权利。关于发盘效力终止的原因，一般有下列几种情况。

1. 过期

发盘超过规定的有效期，或未规定有效期，则超过合理时间后，发盘即告失效。

2. 拒绝

受盘人明确拒绝接受一项发盘，则该发盘失效。

3. 还盘

还盘，实际上就是受盘人对发盘的拒绝，一经受盘人做出还盘，原发盘就失效。

4. 撤销

发盘人对发盘进行有效撤销，发盘失效。

5. 不可控因素

不可控因素包括政府发布禁令或限制措施造成发盘失效。另外还包括发盘人死亡、法人破产等特殊情况。

（七）发盘的法律效力

在实际业务中，发盘对发盘人具有法律上的约束力，即在发盘有效期限内，发盘人不得随意撤销或修改其内容。如果在发盘有效期内，受盘人表示接受发盘，发盘人必须承担按发盘条件与对方订立合同的法律责任。

（八）发盘范例

Dear Sir or Madam,

We thank you for your inquiry of July 16th, and now we are making you an offer subject to your answer reaching us by 5:00 am our time, July 20th as follows:

Commodity：Man’s shirt

Specification：As per attached list

Packing：Standard export packing

Quantity：1 000 dozen

Price：USD 50.00 per dozen CIF New York

Shipment：Aug / Sep 2001

Payment terms: Confirmed, irrevocable letter of credit payable by draft at sight to be opened 30 days before the time of shipment.

Under separate cover, we have sent you sample of various kinds of our other products. Please let us know if you are interested in any of them.

We are looking forward to your early order.

因商品的特质不同，发盘询价往往带有其特殊性。

拓展阅读

服装行业，生产的季节性比较明显，以梭织服装为例，出口到欧洲的产品，一般分为一年两季，分别是春夏季和秋冬季。

以 2018 年为例，5—6 月份之前，属于国内内销的淡季，大部分梭织服装的工厂会以养工人为目的降低接单的工缴价格，因此，在这一季之前出货的服装价格会比较低；7 月及 7 月底开始，国内的内销棉装单子开始大量下来，而这时候欧洲客人询盘的是 2019 的春夏季服装，报价接单后，生产周期会同国内的内销棉装订单相冲突，工厂势必抬高外销订单工缴价格。

在这种形势下，上半年的报价会非常宽松，而下半年的订单发盘报价就显得比较困难。此时，一方面，下半年报价需要跟客人斗智斗勇，从交期上同时跟工厂和客人双方确认，尽量避开工厂的内销出货高峰期，以求获得相对低一些的工缴价格；另一方面，可以跟客户协商是否先出一部分货，留一部分到工厂内销单出完之后再进入生产周期，这样既能保证客人在国外的销货上架时机，又能使全单的价格均衡下调。

发盘是很讲究技巧的，以上仅仅是从梭织服装的生产周期来阐述这一问题，实际操作中，都应做到举一反三，机智应对大宗贸易中的报价问题，以求获得最大限度的利润。

三、还盘

（一）还盘的含义

还盘（counter offer），也称还价，是指受盘人对发盘内容不完全同意，而提出修改或变更的表示。还盘的形式不同，有的明确使用“还盘”字样，有的则不使用，在内容中表示出对发盘的修改也构成还盘。

例如：你方 2 日电还盘 30 英镑 CIF 伦敦限 8 日我方时间复到有效。

YOUR CABLE 2TH COUNTER OFFER STERLING30 CIF LONDON REPLY HERE 8TH.

（二）还盘的法律效力

1）只有受盘人才可以还盘；

2）还盘是对发盘的拒绝或否定；

3）还盘等于受盘人向发盘人提出的一项新发盘。

新的受盘人又可以对还盘进行还盘，这种情形称为再还盘。再还盘就是对还盘的还盘。一项交易的达成往往经过若干次的反复还盘。

还盘并不是每一笔交易磋商的必经环节，但多数情况下，一笔交易的达成往往离不开还盘。

（三）还盘范例

Dear Sir or Madam,

Thank you for your letter and samples sent on June 15. We are glad to inform you that our customers are very satisfied with the test result of your samples, but they are still hesitating at the moment.

After careful comparison with similar goods, we find your quotation on the high side. The current market is swollen up with various brands and quality brands such as COCO, which are easily available. These brands have already gained recognition of the local market.

Although its quality has already measured up to our customers' requirements, it still needs price advantage in order to open up a market here. Otherwise it can hardly compete against the established brands.

In view of this, our customers request you to reduce your original price by 10%. Please consider this and give us a prompt reply.

案例 3-1

某年5月3日我A公司向国外B公司发盘，报谷物300公吨，每公吨250.00美元，发盘有效期为10天。5月6日B公司复电，称对该批谷物感兴趣，但要进一步考虑。5月8日，B公司来电，要求将谷物数量增加到500公吨，价格降低为225.00美元/公吨。5月9日，B公司又来电，重复5月8日的来电。5月11日，我方将货物卖给了C商，并于5月13日复电B商，货已售出。但B商坚持要我A公司交货，否则以我方擅自撤约为由，要求赔偿。试问：我方应否赔偿？为什么？

案例 3-1 分析

四、接受

（一）接受的含义

接受（acceptance）是指交易的一方同意对方发盘中提出的交易条件，并愿意按这些交易条件达成交易、订立合同的一种肯定表示。接受在法律上称为“承诺”。

（二）构成有效接受的条件

根据《公约》规定，构成有效接受应具备以下四个条件。

1. 接受必须由指定的受盘人做出

发盘是向特定的受盘人做出，与之相对应，接受必须由指定的受盘人做出，除受盘人之外的第三者做出的接受都不是有效接受。

2. 接受必须表示出来

根据《公约》规定，缄默与不行动本身不等于接受，接受必须以某种方式表示出来，在实际业务中，接受的表示方式有口头或书面声明；另外还有行为声明。例如：进口商向出口商发盘，由于发盘内容明确、肯定，出口商装运货物这一行为，就表示同意，而无须向发盘人发接受通知，则接受于该项行为做出时生效。

3. 接受必须是同意发盘所提出的交易条件

根据《公约》规定，受盘人必须无条件地、全部同意发盘的条件，才能表明有关的交易条件达成一致，合同才能成立。所以，接受必须是绝对地、完全地和无保留地符合发盘要求。

4. 接受必须在发盘的有效期内送达发盘人

凡是发盘都规定了有效期，有效期既是对发盘人约束的期限，又是受盘人接受发盘的期限。受盘人只有在有效期内接受发盘，发盘人才承担按发盘条件与之订立合同的责任，超过有效期的接受无效。

（三）有条件的接受

有条件的接受是指受盘人在答复发盘时，使用了“接受”（accepted）字样，但又对接受的发盘内容做出某些添加、限制或其他更改。从法律上讲，有条件的接受，只能是还盘，但是根据国际贸易的实际业务，《公约》对“有条件的接受”又做出了一些特殊规定。

《公约》将接受中对发盘条件的变更分两大类：一是实质性变更（material alteration），即在实质上变更发盘的条件；二是非实质性变更（non-material alteration），即实质上并不变更发盘的条件。这两种变更在法律效力上完全不同：例如，对货物的价格、付款、质量和数量、交货地点和时间、赔偿责任范围或解决争端等方面的变更，为实质性变更，只能构成还盘，接受无效，合同不成立；再如，要求提供重量单、装箱单、商检证、产地证等单据，或增加某种单据的份数等附加条件，应视为非实质性变更的接受，仍构成有效接受，合同成立。

（四）逾期接受

逾期接受（late acceptance），又称迟到的接受，是指受盘人发出的接受通知超过发盘人规定的有效期或发盘中未明确规定有效期而超过合理时间才送达发盘人。逾期接受在一般情况下无效。

但《公约》对这一问题做了以下灵活处理。

第一，只要发盘人毫不迟延地口头或书面通知受盘人，认为该项逾期接受有效，那么合同就成立。如果发盘人对逾期的接受表示拒绝或不立即向受盘人发出上述通知，则该项逾期接受无效，合同不成立。

第二，如果载有逾期接受的信件或其他书面文件显示，在传递正常的情况下，本应是能够送达发盘人的，则这项接受应当有效。除非发盘人毫不迟延地用口头或书面通知受盘人，认为发盘已经失效。

总之，逾期接受是否有效，关键要看发盘人如何表态。

（五）接受的撤回

接受的撤回是指接受生效之前给予取消，以阻止其生效。《公约》第二十二条规定："接受得予撤回，如果撤回通知于接受原应生效之前或同时，送达发价人。"由于接受是送达发盘人才生效，撤回通知只要同时或先于原接受送达发盘人，就可以撤回接受。

接受通知一经送达发盘人即不能撤销。因为，接受一生效，合同即告成立。

（六）重新接受

重新接受是指受盘人接到一项发盘时，首先做出了拒绝或还盘，然后又表示接受。这种接受是否有效，要根据情况而定。如果受盘人采用更加快捷的传递方式将接受通知发出，并使其先于拒绝或还盘送达发盘人，则该项接受有效；如果接受通知与拒绝或还盘同时送达发盘人，或者迟于拒绝或还盘送达发盘人，则此项接受无效。因为拒绝或还盘一旦送达发盘人，发盘即告失效，受盘人已无接受的权利。

（七）接受的法律效力

与发盘一样，接受一经做出，就承担了与对方订立合同的法律责任，接受是交易磋商的最后一个环节，是交易磋商必经的一个环节。

（八）接受函范例

Dear Sirs,

Your quotation of toy-bear has been accepted and we are glad to place our order No.7298 as follows:

ART.NO.18812USD19.88/PIECE CIF C3 NEW YORK

ART.NO.18814USD20.66/PIECE CIF C3 NEW YORK

ART.NO.18817USD21.94/PIECE CIF C3 NEW YORK

ART.NO.18819USD23.06/PIECE CIF C3 NEW YORK

Please pay attention that the shipment must be effected by the end of this Nov. Other terms and conditions are the same as we agreed before.

As this is the very first transaction we have concluded, your cooperation would be very much appreciated. Please send us your sales confirmation in duplicate for counter-signing.

Best regards!
Yours faithfully,
TIANJIN IMPORT ANG EXPORT CO.LTD.
Charles Jinny
manger

案例 3-2

我出口企业对意大利某商人发盘限10日复到有效，9日意商人用电报通知我方接受该发盘，由于电报局传递延误，我方于11日上午才收到对方的接受通知，而我方在收到接受通知前获悉市场价格已上涨，对此，我方应如何处理？

案例 3-2 分析

案例 3-3

我某外贸公司打算进口一批罐装鱼片，请国外某公司发价，5月1日国外公司发出报价："每箱2美元CFR中国口岸，共200箱。7月份纽约港装运，限5月5日复到有效。"第二天（5月2日），我方回电："对你方5月1日的报价还盘为每箱1.8美元，共200箱。纽约港装运，若有争议在中国仲裁。"5月5日我方仍未收到回电，鉴于该货价有上涨的趋势，我方于5月6日又向对方发报："你方5月1日报盘。我方无条件接受，信用证已开出。"但国外客户不理睬我方接受，退回信用证。为什么？

案例 3-3 分析

任务评价

同步训练

实训项目：

1．请将以下贸易磋商的程序翻译成中文。

ACCEPTANCE：__________

COUNTER OFFER：__________ INQUIRY：__________

OFFER：__________

2．甲公司收到国外客户乙公司针对该公司6月8日的电传回复如下：YOURS EIGHTEENTH ACCEPT PROVIDED USDl. 50 CIF L/C AT SIGHT PLEASE CONFIRM．请问上述内容是交易磋商的哪个环节？__________

思考与练习

一、选择题

1．下列条件中，（　　）不是构成发盘的必备条件。

A．发盘的内容必须确定　　B．交易条件必须十分完整

C．向一个或一个以上特定的人发出　　D．表明发盘人愿承受约束

2．我方 6 月 10 日向国外某客商发盘，限 6 月 15 日复到有效，6 月 13 日接到对方复电“你方 10 日电接受，以获得进口许可证为准”。该接受（　　）。

A．相当于还盘

B．在我方缄默的情况下，则视为接受

C．属于有效的接受

D．属于一份非实质性变更发盘条件的接受

3．按《公约》规定，一项发盘在尚未送达受盘人之前是可以阻止其生效的，这叫发盘的（　　）。

A．撤回　　B．撤销　　C．还盘　　D．接受

4．我公司星期一对外发盘，限星期五复到有效，客户于星期二回电还盘并邀我电复。此时，国际市场价格上涨，故我未予答复。客户又于星期三来电表示接受我星期一的发盘，在上述情况下（　　）。

A．接受有效　　B．接受无效

C．若我方未提出异议，则合同成立　　D．属有条件的接受

5．我某出口公司对外发盘，外商于发盘有效期复到，表示接受我方的发盘，但外商对发盘的内容做出修改，下列哪一项内容的修改不属于实质性变更发盘的内容，我方保持沉默，合同有效成立（　　）。

A．要求提供装箱单　　B．货物的价格

C．货物的数量　　D．交货时间与地点

6．我某出口公司于 5 月 5 日以电报对德发盘，限 8 日复到有效。对方于 7 日以电报发出接受通知，由于电信部门的延误，出口公司于 11 日才收到德商的接受通知，事后该出口公司亦未表态。此时（　　）。

A．除非发盘人及时提出异议，该逾期接受仍具有接受效力，合同成立

B．该逾期接受丧失接受效力，合同未成立

C．只有发盘人毫不迟延地表示接受，该逾期接受才具有接受效力，否则，合同未成立

D．由电信部门承担责任

7．某公司向欧洲某客户出口一批食品，该公司于 3 月 16 日发盘，限 3 月 20 日复到有效，3 月 18 日接对方来电称“你方 16 日电接受，希望在 5 月装船”，我方未提出异议。于是（　　）。

A．这笔交易达成　　B．须经该公司确认后交易才达成

C．属于还盘，交易未达成　　D．属于有效的接受，交易未达成

8．根据《联合国国际货物销售合同公约》的规定，发盘和接受的生效采取（　　）。

A．投邮生效原则　　B．签订书面合约原则

C．口头协商原则　　D．到达生效原则

9．英国某商人 3 月 15 日向国外某客商用口头发盘，若英商与国外客商无特别约定，国外客商（　　）。

A．任何时间表示接受都可使合同成立

B．应立即接受方可使合同成立

C．当天表示接受即可使合同成立

D．在两三天内表示接受可使合同成立

10．A 公司 5 月 18 日向 B 公司发盘，限 5 月 25 日复到有效。A 公司向 B 公司发盘的第二天，收到 B 公司 5 月 17 日发出的，内容与 A 公司发盘内容完全相同的交叉发盘，此时（　　）。

A．合同即告成立

B．合同无效

C．A 公司向 B 公司或 B 公司向 A 公司表示接受，当接受送达对方时，合同成立

D．必须是 A 公司向 B 公司表示接受，当接受送达 B 公司时，合同成立

11．交易磋商中，必不可少的环节是（　　）。

A．询盘　　B．发盘　　C．还盘　　D．接受

12．构成一项发盘的应具备的条件是（　　）。

A．向一个或特定的几个人提出　　B．内容必须十分确定

C．表明愿意接受约束　　D．必须规定有效期

13．在实际的进出口业务中，接受的形式是（　　）。

A．用口头或书面的形式表示　　B．用缄默表示

C．用广告的形式表示　　D．用行动表示

14．下列选项中，属于实质性变更发盘的内容有（　　）。

A．货物的价格　　B．货物的数量

C．交货的时间地点　　D．货物的品质

15．发盘终止的原因主要有（　　）。

A．发盘的有效期满　　B．发盘被依法撤回或撤销

C．受盘人对发盘拒绝或还盘　　D．发盘人发盘后丧失行为能力

二、案例分析题

1. 我某进出口公司向国外某客商询售某商品，不久我方接到外商发盘，有效期到 7 月 22 日。我方于 7 月 24 日用电传表示接受对方的发盘，对方一直没有回信。因该商品供求关系发生变化，价格上涨，8 月 26 日对方突然来电，要求我方必须在 8 月 28 日前

将货发出，否则，我方将要承担违约责任。

思考：

我方是否应该发货？为什么？

2. 我某公司向外商询购某商品，不久我方收到对方 8 月 15 日发盘，有效期到 8 月 22 日。我方于 8 月 20 日向对方复电："若价格能降到 50 美元每件，我方可以接受。"对方未做答复。8 月 21 日我方得知国际市场行情有变，于当日又向对方去电表示接受对方 8 月 15 日的发盘。

思考：

我方的接受能否使合同成立？为什么？

任务评价答案 3-2

项目四

合 同 签 订

学习目标

1. 熟悉国际贸易书面合同的形式、结构及基本内容，掌握合同有效成立的条件；
2. 熟悉主要进出口合同条款，能熟练地进行主要合同条款的中英文互译；
3. 了解进出口合同其他条款，包括一般交易条件的主要内容，能进行该类条款的英译中操作；
4. 掌握进出口买卖合同的填制；
5. 熟悉通行的国际贸易规则和惯例。

技能目标

培养学生起草和签订国际贸易合同的能力及运用国际贸易惯例、国际贸易法律处理国际贸易纠纷的能力。

学习任务

任务一：了解国际贸易合同的形式及内容；
任务二：订立国际贸易合同的品名条款；
任务三：订立国际贸易合同的质量条款；
任务四：订立国际贸易合同的数量条款；
任务五：订立国际贸易合同的包装条款；
任务六：订立国际贸易合同的价格条款；
任务七：订立国际贸易合同的装运条款；
任务八：订立国际贸易合同的运输保险条款；
任务九：订立国际贸易合同的支付条款；
任务十：订立国际贸易合同的检验条款；
任务十一：订立国际贸易合同的索赔、不可抗力与仲裁条款。

在这些任务的学习中，如果你认真学习理论知识，积极参与实践训练，并且能够顺利地完成具体任务，那么你会惊喜地发现自己能根据谈判记录、往来函电或其他信息，规范、准确、完整地进行进出口合同的缮制或对进出口合同条款进行审核修改。

任务一 了解国际贸易合同的形式及内容

任务要求

了解国际上一般常用的国际贸易书面合同主要采用的形式、我国出口业务中书面合同主要采用的形式、国际贸易书面合同包含的基本内容，以及合同有效成立的条件。

导入案例

合同成立形式要件

某年4月4日，波兰C公司向我Z公司发来采购女式梭织棉外套1万件的实盘，该实盘主要内容是：女式梭织仿羽绒棉外套，数量10 000件，溢短装5%，价格条款为FOB上海，价格每件16美元，交货期为某年6月30日，D/P付款，还有索赔及其他条件等。

4月5日，通过电子邮件方式，双方各做了让步，C公司同意接受每件16.3美元的价格，4月5日当天，C公司通过邮件发过来一份合同初稿，Z公司核对后，修改了部分订单细节，双方确认后，约定由Z公司打一份形式发票给C公司确认。4月6日，Z公司打制出一份形式发票，经盖章签字后扫描发给C公司确认，确认无误后用国际快递将原件寄出。

思考：

你认为该形式发票有效吗？

任务学习

在国际贸易中，经过交易磋商，一方的发盘或还盘被对方有效地接受后，买卖双方就达成了交易，合同宣告成立。如果在交易磋商时，买卖双方的一方曾声明“合同的成立以双方签订正式合同或确认书为准”，并得到了另一方同意，那么，即使双方已经对交易条件全部取得一致意见，在正式书面合同或确认书签订之前，还不存在法律上有效的合同。按照国际贸易的习惯做法，双方当事人为慎重起见，通常还要将各自的权利和义务以书面的形式确定下来，即签订书面合同（written contract）。

一、国际贸易书面合同的形式

合同的书面形式并不限于某种特定格式，任何载明双方当事人名称，标的物的质量、数量、价格、交货和支付等交易条件的书面文件，包括买卖双方为达成交易而交换的信件、电报、电传，都足以构成书面合同。一般常用的书面合同主要有国际货物销售合同、销售确认书、形式发票、采购合同，以下主要介绍前三种书面合同形式。

（一）国际货物销售合同

正式合同（contract）是带有“合同”字样的法律契约，包括销售合同和购货合同，又称出口合同和进口合同。这两种合同的格式和主要内容基本一致，其中包括商品的名称、品质、数量、包装、价格、装运、保险、支付、商检、索赔、仲裁、不可抗力等条款。

成交金额较大的交易，多采用此种形式合同。合同有正副本之分。在我国的对外贸易业务中，通常由我方缮制合同正本一式两份，经双方签字后，买卖双方各保存一份。合同副本与正本同时制作，无须签字，亦无法律效力，仅供交易双方内部留作参考资料，其份数视双方需要而定。以下是一售货合同的范本。

范本一：售货合同

售 货 合 同

SALES CONTRACT

合同编号：
Contract No.：
签订地点：
Signed at：
签订日期：
Date：

买方：
The Buyers：
卖方：
The Sellers：

双方同意按下列条款由卖方售出下列商品：

The Buyers agree to buy and the Sellers agree to sell the following goods on terms and conditions as set forth below：

（1）商品名称、规格及包装 （1）Name of commodity, Specifications and Packing	（2）数量 （2）Quantity	（3）单价 （3）Unit Price	（4）总值 （4）Total Value
	（装运数量允许有____%的增减） （Shipment Quantity____% more or less allowed）		

（5）装运期限：
（5）Time of Shipment：

（6）装运口岸：

（6）Port of Loading：

（7）目的口岸：

（7）Port of Destination：

（8）保险由____方负责，按本合同总值 110%投保____险。

（8）Insurance：To be covered by the____for 110% of the invoice value against____.

（9）付款：凭保兑的、不可撤销的、可转让的、可分割的即期有电报套汇条款/见票/出票____天期付款信用证，信用证以____为受益人并允许分批装运和转船。该信用证必须在____前开到卖方，信用证的有效期应为上述装船期后第____天，在中国到期，否则，卖方有权取消本售货合约，不另行通知，并保留因此而发生的一切损失的索赔权。

（9）Terms of Payment：By confirmed, irrevocable, transferable and divisible letter of credit in favour of ____ payable at sight with T/T reimbursement clause/____days'/sight/date allowing partial shipment and transshipment. The covering Letter of Credit must reach the Sellers before ____and is to remain valid in China until____days after the aforesaid time of shipment, failing which the Sellers reserve the right to cancel this Sales Contract without further notice and to claim from the Buyers for losses resulting therefrom.

（10）商品检验：以中国____所签发的品质、数量、重量、包装、卫生检验合格证书作为卖方的交货依据。

（10）Inspection：The Inspection Certificate of Quality/Quantity/Weight/Packing/Sanitation issued by____of China shall be regarded as evidence of the Sellers' delivery.

（11）装运唛头：

（11）Shipping Marks：

其他条款：

OTHER TERMS：

1. 异议：品质异议须于货到目的口岸之日起 30 天内提出，数量异议须于货到目的口岸之日起 15 天内提出，但均须提供经卖方同意的公证行的检验证明。如果责任属于卖方者，则卖方于收到异议 20 天内答复买方并提出处理意见。

1. Discrepancy：In case of quality discrepancy, claim should be lodged by the Buyers within 30 days after the arrival of the goods at the port of destination, while for quantity discrepancy, claim should be lodged by the Buyers within 15 days after the arrival of the goods at the port of destination. In all cases, claims must be accompanied by Survey Reports of Recognized Public Surveyors agreed to by the Sellers. Should the responsibility of the subject under claim be found to rest on the part of the Sellers, the Sellers shall, within 20 days after receipt of the claim, send their reply to the Buyers together with suggestion for settlement.

2. 信用证内应明确规定卖方有权可多装或少装所注明的百分数，并按实际装运数量议付（信用证之金额按本售货合约金额增加相应的百分数）。

2. The covering Letter of Credit shall stipulate the Sellers's option of shipping the indicated percentage more or less than the quantity hereby contracted and be negotiated for the amount covering the value of quantity actually shipped (The Buyers are requested to establish the L/C in amount with the indicated percentage over the total value of the order as per this Sales Contract).

3. 信用证内容须严格符合本售货合约的规定，否则，修改信用证的费用由买方负担，卖方并不负因修改信用证而延误装运的责任，并保留因此而发生的一切损失的索赔权。

3. The contents of the covering Letter of Credit shall be in strict conformity with the stipulations of

the Sales Contract. In case of any variation there of necessitating amendment of the L/C, the Buyers shall bear the expenses for effecting the amendment. The Sellers shall not be held responsible for possible delay of shipment resulting from awaiting the amendment of the L/C and reserve the right to claim from the Buyers for the losses resulting therefrom.

4. 除经约定保险归买方投保者外，由卖方向中国的保险公司投保。如果买方需要增加保险额及/或加保其他险，可于装船前提出，经卖方同意后代为投保，其费用由买方负担。

4. Except in cases where the insurance is covered by the Buyers as arranged, insurance is to be covered by the Sellers with a Chinese insurance company. If insurance for additional amount and/or for other insurance terms is required by the Buyers, prior notice to this effect must reach the Sellers before shipment and is subject to the Sellers' agreement, and the extra insurance premium shall be for the Buyers' accout.

5. 因人力不可抗拒事故使卖方不能在本售货合约规定期限内交货或不能交货，卖方不负责任，但是卖方必须立即以电报通知买方。如果买方提出要求，卖方应以挂号函向买方提供由中国国际贸易促进委员会或有关机构出具的证明，证明事故的存在。买方不能领到进口许可证，不能被认为系属人力不可抗拒范围。

5. The Sellers shall not be held responsible if they fail, owing to Force Majeure cause or causes, to make delivery within the time stipulated in this Sales Contract or cannot deliver the goods. However, the Sellers shall inform immediately the Buyers by cable. The Sellers shall deliver to the Buyers by registered letter, if it is requested by the Buyers, a certificate issued by the China Council for the Promotion of International Trade or by any competent authorities, attesting the existence of the said cause or causes. The Buyers' failure to obtain the relative Import Licence is not to be treated as Force Majeure.

6. 仲裁：凡因执行本合约或有关本合约所发生的一切争执，双方应以友好方式协商解决；如果协商不能解决，应提交中国国际经济贸易仲裁委员会，根据该会的仲裁规则进行仲裁。仲裁裁决是终局的，对双方都有约束力。

6. Arbitration: All disputes arising in connection with this Sales Contract or the execution thereof shall be settled by way of amicable negotiation. In case no settlement can be reached, the case at issue shall then be submitted for arbitration to the China International Economic and Trade Arbitration Commission in accordance with the provisions of the said Commission. The award by the said Commission shall be deemed as final and binding upon both parties.

7. 附加条款（本合同其他条款与本附加条款有抵触时，以本附加条款为准）。

7. Supplementary Condition(s)(Should the articles stipulated in this Contract be in conflict with the following supplementary condition(s), the supplementary condition(s) should be taken as valid and binding).

卖方（Sellers）： 买方（Buyers）：

（二）销售确认书（confirmation）

销售确认书在格式上与正式合同有所不同，条款比较简单，主要就一般内容做出规定，对双方义务的规定不很详细。它是买卖双方在通过交易磋商，达成交易后，寄给双方加以确认的列明达成交易条件的书面证明，经买卖双方签署的确认书，是法律上有效的文件。

销售确认书主要适用于金额不大、批次较多的商品，或者已订立代理、包销等长期协议的交易。在我国的对外贸易业务中，通常由我方缮制一式两份，经双方签字后，买卖双方各保存一份，但无正本和副本之分。以下是一销售确认书的范本。

范本二：销售确认书

销售确认书

SALES CONFIRMATION

合同号：
Contract No.:
日期：
Date:
签约地点：
Signed at:

卖方：
Sellers:
买方（Buyers）： 传真（Fax）：
地址（Address）：
兹经买卖双方同意，按下列条款成交：

The Undersigned Sellers and Buyers have agreed to close the following transactions according to the terms and conditions stipulated below:

货号 Art No.	品名及规格 Description	数 量 Quantity	单 价 Unit Price	金 额 Amount	总值 Total Value

1\. 数量及总值均有____%的增减，由卖方决定。

With____% more or less both in amount and quantity allowed at the sellers option.

2\. 包装（Packing）：

3\. 装运唛头（Shipping Mark）：

4\. 装运期（Time of Shipment）：

5\. 装运口岸和目的地（Loading & Destination）：

6\. 保险由卖方按发票金额 110%投保至____为止的____险。

Insurance：to be effected by Buyers for 110% of full invoice value covering____up to____only.

7\. 付款条件（Payment）：买方须于____年____月____日将保兑的、不可撤销的、可转让的、可分割的即期信用证开到卖方。信用证议付有效期延至上列装运期后 15 天，在中国到期，该信用证中必须注明允许分运及转运。

By confirmed，irrevocable，transferable and divisible l/c to be available by sight draft to reach the Sellers before ____(date) and to remain valid for negotiation in China until 15 days after the aforesaid time of shipment. The L/C must specify that transhipment and partial shipments are allowed.

8\. 仲裁条款（Arbitrate Clauses）：凡因本合同引起的或与本合同有关的争议，均应提交中国国际经济贸易仲裁委员会，按照申请仲裁时该会现行有效的仲裁规则进行仲裁，仲裁地点在____，仲裁裁决是终局，对双方均有约束力。

Any dispute arising out of in connection with this contract shall be referred to China International Economic and Trade Arbitration Commission for arbitration in accordance with its existing rules of arbitration. The place of arbitration shall be at____. The arbitral award is final and binding upon the two parties.

9．本确认书用中英文两种文字写成，两种文字具有同等效力。本确认书共____份，自双方代表签字（盖章）之日起生效。

This Confirmation is executed in two counterparts each in Chinese and English, each of which shall deemed equally authentic. This Confirmation is in ____ copies, effective since being signed/sealed by both parties.

备注（Remark）：

卖方（Sellers）：　　　　买方（Buyers）：

（三）形式发票（proforma invoice）

以下是一形式发票的范本。

范本三：形式发票

上海××贸易有限公司

SHANGHAI ×× TRADING CO.,LTD.

ROOM ××,××, NO ×× STREET, ××, Shanghai, China

TO:Ms.　　　　Invoice Number:

Company name, address info.　　　　Invoice Date:11 of JAN, 2018

PROFORMA INVOICE

形 式 发 票

装货港　　　　卸货港

Form ____________ To ____________

货期

Vessel Date ____________

付款方式

Payment terms ____________

BENEFICIARY: ____________

ADDRESS: ____________

DRAWEE: ____________

ADDRESS: ____________

SWIFT BIC:

A/C

INTERMEDIARY BANK:

SWIFT BIC:

MESSAGE:

Marks & No.	Description	Quantity		Unite Price	Amount	TT10%IN ADA VANCE
ORDER NO.:				FOB SHANGHAI BY SEA.		
	100%POLYESTER LANDIES WOVEN COAT STYLENO.	6 000	PCS	US$16.80 /PC	US$100 800.00	US$10 080.00
	100%POLYESTER LADIES WOVEN COAT STYLENO.	12 000	PCS	US$15.60 /PC	US$187 200.00	US$18 720.00
	100%POLYESTER LADIES WOVEN COAT STYLENO.	5 000	PCS	US$16.00 /PC	US$80 000.00	US$8 000.00
	Remarks:10%deposit shall be paid before. FEB.10. COUNTRY OF FINAL DESTINATION:					
	TOTAL:	23 000	PCS		US$368 000.00	US$36 800.00

company name
stamp

二、国际贸易书面合同的基本内容

国际贸易书面合同一般由以下三部分组成。

1）约首（preamble）：指合同的序言，包括合同的名称、订约双方当事人的名称（全名）和详细地址及双方订立合同的意愿和执行合同的保证。序言对双方都具有约束力，所以在规定序言时应特别慎重。

2）正文（body）：指合同的主体部分，具体列明各项交易条件或条款，包括品名条款、品质条款、数量条款、价格条款、包装条款、装运条款、支付条款、保险条款，以及商检条款、索赔条款、仲裁条款、不可抗力条款等。这些条款体现了双方当事人具体的权利和义务，如图 4-1 所示。

3）约尾（end）：一般列明合同使用的法律、惯例、合同的有效期、合同的有效份数及保管办法、合同使用的文字及其效力、双方代表的签字等内容。有时，订约地点、订约时间也出现在约尾。合同的订约地点往往涉及合同准据法的问题，要慎重对待。我国的出口合同的订约地点一般写在我国。有的合同将订约时间和地点在约首订明。

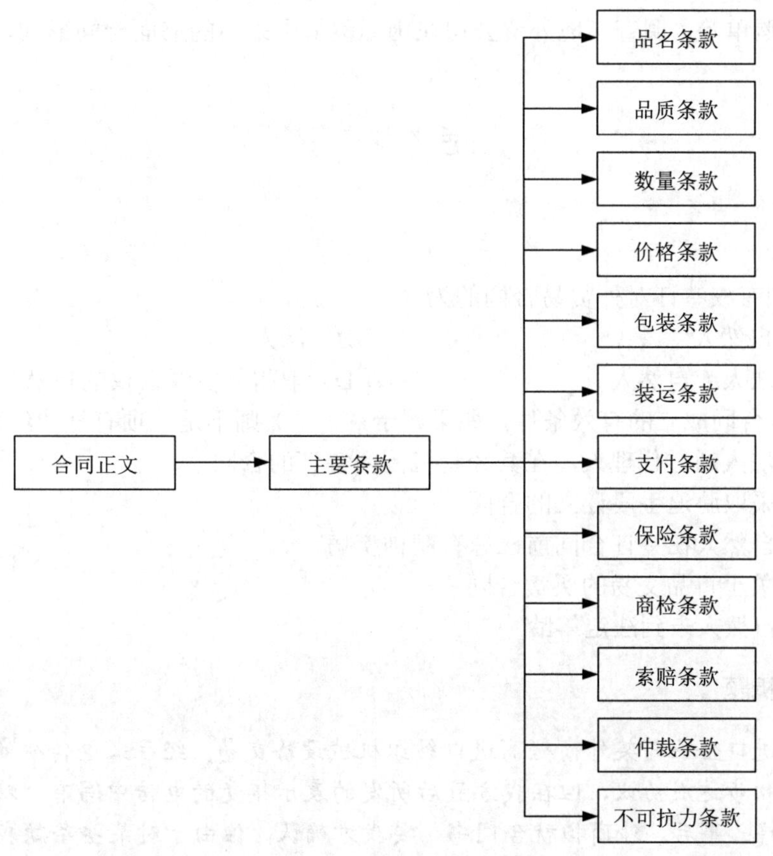

图 4-1 合同正文的构成

三、合同有效成立的条件

一方的发盘或还盘被对方有效地接受后，合同即告成立，但合同要具有法律效力、受法律保护，还须具备以下几个条件。

1）当事人必须在自愿基础上就合同条款达成协议。

2）当事人必须具有订立合同的行为能力。

3）合同标的内容必须合法。

4）合同必须对价，即合同当事人之间相互给付，互为有偿。

任务评价

同 步 训 练

实训项目：

常用的书面合同有销售合同、购货合同、成交确认书、协议、备忘录、意向书、订单、委托订购单等。调查当地外贸公司在国际贸易中采用的书面合同形式，并收集一份书面合同。

思考与练习

一、选择题

1．我国有权签订对外贸易合同的为（　　）。

A．自然人　　B．法人

C．法人或自然人　　D．取得外贸经营权的自然人或法人

2．根据合同成立的有效条件，如果属于（　　）则不是一项有法律约束力的合同。

A．法人通过代理人，在其经营范围内签订的合同

B．采取胁迫手段订立的合同

C．自然人在签订合同前已患有精神疾病

D．关于毒品交易的买卖合同

E．自然人未到法定年龄

二、案例分析题

我国某进口企业与某外商磋商进口纺织机械设备交易。经往来电传磋商，已就合同的基本条款初步达成协议，但在我方最后所发的表示接受的电传中写有“以签署确认书为准”的字样。事后，外商拟就合同书，要我方确认，但由于对某些条款我方认为需要修改，此时该设备的市场价格有下跌趋势，于是我方并未及时对外方予以答复，外商又多次来电催证，我方答复拒绝开证。

思考：

试分析这一拒绝是否合理。

任务评价答案 4-1

任务二 订立国际贸易合同的品名条款

任务要求

了解国际贸易合同中列明品名的意义、品名条款的内容及填制品名条款的注意事项；学会规范填制国际贸易合同中的品名条款。

导入案例

注意选择合适的品名

一家公司出口苹果酒，品名写为“CIDER”，结果遭到拒付。原因是这个词除了苹果酒的意思之外，还有苹果汁的意思，海关无从收税。正确的写法应为“APPLE WINE”。

思考：

1）如何理解国际货物买卖合同中品名条款的重要性？

2）如何规定国际货物买卖合同中的品名条款？

任务学习

一、品名条款的内容

国际贸易合同中的品名条款，并无统一的要求和格式，通常由买卖双方协商确定。品名条款的内容一般比较简单，通常都是在“商品名称”或“品名”的标题下，列明交易双方成交商品的名称。有时为了简略起见，也可不加标题，只在合同的开头部分，列明交易双方同意买卖某种商品的文句。另外，有些商品还出现了品名和品质条款合并的情况，如含绒90%的××牌羽绒服。

二、列明商品的意义

（一）业务上的需要

商品的名称（name of commodity），亦称品名，是国际贸易合同中构成商品说明的一个重要组成部分，是交易赖以进行的物质基础和前提条件。因此，买卖双方在磋商和签订进出口合同时，一定要明确、具体地订明商品的品名，并尽可能地使用国际上通用的名称，避免履约的麻烦。

（二）法律上的需要

在合同中规定标的物的具体名称，关系到买卖双方在货物交接方面的权利。在国际货物买卖业务中，如果卖方所交货物不符合约定的品名规定，则买方有权提出索赔，甚至拒收货物或撤销合同。

三、规定品名条款的注意事项

由于品名条款是国际贸易合同中的主要条款，因此，在规定此条款时，应注意以下事项。

（一）内容明确具体

规定商品的名称时，应避免笼统地概括和形容。

（二）尽可能使用国际上通行的名称

国际上关于商品分类的标准有：1950年，由联合国统计委员会制订的《国际贸易标准分类》（Standard International Trade Classification，SITC）；其后，世界各主要贸易国在比利时布鲁塞尔签订的《海关合作理事会税则商品分类目录》（Customs Co-operation Council Nomenclature，CCCN），又称《布鲁塞尔海关商品分类目录》（Brussels Tariff Nomenclature，BTN）；以及海关合作理事会在上述两个规则的基础上，主持制定的《商品名称及编码协调制度》（The Harmonized Commodity Description and Coding System，H.S.）。我国在采用商品名称时，应与H.S.规定的品名相适应。

（三）选用合适的品名

目前，一些仓库和班轮运输是按商品等级确定收费标准的，有时会存在同一商品因名称不同而收取的费率不同的现象。因此，选择合适的品名可以节省运费。在海关收税时，也存在着相类似的情况，在不违反国家有关政策的前提下，应选择有利于减低关税或方便进口的名称作为合同的品名。

任务评价

同 步 训 练

实训项目：

拟写合同中的品名条款：

①品名：东北大豆；②格力空调，型号：KFR-25GW；③耐克男跑鞋，货号：SK-MO3038。

思考与练习

一、选择题

1. 确定有多个不同名称商品的品名时，应主要考虑（ ）。
   A. 品名简洁　B. 进出口限制　C. 海关规定
   D. 品名新颖、奇异　E. 品名通俗
2. “标的物”条款就是（ ）。
   A. 品质条款　B. 合同条款　C. 说明条款　D. 品名条款

二、案例分析题

上海一家出口服装的外贸公司，在一次出口中把有夹层的衬衣的品名写为“防寒服”，上海海关认为其品名和实物不符，要求其重新报关，导致延期交货而造成巨额损失。

思考：

这个事例能给我们什么启示？

任务评价答案 4-2

订立国际贸易合同的质量条款

任务要求

了解国际贸易合同中商品质量的表示方法，以及填制质量条款应注意的问题；学会规范填制国际贸易合同中的质量条款。

导入案例

留样不当致损案

某年 11 月，Z 公司接到 C 公司订单 6 000 件，男式全涤仿羽绒棉夹克，交货期第二年 5 月 30 日，溢短装 5%。此单属于来稿贴牌加工订单。即 C 公司提供样衣图稿，Z 公司按照图稿打样，经客人确认后开始生产大货。Z 公司在收到图纸后严格按照图纸打样两件，一件寄给 C 公司，一件留底（事后发现留底的样衣和寄出的样衣有差别）。C 公司收到样衣后验收合格，同意生产大货。Z 公司接到生产许可后安排工厂开裁面料，做大货。大货完成 50%左右时，Z 公司把一件船样寄给 C 公司，C 公司收到船样后，认为该船样的口袋位置比原来的样品低了 2.2cm。Z 公司收到意见后，对比手上的留样样衣，没有问题，但是对比客人的资料后，发现口袋位置确实偏低。然而这时 Z 公司已经完成了订单的 90%，要把所有衣服口袋拆卸更改已经不可能，即使把口袋拆卸上移，原针孔也无法遮盖。C 公司提出索赔打折，双方交涉达成索赔意见，C 公司接受该批大货，但是按照原来货款的 95%付款。

思考：

如何理解国际贸易合同中质量条款的重要性？

任务学习

一、商品质量的含义和重要性

商品的质量（quality of commodity），又称商品的品质，是指商品的内在素质和外在形态的综合。前者包括商品的化学成分、物理和机械性能、生物性能等自然属性，后者包括商品的外形、色泽、款式和透明度等。

《公约》规定：卖方交付的货物，必须符合约定的质量。如果卖方交货不符合合同的规定，买方有权要求损害赔偿，拒收货物，甚至撤销合同，商品的品质影响到买卖双方的权利义务。

商品质量的优劣直接影响商品的使用价值和价格，它是决定商品使用效能和商品市场价格的重要因素。

二、商品质量的表示方法

国际贸易中规定商品质量的方法多种多样，但概括起来主要分为两大类：一类是用实物样品表示；一类是用文字说明表示。

（一）用实物表示商品质量

1. 看货买卖

看货买卖（sale by actual quality），是指卖方向买方展示双方准备成交的商品，经买方检验满意后成交，只要卖方所交付的货物是经买方所检视过的货物，买方不得以任何理由或借口对其质量提出异议。

在国际贸易中，由于双方相距遥远，因此，这种交易方式主要用于零售、拍卖或展卖中。

2. 凭样品买卖

样品是指从一批商品中随机抽取出来，或由生产部门设计、加工出来的可以代表整批货物质量的少量实物。凡以样品表示商品质量并以此作为交货依据的，称为凭样品买卖（sale by sample）。国际贸易中，按样品提供者的不同，凭样品买卖可分为以下三种。

（1）凭卖方样品买卖

由卖方提供的样品称为“卖方样品”。凭卖方样品买卖（sale by seller’s sample）就是交易双方约定以卖方样品为交货的质量依据。此后，卖方所交的整批货物的质量，必须与卖方样品相符。

（2）凭买方样品买卖

由买方提供的样品称为“买方样品”。凭买方样品买卖（sale by buyer’s sample）就是交易双方约定以买方样品为交货的质量依据，又称为“来样成交”或“来样制作”。此后，卖方所交的整批货物的质量，必须与买方样品相符。

（3）对等样品

在国际贸易中，卖方对以买方样品成交的商品质量比较谨慎，为避免因交货质量与买方样品不符而导致买方索赔或退货情况的发生，卖方往往根据买方提供的样品，加工复制出一个类似的样品交买方确认。这种经确认的样品，称为“对等样品”（counter sample）或“回样”。

凭样品买卖应注意以下事项。

1）卖方对外寄送的样品必须具有代表性，品质既不要偏高，也不要偏低；偏高会造成交货困难，偏低会影响交易的达成，在价格上也会吃亏。

2）卖方在将原样或称标准样品送交买方的同时，应保留与送交样品完全一致的另一样品，即留样或称复样，以备将来组织生产、交货或处理质量纠纷时核对。

3）要留有一定的余地，卖方可在合同中加列“品质与样品大致相同”（Quality shall be about equal to the sample）。

4）卖方应防止卷入侵犯第三方工业产权的纠纷。在合同中规定：如果发生买方来样侵犯第三方工业产权的事情，概由买方负责，与卖方无关。

5）在凭实物样品成交时，合同中除了要列明商品的名称外，还应订明凭以达成交易的样品的编号，必要时还要列出寄送样品的日期。例如，长毛绒玩具狗，样品号：S1608，尺码：30 英尺（1 英尺＝0.304 8 米），根据卖方 2012 年 6 月 16 日寄送的样品。

案例 4-1

我国某公司与 A 国某客商凭样品成交一笔出口镰刀的交易。合同中规定复验有效期为货物到达目的港后的 60 天。货物到目的港经 A 国商人复验后，未提出任何异议。但时隔半年，A 国商人来电称：镰刀全部生锈，只能降价出售，A 国商人因此要求我方按成交价格的 40%赔偿其损失。我方接电后立即查看我方留存的复样，也发现类似情况。问应否同意对方的要求，为什么？

案例 4-1 分析

（二）用文字说明表示商品的质量

用文字说明表示商品的质量是指以文字、图表、图片等方式来说明商品的质量，包括以下几种。

1. 凭规格买卖

商品规格是指一些足以反映商品质量的主要指标，如化学成分、含量、纯度、性能、容量、长短、粗细等。国际贸易中的商品由于质量特点不同，其规格也各异。买卖双方凡用商品的规格确定质量时，称为“凭规格买卖”（sale by specification）。例如，我国出口大豆的规格：水分（MAX）15%，含油量（MIN）17%，杂质（MAX）1%，不完善粒（MAX）7%。凭规格买卖时，卖方只需要在合同中列入主要指标，而对商品的质量不起重大影响的次要指标不要过多罗列。

2. 凭等级买卖（sale by grade）

商品的等级是指同一类商品按规格上的差异，分为品质优劣各不相同的若干等级。凭等级买卖时，由于不同等级的商品具有不同的规格，为了便于履行合同和避免争议，在品质条款列明等级的同时，最好一并规定每一等级的具体规格。这对简化手续、促进成交和体现按质论价等，都有一定的作用。

例如，AA级鲜鸡蛋，蛋壳浅棕色，清洁，大小均匀。

AA级　每枚鸡蛋净重60～65克；

A级　每枚鸡蛋净重55～60克；

B级　每枚鸡蛋净重50～55克；

C级　每枚鸡蛋净重45～50克；

D级　每枚鸡蛋净重40～45克。

3. 凭标准买卖（sale by standard）

商品的标准是指将商品的规格和等级予以标准化。商品的标准，有的由国家或有关政府主管部门规定，有的由同业公会、交易所或国际性的工商组织规定。世界各国都有自己的标准。此外，还有国际标准，如ISO 9000（质量管理和质量保证系列标准）、ISO 14000（环境管理系列标准），以及国外先进标准，如美国ANSI、英国BS、法国NF、德国DIN、日本JIS和JAS等。

我国是国际标准化组织理事国。1992年10月，我国技术监督局将ISO系列标准等效转化为GB/T 19000系列国家标准，以双编号形式出现，于1993年1月1日起实施。实施ISO的这两个一体化管理体系，有助于改善和提高我国企业和产品在国内外消费者、客户中的形象，降低经营及管理成本，使我国产品适应国际市场对于产品在质量上的新需求，提高我国产品的国际竞争能力。

在国际贸易中，对于某些质量变化较大而难以规定统一标准的农副产品，往往采用"良好平均品质"（fair average quality，FAQ）这一术语来表示其品质。"良好平均品质"是指一定时期内某地出口货物的平均品质水平，一般是指中等货，也称大路货。在标明中等货的同时，通常还约定具体规格作为品质依据。

随着科学技术的发展，商品的标准不断被修改或变动。在合同中援引标准时，应注明采用标准的名称及年份，如"利福平　英国药典　1993年版"。

4. 凭说明书和图样买卖

在国际贸易中，有些机械、电气、仪表等技术密集型产品，因其结构复杂、对材料和设计的要求严格、用以说明其性能的数据较多，很难用几个简单的指标来表明品质的全貌，而且有些产品，即使其名称相同，但由于所使用的材料、设计和制造技术的某些差别，也可能导致功能上的差异。因此，对这类商品的品质，通常以说明书并附以图样、照片、设计图纸、分析表及各种数据来说明具体性能和结构特点。按此方式进行交易，称为凭说明书和图样买卖（sale by descriptions and illustrations）。在以说明书和图样表示商品质量时，还应在合同中列明说明书、图样的名称、份数等内容。

5. 凭商标或品牌买卖

商标（trademark）是指生产者或商号用来识别所生产或出售的商品的标志。品牌（brand）是指工商企业给制造或销售的商品所冠的名称。在国际贸易中，有些商品的商标或品牌所代表的商品质量较好、较为稳定且在市场上已形成一定的声誉时，人们在交易中可以只凭商标或品牌进行买卖（sale by trademark or brand），无须对质量提出详细要求，如“张小泉”剪刀、“海尔”家用电器、“Software”软件等。

6. 凭产地名称买卖

在国际货物买卖中，有些产品，受产区的自然条件、传统加工工艺等因素的影响，在质量方面具有其他产区的产品所不具有的独特风格和特色，对于这类产品，一般也可用产地名称来表示品质，如“中国东北大米”“绍兴花雕酒”，这种买卖方式即属于凭产地名称买卖（sale by name of origin）。

上述表示品质的方法，一般单独使用，但有时也可酌情混合使用。

三、买卖合同中的质量条款

（一）基本内容

根据商品特性确定表示质量的方法。例如，工艺品用样品表示，土特产用产地表示，机电产品用说明书、图样表示等。表示商品质量的方法不同，合同中质量条款的内容也各不相同。

（二）品质机动幅度和品质公差

为了避免交货质量与买卖合同不符，在出口业务中，可以在合同的质量条款中做一些变通规定。其常见做法是规定品质机动幅度和品质公差。

品质机动幅度是指允许卖方所交商品的质量指标可在一定幅度内机动掌握。其尤其是适用于一些农、副、土、特等初级产品。规定品质机动幅度的方法有以下三种。

1. 规定范围

规定范围是指对某项质量指标有差异的范围，如棉布：36～37 英寸。

2. 规定极限

对某些商品的规格使用上下限。上限：最大、最高、最多。下限：最小、最低、最少。如籼米的含水率最高为 15%，杂质最高为 1%，碎粒最高为 30%。

3. 规定上下差异

对某些商品的质量规定上下差异，如鸭鹅绒的含绒量为 70%，允许上下 2%浮动。

品质公差是指有些工业制成品，在生产过程中不能做到很精确，可根据国际惯例或经买卖双方同意，对合同的品质指标订有合理的“公差”，如手表每天误差几秒，某一圆形体的直径误差几毫米。品质公差的允许值可以是国际上同行业所公认的允许值，也可以是由买卖双方商定的允许值。

为了体现按质论价，在使用品质机动幅度和品质公差时，有些货物可以根据交货品质情况调整价格。

案例 4-2

案例 4-2 分析

我国××公司同某国××公司签订出口羊绒衫合同，共出口羊绒衫 10 000 件，价值 100 万美元。合同规定羊绒含量为 100%，商标上也标明“100%羊绒”。当对方对我方公司出口羊绒衫进行检查后，发现羊绒含量不符合合同规定而提出索赔，要求赔偿 200 万美元。最后，我方公司赔偿数十万美元结案。

（三）签订国际贸易合同中的质量条款应注意的问题

1）能用一种方法表示质量的，一般不要用两种或两种以上的方法来表示。

2）注意各质量指标之间的内在联系和相互关系，要有科学性和合理性。

3）商品的质量描述应准确具体、科学合理，避免笼统含糊，如大约、左右，又忌绝对化，如棉布无瑕疵。

4）凡能采用品质机动幅度或品质公差的商品，应订明幅度的上下限或公差的允许值。如果所交货物的质量超出了合同规定的幅度或公差，则买方有权拒收货物或提出索赔。

案例 4-3

案例 4-3 分析

我国某公司向国外出口一批纺织原料，合同规定含水分最高 15%，杂质不超过 3%，但成交前曾向买方寄过样品，订约后，我方又电告对方成交货物与样品相似，货到后，买方提出货物的质量比样品低 7%的检验证明，并要求我方赔偿损失。

任务评价

同步训练

实训项目：

以下商品采用什么方法表示品质比较合适？

①布匹；②大豆；③药品；④茶叶；⑤化妆品；⑥电器；⑦榨菜。

思考与练习

一、选择题

1. 珠宝、首饰等商品具有独特性质，在确定其品质时（　　）。

A．最好用样品　　B．最好用文字说明

C．应该既用样品，又用文字说明　　D．只能看货洽谈成交

2. 在农产品买卖中，使用农产品的每个生产年度的中等货作为交货标准的做法属于（　）。

A. 凭商品规格买卖　　B. 凭商品等级买卖

C. 凭“良好平均品质”买卖　　D. 凭“上好可销品质”买卖

3. 大豆：水分（最高）14%，含油量（最低）18%，杂质（最高）1%；不完善粒（最高）7%。这是以（　　）方法表示商品品质的。

A. 凭样品的买卖　　B. 凭商标的买卖

C. 凭规格的买卖　　D. 凭等级的买卖

4. 对某些比较难掌握其品质的工业制成品或农副产品，为了避免交货品质与合同不符，我们多在合同条款中规定（　　）。

A. 溢短装条款　　B. 增减价条款

C. 品质公差或品质机动幅度　　D. 商品的净重

5. 在国际上，对冷冻鱼或冻虾等没有公认规格和等级的商品，其交货时规定品质的方法常用（　　）。

A．良好平均品质　　B．上好可销品质

C．看货买卖　　D．凭样品买卖

6. 对工业制成品交易，一般在品质条款中灵活制定品质指标，通常使用（　　）。

A．品质公差　　B．品质机动幅度

C．交货品质与样品大体相等　　D．规定一个约量

7. 凡凭样品买卖，如果合同中无其他规定，则卖方所交的货物的品质（　　）。

A. 可以与样品大致相同　　B. 许可合理的公差

C. 必须与样品一致　　D. 可以与样品不同

8. 凭卖方样品成交时，应留存（　　）以备交货时核查之用。

A．对等样品　　B．回样　　C．复样　　D．参考样品

二、案例分析题

我国某出口公司向外商出口一批苹果。合同及对方开来的信用证上均写的是三级品，但交货时才发现三级苹果库存告罄，于是该出口公司改以二级品交货，并在发票上加注：“二级苹果仍按三级苹果计价，不另收费。”

思考：

卖方这种做法是否妥当?为什么?

任务评价答案 4-3

任务四 订立国际贸易合同的数量条款

任务要求

了解国际贸易合同中商品数量的表示方法，订立数量条款应注意的问题；规范填制国际贸易合同中的数量条款。

导入案例

数量纠纷案

某年3月12日，波兰C公司向Z公司发来采购男式梭织全涤棉夹克6 000件的实盘，该实盘主要内容是：男式梭织全涤仿羽绒棉夹克，数量6 000件，溢短装5%，价格条款为FOB上海，价格每件14美元，交货期为某年5月30日，D/P付款，还有索赔及其他条件等。

3月15日，双方通过电子邮件洽谈价格后签订了正式的外销合同。5月30日货物正常出运。船走35天后，Z公司将清关单据提交给C公司，清关单据包括：提单正本一份、提单复印件三份、装箱单正本一份、装箱单复印件一份、商业发票正本一份、装箱单明细正本一份。但是当Z公司将单据提交给C公司时，C公司发现该批衣服总数量超过了合同规定的溢短装范围。Z公司解释，由于该款面料缩率存在不可控性，导致衣服出货量多了8%， C公司只接受合同约定的溢短装范围。由于货物已经出运，C公司提出只愿意支付货款的90%，否则退货。经过数次协商，C公司最终同意支付货款的97%。Z公司因出货数量超过合同数量的溢短装范围，损失了3%的货款。

思考：

国际贸易中出口商如何把握交货的数量？

任务学习

《公约》第三十五条规定：按约定的数量交付货物是卖方的一项基本义务。若卖方提交的货物数量大于约定的数量，则买方可以拒收多交的部分，也可以收取多交部分中的全部或部分，但应按合同价格付款；若卖方交货不足，则应在规定的交货期内补足，并赔偿买方可能的损失。英国货物买卖法规定：对卖方未按合同约定的数量提交货物，视为违约。在卖方多提供了货物时，买方可以接受也可以拒收货物。

数量条款是买卖双方交接货物的数量依据。在国际贸易合同中，数量条款主要包括成交商品的具体数量和计量单位，有的合同还需要规定确定数量的方法。在实际进出口业务中，有些商品可以精确计量，而有些商品受本身特性、生产、运输或包装条件及计量工具的限制，交货时不易精确计量。为了减少贸易争议，保证合同的顺利履行，买卖双方通常在合同中规定数量的机动幅度条款，允许卖方交货时数量在一定范围内灵活浮动。例如，中国东北大米，8 000 公吨，卖方可溢装或短装 5%（China Northeast Rice 8 000M/T，with 5% more or less at seller’s option）。

一、计量单位

从国际贸易的实际情况看，经常被采用的计量单位有以下六种。

（一）重量单位

常用的重量（weight）单位有千克（kilogram，kg）、克（gram，g）；公吨（metric ton，M/T）、长吨（long ton，L/T）、短吨（short ton，S/T）、磅（pound，LB）、盎司（ounce，oz）等。

（二）容积单位

常用的容积（capacity）单位有升（litre，L）、加仑（gallon，gal）、蒲式耳（bushel，bu）等。

（三）数量单位

常用的数量（number）单位有只（piece，pc.）、双（pair）、件（package，pkg）、套（set）、打（dozen，doz）、罗（gross）、令（ream，rm）、箱（case）、盒（box）、捆（bale）、卷（roll，coil）、听（tin）等。

（四）长度单位

常用的长度（length）单位有米（meter，m）、厘米（centimeter，cm）、英尺（foot，ft）、英寸（inch，in）、码（yard，yd）等。

（五）面积单位

常用的面积（area）单位有平方米（square meter）、平方英尺（square foot）、平方英寸（square inch）、平方码（square yard）等。

（六）体积单位

常用的体积（volume）单位有立方米（cubic meter）、立方英尺（cubic foot）、立方英寸（cubic inch）、立方码（cubic yard）等。

二、计量方法

在国际贸易中，按重量计量的商品很多，计算重量的方法主要有以下几种。

（一）按毛重计

毛重（gross weight）是指商品本身的重量加皮重，也就是商品连同包装物的重量。这种计算重量方法一般适用于低值商品。例如，鱼粉，50 公斤麻袋装，以毛作净（Fish meal in gunny bags of 50kg, gross for net）。

（二）按净重计

净重（net weight）是指商品本身的重量，即毛重扣除皮重（包装）的重量。常见的皮重计算方法有以下四种。

1）按实际皮重（actual tare）计算：按包装材料的实际重量计算。

2）按平均皮重（average tare）计算：从全部商品中抽出几件，称其包装的重量，除以抽取的件数，得出平均数，再以平均数乘以总件数，算出全部包装重量。

3）按习惯皮重（customary tare）计算：有些商品的包装比较规格化，并已形成一定的标准，即可按商品公认的包装重量计算，不必过秤，如“每只麻袋皮重为 2.5 磅”。

4）按约定皮重（computed tare）计算：按双方事先约定的单件包装重量乘以总件数，求得皮重。

（三）按公量计

公量（conditioned weight）是指在计算货物重量时，用科学的方法将商品的实际水分抽出，再加标准含水量所求得的重量。有些商品，如羊毛、生丝、棉花等具有较强的吸湿性，所含水分易受环境的影响，其重量很不稳定。为了正确计算这类商品的重量，国际上通常采用按公量计算，即

公量＝干量＋标准水分量＝实际重量×（1＋标准回潮率）÷（1＋实际回潮率）

案例 4-4

我国某出口公司向韩国出口 10 公吨羊毛，标准回潮率为 11%，经抽样证明 10 公斤纯羊毛用科学方法抽干水后净重 8 公斤干羊毛，求用公量计算的交货重量。

案例 4-4 分析

（四）按理论重量计

按理论重量（theoretical weight）计算商品重量的方法适用于有固定规格和固定体积的商品。规格一致、体积相同的商品，每件重量也大体一致。因此，可以根据件数算出其总重量，如马口铁、钢板等。

（五）按法定重量计

法定重量（legal weight）是指纯商品重量加上直接接触商品的包装材料，如内包装等的重量。按照一些国家海关法的规定，在海关征收从量税时，商品的重量是以法定重量计算的。

三、国际贸易中常用的度量衡制度

在选择计量单位时，还要注意的是所采用的度量衡制度。国际贸易中通常采用的度量衡制度有四种：公制（the metric system）、英制（the Britain system）、美制（the U.S. system）和国际标准计量组织在公制基础上颁布的国际单位制（the international system of units，SI）。此外，有些国家对某些商品还规定有自己习惯使用的或法定的计量单位。

不同的度量衡制度下，同一计量单位，所表示的实际数量是不一样的，如表示重量的吨，实行公制的国家一般采用公吨，每公吨为 1 000 千克；实行英制的国家一般采用长吨，每长吨为 1 016 千克；实行美制的国家一般采用短吨，每短吨为 907 千克。

我国采用以国际单位制为基础的法定计量单位。

案例 4-5

某出口公司在某次交易会上与外商当面谈妥出口大米 10 000 公吨，每公吨 USD275，FOB 中国口岸。但我方在签约时，合同上只笼统地写了 10 000 吨（ton），我方当事人主观认为合同上的吨就是指公吨（metric ton）而言。后来，外商来证要求按长吨（long ton）供货。如果我方照证办理则要多交 160.5 公吨，折合 44 137.5 美元。于是，我方要求修改信用证，而外商坚持不改，双方发生贸易纠纷。

案例 4-5 分析

四、买卖合同中的数量机动幅度条款

在国际贸易中，交易双方往往在合同中规定合理的数量机动幅度，方法主要有以下两种。

1）溢短装条款，即在买卖合同中的数量条款中明确规定可以增减的百分比。卖方交货时有权根据具体情况多交或少交一定数量的货物，但以不超过规定数量的百分比为限。

例如，中国大米 1 000 公吨，3%增减，由卖方选择（Chinese Rice 1 000 metric tons，3% more or less at seller's option）。

2）在跟单信用证业务中，按国际商会《跟单信用证统一惯例》第 600 号出版物（简称“UCP600”）第三十条 a 款规定：“大约”“近似”或类似意义的词语用于涉及信用证规定的数量时，应解释为允许有关数量可有 10%的增减幅度。该条 b 款规定：除非信用证规定货物数量不得增减，只要支取的金额不超过信用证金额，则可有 5%的增减幅度。

但当信用证规定的数量按包装单位或以个数计数时，则此增减幅度不适用。

数量机动幅度范围内的计价方法一般按合同价计算，有时也可按装运时或货到时的市场价计算。数量机动幅度的选择权一般由卖方决定居多，但也有由买方决定的，但无论何方有决定权，应在合同中做出明确的规定。

案例 4-6

案例 1：我某公司出口布匹以信用证结算，买方银行来证规定，数量大约为 3 000 码，每码 1 美元，但金额注明为不超过总额 3 000 美元，则我某公司如何掌握装运数量？

案例 4-6-1 分析

案例 2：我国某贸易出口公司与×国某公司成交一笔黄豆出口交易。合同数量条款规定：每袋黄豆净重 100 千克，共 1 000 袋，合计 100 吨。但货物运抵×国后，经×国海关检查，每袋黄豆净重只有 96 千克，1 000 袋黄豆共 96 吨，当时正遇市场黄豆价格下跌，×国某公司以单货不符为由，提出降价 5%的要求，否则拒收。请问：×国某公司的要求是否合理？若该例黄豆不是用袋装而是散装，则结果又如何？

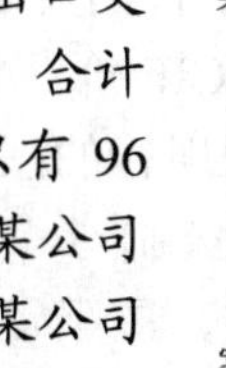

案例 4-6-2 分析

任务评价

同步训练

实训项目：

1. 迪拜 FLESHHEAD 公司向中国义乌鹏达贸易公司购买一个 20 英尺集装箱的建华牌闹钟。每 24 只闹钟装一纸箱。纸箱的尺码长为 60 厘米，尺码宽为 41 厘米，尺码高为 45 厘米。请拟写合同中的商品数量条款。

2. 翻译："中国东北大豆，1 000 公吨，卖方可溢装或短装 5%"，以及"哔叽布约 10 000 码"。

思考与练习

一、选择题

1. 出口羊毛、生丝、棉纱等经济价值较大而水分含量极不稳定的商品时，计量方法经常采用（　　）。

A．"以毛作净"　B．净重　C．理论重量　D．公量

2. "以毛作净"实际上就是（　　）。

A．按净重作为计价的基础　B．把毛重当作净重作为计价的基础

C．按理论重量作为计价的基础　D．按法定重量作为计价的基础

3.（　　）可以采取"以毛作净"的方式计算。

A．裘皮　　B．矿石　　C．珠宝　　D．蚕豆

4．按合同中的数量，卖方在交货时可溢交或短交百分之几，这种规定叫（　　）。

A．数量增减价条款　　B．品质机动幅度条款

C．溢短装条款　　D．品质公差条款

5．根据《跟单信用证统一惯例》规定，合同中使用“大约”“近似”等约量字眼，可解释为交货数量的增减幅度为（　　）。

A．3%　　B．5%　　C．10%　　D．15%

6．某公司与外商签订了一份出口某商品的合同，合同中规定的出口数量为500吨。在溢短装条款中规定，允许卖方交货的数量可增减 5%，但未对多交部分如何作价给予规定。卖方依合同规定多交了20吨，根据《公约》的规定，此20吨应按（　　）作价。

A．CIF价　　B．合同价　　C．FOB价　　D．议定价

7．我国现行的法定计量单位是（　　）。

A．公制　　B．国际单位制　　C．英制　　D．美制

8．目前，国际贸易中通常使用的度量衡制度有（　　）。

A．公制　　B．英制　　C．国际单位制　　D．美制

9．国际贸易计算重量时，通常的计算方法有（　　）。

A．毛重　　B．净重　　C．公量　　D．理论重量

10．在采用净重计重时，国际上通常计算包装重量的方法有（　　）。

A．按实际皮重计算　　B．按平均皮重计算

C．按习惯皮重计算　　D．按约定皮重计算

11．溢短装条款的内容包括（　　）。

A．溢短装的百分比　　B．溢短装的选择权

C．溢短装部分的作价　　D．买方必须收取溢短装的货物

12．溢短装数量的计价方法包括（　　）。

A．按合同价格结算

B．按装船日的行市计算

C．按货物到目的地时的世界市场价格计算

D．由卖方自行决定

二、案例分析题

1．某公司向中东某国出口电风扇1 000台，信用证规定不允许分批装运。但在装船的时候，发现有 40 台严重损坏，临时更换又来不及。为保证质量起见，发货人员认为根据《跟单信用证统一惯例》的规定，即使合同未规定溢短装条款，数量上仍允许 5%的增减，故决定少交40台风扇，即少交4%。

思考:

问此举是否妥当？

2．我国某服装加工厂从澳大利亚进口羊毛50公吨，双方约定标准回潮率为10%，若测得该批羊毛的实际回潮率为8%。

思考:

该批羊毛的公量应为多少？

3. 买卖合同的数量条款规定：100 公吨，可以有 5%的机动幅度。

思考:

根据规定，卖方最多和最少可交多少吨？多交部分如何作价？若双方未规定多交的部分如何作价，当市场价格上涨时，卖方应交多少公吨最为有利？

任务评价答案 4-4

任务五 订立国际贸易合同的包装条款

任务要求

了解国际贸易合同中商品包装的种类及各种包装标志，并了解订立包装条款应注意的问题。规范填制国际贸易合同中的包装条款。

导入案例

按照合同条款进行包装

某公司出口自行车 800 辆，合同规定用木箱装，来证也为 PACKED IN WOODEN CASE。但在 CASE 之后加有 CKD 3 个缩写字母，我所有单据按来证照打，结果货到目的港被海关罚款，并多上税，因而买方向我索赔。

思考：

1）CKD 是什么意思？

2）如何理解国际贸易合同中包装条款的重要性？

任务学习

在国际贸易中，除少数商品采取裸装外，绝大多数商品需要有适当的包装。包装条款是国际贸易合同的重要内容，买卖双方必须认真洽商，取得一致意见，并在合同中做出明确具体的规定。合同中包装条款的内容一般包括包装材料、包装方式和每件包装中所含物品的数量或重量。有时还要规定包装费用和运输标志等内容。例如，布包，每包 20 匹，每匹 42 码（In cloth bales each containing 20 pcs, of 42 yds）。

一、商品包装的种类

根据包装在流通过程中所起的作用不同，以及国际贸易中的习惯做法，可以将包装分为以下几种类型。

（一）运输包装

1. 种类

运输包装（transport packaging）又称外包装（outer packing），可分为单件运输包装和集合运输包装。单件运输包装是指在运输过程中作为一个计件单位的包装，常见的有箱（case）、盒（box）、捆包（bundle, bale）、袋（bag）、桶（drum）、罐（can）、瓶（bottle）等。集合运输包装是指将若干单件运输包装组合成一件包装，如托盘（pallet）（见图 4-2）、集装袋（flexible container）、集装箱（container）等。集装箱（见图 4-3），也称“货柜”“货箱”，是指具有一定强度、刚度和规格，专供周转使用并且便于机械操作和运输的大型装货容器。因其外形像一只箱子，又可集中装载成组的货物，故称其为集装箱。集装箱有多种类型，根据国际标准化组织的规定，集装箱的规格有 3 个系列、13 种之多。在国际货运上使用的主要为 20 英尺和 40 英尺两种，即 1C 型 8 英尺*8 英尺*20 英尺和 1A 型 8 英尺*8 英尺*40 英尺。20 英尺集装箱的有效容积为 25 立方米，40 英尺集装箱的有效容积为 55 立方米。20 英尺集装箱的载货重量为 17 500 千克，40 英尺集装箱的载货重量为 24 500 千克。在集装箱运输中，通常以 20 英尺集装箱作为标准箱，它同时也是港口计算吞吐量和船舶大小的一个重要的度量单位，一般以 TEU（twenty-foot equivalent unit）表示，意即“相当于 20 英尺箱单位”。在统计不同型号的集装箱时，应按集装箱的长度换算成 20 英尺标准箱加以计算。

图 4-2 托盘

图 4-3 集装箱

一般地讲，在包装材料方面，进口国主要禁止或限制某些原始包装材料和部分回收复用的包装材料，如木材、稻草、竹片、柳条、原麻、泥土和以泥土为基础的包装制品，如木箱、草袋、草麻、竹篓、柳条筐篓、麻袋、布袋等，以及回收复用的包装。在包装辅料方面，主要禁止或限制的是作为填充料的纸屑、木丝，做固定用的衬垫、支撑件等。对上述包装材料及辅料一般要求事先进行消毒、除鼠、除虫或进行其他必要的卫生处理。

2. 运输包装的标志

运输包装的标志是指为了方便商品的运输、装卸及储存保管，便于识别货物而在商品外包装上刷写的标志。按其作用可分为运输标志、指示标志和警告性标志。

（1）运输标志

运输标志（shipping mark）俗称“唛头”，如图 4-4 所示。其作用是在运输途中使有关人员易于辨认货物，避免货物发生混乱。一般包括以下几部分内容。

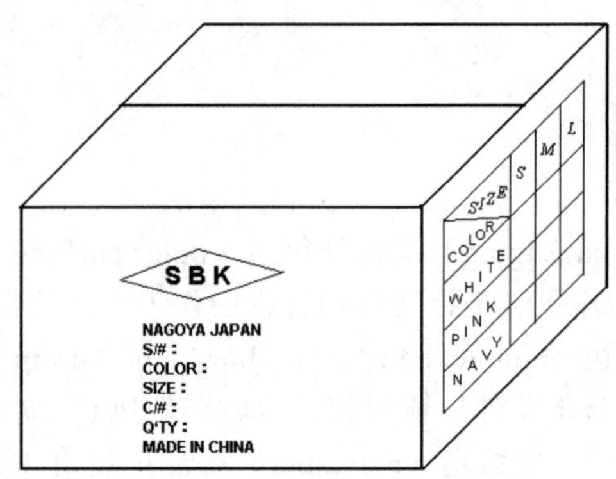

图 4-4 运输标志

1）收/发货人的名称代号。通常用简单的几何图形或英文字母表示。

2）目的地或目的港名称。一般应写全称，不能用简称或缩写。重名的要注明国家名称。

3）件号。既要列明货物的总件数，又要列明该件货物的序号，如“No.1/100”表示该批货物总件数是 100，该件货物是 100 件中的第一件。

4）参考号。如运单号、订单号、发票号、买卖合同号等。

例如：

ABCCO	收货人名称
SC9750	合同号码
LONDON	目的港
No.4/20	件号（顺序号和总件数）

包装上采用的运输标志，按合同规定，如果合同和信用证都没有规定具体要求，则由卖方决定。

案例 4-7

某国 B 公司向国内 A 公司购买货号为 934 的产品，共计一个 20 英尺的集装箱。货号为 934 的产品有两种规格，每一规格有两种不同的包装。也就是说，同是货号为 934 的产品有 4 种不同样式的产品包装。每种包装的产品 100 箱，共计 400 箱。A 公司在向工厂下订单时没有规定工厂应在唛头的“C/NO.”后按照流水号来编写具体的箱号，导致工厂没有在唛头上按照箱子的流水号来编写。货物到达目的港后，客户由于无法区分货物，不得不一箱箱打开包装找货，支付了额外的人工费。客户提出索赔，A 公司给予客户赔款。但是此客户从此断绝了与 A 公司的贸易往来。

案例 4-7 分析

（2）指示性标志

根据商品的特性，对一些容易破碎、残损、变质的商品，在搬运装卸操作和存放保管条件方面所提出的要求和注意事项，用文字或图形表示的标志。图 4-5 列举了一些常用的指示性标志（indicative mark）。

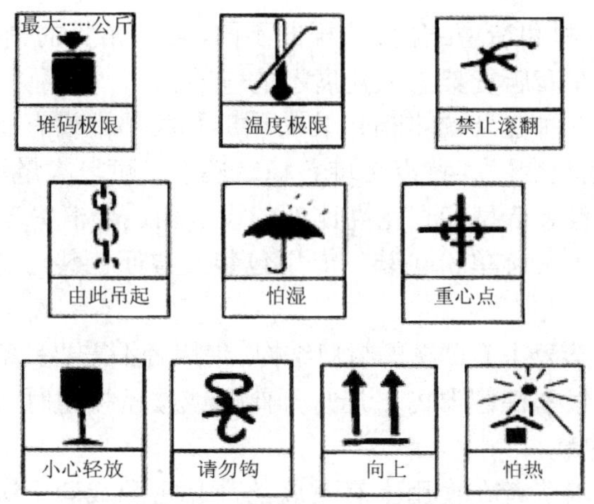

图 4-5　常用的指示性标志

（3）警告性标志

警告性标志（warning mark）又称为危险品标志，指在装有爆炸品、易燃物品、腐蚀物品、放射性物品等危险物品的运输包装上用图形或文字表示危险品的标志。图 4-6 列举了一些常用的警告性标志。

图 4-6　常用的警告性标志

在实际业务中，我国出口危险品时应刷制我国和国际海运所规定的两套标志，以防到目的港时，不准靠岸卸货。关于制作危险品的标志，我国颁布有《包装储运图示标志》和《危险货物包装标志》，其对危险品标志的制作均有详细的规定。

（二）销售包装

销售包装（selling packing）又称内包装（inner packing），指直接接触商品并随商品进入零售网点与消费者直接见面的包装，它具有保护商品，美化、宣传商品的作用。

根据所采用包装材料和造型结构、式样的不同，可将常见的销售包装分为以下几类。

1）挂式包装。可在商店货架上悬挂展示的包装。

2）堆叠式包装。这种包装通常指包装品顶部和底部都设有吻合装置，使商品在上下堆叠过程中可以相互咬合。其特点是堆叠稳定性强，可以大量堆叠而节省货位。

3）便携式包装。包装造型和长宽高比例的设计均适合消费者携带使用的包装。

4）一次用量包装。又称单份包装、专用包装或方便包装，是以使用一次为目的的较简单的包装。

5）易开包装。包装容器上有严密的封口结构，使用者不需要另备工具即可容易地开启。

6）喷雾包装。在气密性容器内，当打开阀门或按压按钮时，内装物由于推进产生的压力能喷射出来的包装。

7）配套包装。将消费者在使用上有关联的商品搭配成套，装在同一容器内的销售包装。

8）礼品包装。专门作为礼物用的销售包装。礼品包装的造型应美观大方，有较高的艺术性，有的还使用彩带、花结、吊牌等。使用礼品包装的范围极广，如化妆品、工艺品等。

在销售包装上，一般都附有装潢画面和文字说明，有的还印有条形码的标志。所谓条形码，就是由一组粗细间隔不平等的平行线条及相应数字组成的标记，这些线条及间隙代表特定的信息，通过光电扫描阅读装置扫描，就能判定该商品的国别、生产厂家、品种规格和售价等。国际上通用的条形码很多，主要有两种，一种是美国统一代码委员会编制的 UPC 条形码，另一种是国际物品编码协会编制的 EAN 条形码。我国于 1991 年参加国际物品编码协会，使用 EAN 条形码。EAN 条形码由 12 个数字的产品代号和 1 位校验码组成。前 3 位是国别号，中间 4 位数字是厂商号，后 5 位是产品代号。国际物品编码协会分给我国的国别码有 690、691、692。

案例 4-8

在荷兰某一超级市场上有一批黄色竹制罐装的茶叶，罐的一面刻有中文“中国茶叶”四字，另一面刻有我国古装仕女图，看上去精致美观，颇具民族特点，但国外消费者少有问津。试问：原因何在？

案例 4-8 分析

（三）定牌、无牌和中性包装

定牌、无牌和中性包装是国际贸易中的通常做法。我国在出口业务中，一些出口企业有时也可应客户的要求，采用这些做法。

定牌是指买方要求在出口商品或包装上使用买方指定的商标或牌名的做法。无牌是指买方要求在出口商品或包装上免除任何商标或品名的做法。它主要用于一些尚待进一步加工的半制成品。其目的主要是避免浪费、降低费用成本。

采用定牌和无牌时，在我出口商品或包装上均须标明“中国制造”字样。

中性包装（neutral packing）是指在商品上和内外包装上不注明生产国别的包装。中性包装有定牌中性和无牌中性之分。定牌中性是指在商品或包装上使用买方指定的商标/牌名，但不注明生产国别。无牌中性是指在商品和包装上均不使用任何商标/牌名，也不注明生产国别。

案例 4-9

某外商欲购我“菊花”牌手电钻，但要求改为“鲨鱼”牌，并不得注明“Made in China”。问可否接受？并应注意什么问题？

案例 4-9 分析

二、订立包装条款应注意的问题

1）除非买卖双方对包装方式的具体内容经事先充分交换意见或由于长时期的业务交往已取得一致认识，否则，在合同中不宜采用笼统的规定方法，如使用“适合海运包装”（seaworthy packing）、“习惯包装”（customary packing）或“卖方惯用包装”（seller's usual packing）等术语。

2）按国际贸易习惯，运输标志一般由卖方决定，并无必要在合同中做具体规定。如果买方要求，也可在合同中做出具体规定；如果买方要求在合同订立以后由其另行指定，则应具体规定指定的最后时限，并订明若到时尚未收到有关运输标志通知，卖方可自行决定。

3）包装费用一般包括在货价以内。如果买方要求特殊包装，除非事先明确包装费用包括在货价内，其超出的包装费用原则上应由买方负担，并应在合同中具体规定负担的费用金额和支付办法。如果双方商定，全部或部分包装材料由买方负责供应的，则合同中应同时规定包装材料最迟到达卖方的时限和逾期到达的责任。该项时限并应与合同的交货时间相衔接。在进口合同中，特别是对于包装技术性较强的商品，通常要在单价条款后注明“包括包装费用”（packing charges included），以免事后发生纠纷。

任务评价

同 步 训 练

实训项目：

1. 迪拜 FLESHHEAD 公司向中国义乌鹏达贸易公司购买一个 20 英尺集装箱的建华牌闹钟。每 24 只闹钟装一纸箱。纸箱的尺码长为 60 厘米，尺码宽为 41 厘米，尺码高为 45 厘米。请拟写合同中的包装条款。

2. 翻译：“纸箱装，每箱 100 套，每套用塑料袋包装”，“用塑料袋包装，50 磅装一袋，4 袋装一木箱”，“用布袋包装，内衬聚乙烯袋，每袋净重 50 千克”。

思考与练习

一、选择题

1．运输包装和销售包装的分类，是按（　　）。

A．包装的目的来划分的　　B．包装的形式来划分的

C．包装所使用的材料来划分的　　D．包装在流通过程中的作用来划分的

2．条形码标志主要用于商品的（　　）上。

A．销售包装　　B．运输包装

C．销售包装和运输包装　　D．任何包装

3．定牌中性包装是指（　　）。

A．在商品本身及其包装上使用买方指定的商标／牌号，但不表明产地

B．在商品本身及其包装上使用买方指定的商标／牌号，也表明产地

C．在商品本身及其包装上不使用买方指定的商标／牌号，也不表明产地

D．在商品本身及其包装上不使用买方指定的商标／牌号，但表明产地

4．按国际惯例，包装费用（　　）。

A．不应包括在货物价格之内，并在合同中列示

B．应包括在货物价格之内，但必须在合同中另外列示

C．包括在货物价格之内，一般不在合同中另外列示

D．不应包括在货物价格之内，也不必在合同中列示

5．按照国际惯例，如果合同中没有相关规定，则运输标志一般由（　　）提供。

A．开证行　　B．卖方　　C．买方　　D．船方

6．集合运输包装可以分为（　　）。

A．集装袋　　B．集装包　　C．集装箱

D．托盘　　E．桶装

7．为了便于运输和装卸，节约人力物力，国际标准化组织规定简化了运输标志，将其内容减少到以下几项（　　）。

A．收货人代号　　B．参考代号　　C．目的地名称　　D．件数号码

8．运输标志的作用是（　　）。

A．便于识别货物　　B．方便运输

C．易于计数　　D．防止错发错运

E．促进销售

9．运输包装的标志包括（　　）。

A．运输标志　　B．指示性标志　　C．警告性标志　　D．条形码标志

10．国际贸易合同中的包装条款，主要包括（　　）。

A．包装材料　　B．包装方式　　C．包装费用　　D．运输标志

二、案例分析题

我国某公司出口水果罐头一批，合同规定为纸箱装，每箱 30 听，共 80 箱。但发货时改为每箱 24 听，共 100 箱，总听数相等。

思考:

这样做是否妥当？

任务评价答案 4-5

订立国际贸易合同的价格条款

任务要求

掌握国际贸易中价格条款的组成；了解《2000 通则》11 种贸易术语的解释；理解和掌握《2010 通则》13 种贸易术语；理解和掌握《2020 通则》11 种贸易术语；掌握各种贸易术语价格换算及佣金和折扣的计算；学会正确对外报价，订立合同中的价格条款。

导入案例

对外报价不全惹麻烦

2009 年夏，河北省某进出口公司（以下称“河北公司”）通过函电与马来西亚一个客商建立了贸易联系。该客商对河北产地鸭梨很感兴趣，经过实地看样后，订购 6 个 40 英尺集装箱的货物。初次进行对外贸易，河北公司的业务员小王兴奋不已，但是其欠缺经验，对外报价时只是说明每箱 55 元人民币，采用前 T/T 的支付方式，客商表示同意。随后，河北公司按照客户的订单要求开始准备货物。交货期临近，河北公司见客商始终没有前来提货，于是询问。几经催问，客户告知价格为“到岸价”，必须由卖方送货到目的地，而小王的报价中并没有包含出口运费，为“离岸价”。一时双方陷入僵局。

思考：

1）国际贸易中的价格条款包含几个组成部分？

2）对外报价时应注意什么？

任务学习

一、价格条款的内容

买卖合同中的价格条款有两部分组成：单价和总值。

（一）单价

单价主要由计价货币、单位货币金额、计量单位、价格术语四部分组成。一般用“at”

开头（有时可省略）。

例如：每公吨　　100 美元　　CIF　　纽约

计量单位　　单位货币金额　计价货币　价格术语

USD 100 per M/T CIF New York

常见的价格条款实例如下。

例 1：每公吨 500 港元 CIFC5 香港（或 CIF 香港包含 5%的佣金）

HK $500 PER M/T CIF C5 HONGKONG

例 2：每纸箱 800 美元 FOB 南通，以毛作净

USD800 PER CARTON FOB NANTONG, GROSS FOR NET

例 3：每件 85 美元成本加运保费至纽约港减 1%的折扣

USD85 PER PC.CIF NEW YORK LESS 1% DISCOUNT

（二）总值

总值由阿拉伯数字和字母两部分构成。

例如，$ 8 000 美元，TOTAL VALUE：US$8 000（SAY US DOLLARS EIGHT THOUSAND ONLY，或 Say US Dollars Eight Thousand Only）。

在用文字填写时应适当注意以下三点。

1）第一个词用“Say”，最后一个用“Only”。

2）每个单词的第一个字母大写，或者所有字母都大写。

3）币别也可以写在后面，如 SAY EIGHT THOUSAND US DOLLARS ONLY。

二、作价方法的选择

国际货物买卖合同中价格的作价方法，主要有固定作价，非固定价格和部分固定、部分不固定价格等。

（一）固定价格

这种做法在国际货物买卖中采用普遍，具体做法是，交易双方通过协商就计量单位、计价货币、单位价格金额和使用的贸易术语达成一致，在合同中以单价条款的形式规定下来，如 USD100 per Dozen CIF London。采用这种方法时，合同价格一经确定，就要严格执行，除非合同中另有约定，或经双方当事人一致同意，任何一方不得擅自更改。固定价格的做法具有明确具体、便于核算的优点。但是，在这种方式下，当事人要承担从签约到交货付款乃至转卖时价格波动的风险。

（二）非固定价格

非固定价格习惯上又称“活价”，具体做法上又分为如下几种。

1）合同中只规定作价方式，具体作价留待以后确定。例如，规定“在装船月份前××天，参照当地及国际市场价格水平，协商议定正式价格”或“按照提单日期的国际

市场价格计算”。

2）在合同中暂定一个初步价格，作为买方开立信用证和初步付款的依据，待以后双方确定最终价格后再进行清算，多退少补。

3）规定滑动价格的做法。这主要是在一些机械设备的交易中采用，由于加工周期较长，为了避免原料、工资等变动带来的风险，可由交易双方在合同中规定基础价格的同时，规定若交货时原料、工资发生变化，并超过一定比例，卖方可对价格进行调整。

三、计价货币的选择

在国际贸易中，买卖双方使用何种货币主要依据双方自愿进行选择，一般来说有三种情况：使用卖方国家货币、使用买方国家货币、使用第三国货币。

对任何一方来说，使用本国货币，承担的风险较小，但如果使用外币则可能要承担外汇汇率变动所带来的风险。因为当今国际金融市场普遍实行浮动汇率制，汇率上下浮动是必然的，任何一方都有可能因汇率浮动造成损失。

因此，在进出口业务中，买卖双方必须考虑如何选择货币才能最大限度地减少外汇风险，主要有下列方法可供参考。

1）尽量使用可以自由兑换，且汇率较稳定的外汇。

2）出口时争取使用“硬币”或“强币”（指从成交至收汇这段时间内汇价比较稳定且趋势上浮的货币），进口时争取使用“软币”或“弱币”（指从成交至收汇这段时间内汇价比较疲软且趋势下浮的货币）。

3）如果出口时使用了“软币”，在确定价格时，将货币在我方收汇时可能下浮的幅度考虑进去，相应提高报价；进口时使用“硬币”，在确定价格时，将货币在我方收汇时可能上浮的幅度考虑进去，相应压价。

4）“软币”“硬币”结合使用。在国际金融市场上，往往是两种货币互为“软”“硬”的，甲币之“软”即乙币之“硬”。而且每有今日视为“软币”而后成为“硬币”，或相反的情形。因此，在合同中适当结合使用多种“软币”和“硬币”，也可以起到减少外汇风险的作用。

除此之外，还有不少减少外汇风险的方法，如订立外汇保值条款、黄金保值条款、特别提款权保值条款等。

国际贸易中常用的计价货币名称如表 4-1 所示。

表 4-1 国际贸易中常用的计价货币名称

国家或地区	货币名称		简写
中国	人民币元	RenMinbi Yuan	RMB¥
中国香港（地区）	港元	Hongkong Dollar	HK$
英国	英镑	Pound Sterling	Stg￡
美国	美元	United State Dollars	US$
日本	日元	Japanese Yen	J¥

续表

国家或地区	货币名称		简写
加拿大	加拿大元	Canadian Dollar	Can$
澳大利亚	澳大利亚元	Australian Dollar	A$
新加坡	新加坡元	Singapore Dollar	S$
欧盟	欧元	Euro/EUR	Euro/EUR €

四、价格术语的选用

（一）国际贸易术语概述

国际贸易是在两个国家或地区间进行的，其交易活动不仅涉及买卖双方的责任、风险、费用的划分，还牵涉到货物运输、保险、进出口清关的手续和费用由谁来承担等一系列错综复杂的问题。如果每笔交易都就以上问题进行协商，势必影响交易的进程，增加交易费用。因此，经过长期的国际贸易实践，一种能解决上述问题的方法应运而生，即在上述价格中加上一个特别的“贸易术语”，用来表示一个完整价格的构成，并据以确定卖方应在哪里交货、承担哪些责任和风险、买方的责任和风险又如何划分等，从而简化了交易洽商的内容，缩短了成交过程，节省了业务费用，也减少了由于合同规定不明确引起的纠纷。

1. 贸易术语的含义

贸易术语（trade terms）又称价格术语。它是一个简短的概念或三个字母的缩写，用来说明商品的价格构成和买卖双方的有关费用、风险及责任的划分，以确定买卖双方在交货和接货过程中应尽的义务。

2. 贸易术语的作用

1）确定交货条件，即说明买卖双方在交接货物时各自应承担的风险、责任、费用。
2）表示该商品的价格构成。
3）简化交易手续，缩短洽商时间，节约费用开支。

3. 有关贸易术语的国际贸易惯例

早在 19 世纪初，在国际贸易中已开始使用贸易术语，而且价格术语的出现的确给国际贸易带来了很大的便利，但最初各国并没有统一的解释。为了推进国际贸易的发展，某些国际组织和工商团体曾制定了有关国际贸易术语方面的规则、条例，以统一和规范国际贸易交易行为。这些规则和条例虽然无强制性，但得到了世界很多国家的认可，并在其国际贸易实践中加以运用，逐渐成为国际性的贸易惯例。

目前，国际上有较大影响的有关价格术语的惯例有三个。

（1）华沙—牛津规则

华沙—牛津规则（Warsaw-Oxford Rules 1932，W.O.Rules 1932）是由国际法协会制定的。该协会于1928年在华沙举行会议，制定了有关CIF买卖合同的统一规则，共22条，称为《1928年华沙规则》。后经1930年纽约会议、1931年巴黎会议和1932年牛津会议修订，定名为《1932年华沙—牛津规则》，共21条。本规则主要说明CIF买卖合同的性质和特点，并且具体规定了CIF合同中买卖双方所承担的费用、责任与风险。本规则适用的前提是必须在买卖合同中明确表示采用此规则。

虽然这一规则现在仍得到国际上的承认，但实际上已很少采用。

（2）美国对外贸易定义修订本

1919年，美国九大商业团体共同制定了《美国出口报价及其缩写条例》，随后即得到世界各国买卖双方的广泛承认和使用。但自该条例出版以后，贸易习惯已有很大变化，因而在1940年举行的第27届全国对外贸易会议上强烈要求对它做进一步的修订。1941年7月30日，美国商会、美国进出口协会及全国对外贸易协会所组成的联合委员会通过《1941年美国对外贸易定义修订本》。1990年该惯例再次进行了修订，称为《1990年美国对外贸易定义修订本》（Revised American Foreign Trade Definitions 1990）。该惯例主要对以下六种术语做了解释：EXW（named place）、FOB（free on board）、FAS（free alongside ship）、CFR（cost and freight）、CIF（cost，insurance and freight）和DEQ（delivered ex quay）。

本定义主要适用于美洲国家，在很多解释上与其他惯例不同，因此，使用本定义或对该地区交易时要慎重，不要轻易使用。

（3）国际贸易术语解释通则

在国际贸易中，合同双方当事人由于互不了解对方国家贸易习惯，时常引起误解、争议和诉讼，从而浪费了时间和费用。为了解决这些问题，国际商会于1936年首次公布了一套解释国际贸易术语的规则，主要用于说明交货地点，确定风险、责任、费用的划分，名为《1936年国际贸易术语解释通则》（以下简称《1936通则》），以后又数次对该版本进行了补充和修订，以便使这些规则适应当前国际贸易实践的发展。

值得注意的是，国际贸易惯例是在长期的国际贸易实践中自发形成的，惯例的采纳与适用以当事人的意思自治为基础。国际贸易惯例本身不是法律，对国际贸易当事人不具有强制性或法律约束力。国际贸易惯例在适用的时间效力上并不存在"新法"取代"旧法"的说法，即《2020国际贸易术语解释通则（以下简称《2020通则》，2019年9月公布，自2020年1月1日起生效）实施之后并非《2010年国际贸易术语解释通则（以下简称《2010通则》）、《2000年国际贸易术语解释通则》（以下简称《2000通则》）等就自动废止，当事人在订立贸易合同时仍然可以选择使用。

（二）《2000通则》国际贸易术语

《2000通则》继续采用《1990年国际贸易术语解释通则》的结构，共包含13种价格术语，为了便于记忆，根据卖方义务的不同类型分为E、F、C、D四组，具体内容如表4-2所示。

E组：只有EXW一种术语。按此术语，当卖方在其所在地或其他指定的地点将货物交给买方处置时，即完成交货。

F 组：包括 FCA、FAS 和 FOB 术语。由买方付费订立运输合同和指定承运人，卖方将货物交至买方指定的承运人（主要运费未付）。

C 组：包括 CFR、CIF、CPT 和 CIP 术语。卖方必须自费签订运输合同，在 CIF 和 CIP 术语下，卖方还要办理保险并支付保险费，但货物灭失或损坏的风险及发运后产生的费用卖方不负责任（主要运费已付）。

D 组：包括 DAF、DES、DEQ、DDQ 和 DDP 术语。卖方必须负责将货物运送到约定的目的地或目的港，并负担货物交至该处为止的一切风险和费用。

表 4-2 《2000 年通则》13 种贸易术语对照表

贸易术语			交货地点		风险转移界限	出口报关责任、费用负担	进口报关责任、费用负担	支付运费	支付保险费	适用运输方式
组别	国际代码	含义								
E 组	EXW	工厂交货（指定地点）	出口国	商品产地、所在地	买方处置货物后	买方	买方	买方	买方	任何方式
F 组	FCA	货交承运人（指定地点）	出口国	出口国内地、港口	承运人处置货物后	卖方	买方	买方	买方	任何方式
F 组	FAS	装运港船边交货（指定装运港）	出口国	装运港口	货交船边后	卖方	买方	买方	买方	水上运输
F 组	FOB	装运港船上交货（指定装运港）	出口国	装运港口	货物越过船舷	卖方	买方	买方	买方	水上运输
C 组	CFR	成本加运费（指定目的港）	出口国	装运港口	货物越过船舷	卖方	买方	卖方	买方	水上运输
C 组	CIF	成本保险加运费（指定目的港）	出口国	装运港口	货物越过船舷	卖方	买方	卖方	卖方	水上运输
C 组	CPT	运费付至（指定目的地）	出口国	出口国内地、港口	承运人处置货物后	卖方	买方	卖方	买方	任何方式
C 组	CIP	运费保险费付至（指定目的地）	出口国	出口国内地、港口	承运人处置货物后	卖方	买方	卖方	卖方	任何方式
D 组	DAF	边境交货（指定地点）	进口国	两国边境指定地点	买方处置货物后	卖方	买方	卖方	卖方	任何方式
D 组	DES	目的港船上交货（指定目的港）	进口国	目的港口	买方在船上收货后	卖方	买方	卖方	卖方	水上运输
D 组	DEQ	目的港码头交货（指定目的港）	进口国	目的港口	买方在码头收货后	卖方	买方	卖方	卖方	水上运输
D 组	DDU	进口国未完税交货（指定目的地）	进口国	进口国内	买方在指定地点收货后	卖方	买方	卖方	卖方	任何方式
D 组	DDP	进口国完税交货（指定目的地）	进口国	进口国内	买方在指定地点收货后	卖方	卖方	卖方	卖方	任何方式

（三）《2010 通则》贸易术语

《2010 通则》由 2011 年 1 月 1 日开始在全球范围内实施，《2010 通则》较《2000 通则》更准确地标明了各方承担的货物运输风险和费用，有助于避免经常出现的码头处理费（THC）纠纷。此外，《2010 通则》也增加了电子交易程序的适用方式。

《2010 通则》删去了《2000 通则》D 组术语中的 DDU、DAF、DES、DEQ，只保留了 DDP，同时新增加了两种 D 组贸易术语，即 DAT（delivered at terminal）与 DAP（delivered at place）以取代被删去的术语；《2010 通则》还取消了“船舷”的概念，卖方承担货物装上船为止的一切风险，买方承担货物自装运港装上船后的一切风险；在 FAS、FOB、CFR 和 CIF 等术语中加入了货物在运输期间被多次买卖（连环贸易）的责任义务的划分。《2010 通则》不仅适用于国际销售合同，也适用于国内销售合同。《2010 通则》共有 11 种贸易术语，按适用范围分为两类：一是只适用于海运和内河水运的 FOB、CIF、CFR、FAS；二是适用于各种运输的 CIP、CPT、EXW、FCA、DAT、DAP、DDP。下面对《2010 通则》11 种术语的含义、买卖双方的义务和责任、风险和费用的划分界限，以及在使用中应注意的问题等进行较为详细的介绍。

1. FOB

（1）FOB 的含义

Free on Board（insert named port of shipment）即船上交货（插入指定装运港）。它是指卖方以指定装运港将货物装上买方指定的船舶或通过取得已交付至船上货物的方式交货。货物灭失或损坏的风险在货物交到船上时转移，同时买方承担自那时起的一切费用。本术语只适用于海运和内河水运。

（2）买卖双方的责任划分

根据《2010 通则》对 FOB 的解释，买卖双方的责任各分为十个方面，主要义务如下。

1）卖方义务。①卖方必须在指定的装运港内的装船点（若有的话），以将货物置于买方指定的船舶之上方式，或以取得已在船上交付的货物的方式交货。在其中任何情形下，卖方都必须在约定的日期或期限内，按照该港口的习惯方式交货。②自担风险和费用，取得所有的出口许可或其他官方授权，办理货物出口所需的一切海关手续。③负担货物在指定装运港交到船上之前的一切风险和费用。④提供商业发票和证明已履行交货义务的通常证据。

2）买方义务。①买方必须收取卖方按合同规定交付的货物，接受按合同规定提交的交货凭证，按照销售合同规定支付价款。②自担风险和费用，取得任何进口许可或其他官方授权，办理货物进口和在必要时从他国过境的一切海关手续。③负责租船或订舱，支付运费，并给予卖方有关船名、装船地点和要求交货时间的充分通知。④买方为其自身利益考虑，应负责办理保险手续并支付保险费（无强制义务）。⑤负担货物在指定装运港交到船上之后的一切风险和费用。

（3）使用 FOB 贸易术语应注意的问题

1）装船费用的负担。

卖方负担装船费用，但卖方应注意运输合同和买卖合同的协调。

在租船运输时，由于船方通常按照“不负担装卸费用”（free in and out）条件出租船舶，装货费用和理舱费用不包括在其中，买卖双方就费用承担问题容易产生争议，为此，对于装卸费用可以在合同中用文字做出具体规定，或可以通过 FOB 的变形来解决这一问题。

① FOB 班轮条件（FOB liner terms），按此变形，装船费用按班轮条件来办理，即由支付运费的一方——买方负担。

② FOB 吊钩下交货（FOB under tackle），是指卖方将货物运到船舶吊钩所及之处，从货物起吊开始的装船费用由买方负担。（由于吊钩下可能在码头，也可能在驳船，而且大件货物涉及岸吊和浮吊的租用，易引起争议，因此，一般不用此变形）

③ FOB 包括理舱（FOB stowed），是指卖方负责将货物装入船舱并负担包括理舱费在内的装船费用。

④ FOB 包括平舱（FOB trimmed），是指卖方负责将货物装入船舱并负担包括平舱费在内的装船费用。

FOB 的变形还有 FOB stowed and/or trimmed、FOB stowed and secured、FOB stowed and lashed 等。

以上 FOB 的变形一般只涉及装船费用的划分，风险、责任划分和正常的 FOB 术语没有任何区别，为避免纠纷，最好在合同中加以明确说明。

2）《1990 年美国对外贸易定义修订本》对 FOB 的不同解释。

《1990 年美国对外贸易定义修订本》中的 FOB 有六种解释。其中，五种 FOB 术语与《2000 通则》中的 FOB 有明显的区别，只有一种与《2010 通则》中的 FOB 基本相似，即 FOB vessel （named port of shipment），如卖方在装运港纽约交货应写成：FOB vessel New York。同时，《1990 年美国对外贸易定义修订本》规定，只有买方提出请求，并且在买方负担费用的情况下，卖方才有义务协助买方取得为出口所需要的出口国证件，并且出口税及其他因出口需要征收的各项费用由买方承担。

案例 4-10

河南 A 公司以 FOB Qingdao 《2010 通则》与外商 B 公司成交酱油 3000 瓶，共 150 箱。在青岛港装货时，不幸掉下 8 箱，其中 5 箱落在海里，另外 3 箱掉在甲板上，试问：这 8 箱损失分别由谁承担？

案例 4-10 分析

2. CIF

（1）CIF 的含义

Cost Insurance and Freight（insert named port of destination）即成本、保险费加运费

（插入指定目的地）。CIF 指卖方在船上交货或以取得已经这样交付的货物方式交货。货物灭失或损坏的风险在货物交到船上时转移。卖方必须签订合同，并支付必要的成本和运费，将货物运至指定的目的港，同时卖方还要为买方在运输途中货物的灭失或损坏风险办理保险。本术语只适用于海运和内河水运。

（2）买卖双方的责任划分

根据《2010 通则》对 CIF 的解释，买卖双方的主要义务如下。

1）卖方义务。①卖方必须在指定的装运港内的装船点（若有的话），以将货物置于买方指定的船舶之上方式，或以取得已在船上交付的货物的方式交货。②自担风险和费用，取得所有的出口许可或其他官方授权，办理货物出口所需的一切海关手续。③负责签订或取得运输合同，并支付至目的港的运费。④负责办理货物运输保险，支付保险费。⑤负担货物在指定装运港交到船上之前的一切风险和费用。⑥提供商业发票和证明已履行交货义务的通常证据。

2）买方义务。①买方必须收取卖方按合同规定交付的货物，接受按合同规定提交的交货凭证，按照销售合同规定支付价款。②自担风险和费用，取得任何进口许可或其他官方授权，办理货物进口和在必要时从他国过境的一切海关手续。③负担货物在指定装运港交到船上之后的一切风险和费用。

（3）使用 CIF 贸易术语应注意的问题

1）卸货费用的负担。

买方负担卸货费用，但卖方应注意运输合同和买卖合同的协调，如果卖方按照运输合同在目的港发生了卸货费用，除非双方事先另有约定，卖方无权向买方要求补偿该项费用。

在租船运输中，卸货费往往需要另行规定，可采用 CIF 的变形来解决，国际贸易中有关 CIF 的变形主要有以下几种。

① CIF 班轮条件（CIF liner terms），是指卸货费用按班轮条件办理，即由支付运费的一方（卖方）负担。

② CIF 舱底交货（CIF ex ship’s hold），是指买方负担将货物从目的港船舱舱底起吊卸到码头的费用。

③ CIF 吊钩交货（CIF ex tackle），是指卖方负担货物从舱底吊至船边卸离吊钩为止的费用。

④ CIF 卸到岸上（CIF landed），是指货物到达目的港后，包括驳船费和码头费在内的卸货费由卖方负担。

2）象征性交货。

CIF 是典型的象征性交货术语，卖方凭单交货、买方凭单付款。这意味着只要单据齐全（主要是提单、保险单和商业发票）和正确（符合合同要求），卖方提交单据即推定为履行交货义务，买方凭单据履行付款义务。也就是说，买方凭单付款而不是凭实际交货付款，即使在卖方提交单据的时候，货物已经发生灭失或损坏，但只要单据是正确的、齐全的，买方仍须按合同规定支付货款。反之，如果卖方所交单据不正确或不齐全，即使所交货物与合同完全相符，买方也有权拒付。基于上述特点，CIF 合同不是到达合同，而是装运合同，故把 CIF 价格称为到岸价格是不确切的，容易引起争议。

3）投保的有关规定。

按 CIF 术语达成的交易，保险是卖方的责任，《2010 通则》对此有明确规定。

① 保险合同应与信誉良好的保险人或保险公司订立，在无相关明确协议时，卖方只需要按《协会货物保险条款》（Institute Cargo Clauses，LMA/IUA）“条款（C）”（Clause C）或其他类似条款的最低险别投保。当买方要求且能够提供卖方所需要的信息，并由买方负担费用时，卖方应办理任何附加险。

② 最低保险金额应为合同规定的价款另加 10%（即 110%）。

③ 购买保险时应以合同货币投保。

在实际业务中，为了明确责任，我外贸公司在与国外客户洽谈交易采用 CIF 术语时，一般应在合同中具体规定保险险别、投保加成、保险金额，以防发生争议。

4）明确交付点。

以 CIF 术语成交，卖方必须签订合同，并支付运费将货物运至指定的目的港，但是卖方完成交货义务是在装运港船上，风险随交货而转移。因此，买卖双方应在合同中尽可能准确地约定装运港。同时，买卖双方应在合同中尽可能准确地约定目的港的交付点，以便卖方准确地核算应该支付的运费。

案例 4-11

我国 A 公司向英国某进口商以 CIF 利物浦《2010 通则》出口一批茶叶，合同规定以信用证方式付款。买方按照合同规定开证，卖方及时办理装运与投保手续，并将全套单据提交结汇银行。但此时卖方收到买方来电，被告知载货船只在航行途中沉没、货物灭失，买方表示不同意银行向卖方付款。试问：我国 A 公司能否安全、及时地收到货款？英国进口商应如何争取自己的合法权利？

案例 4-11 分析

3. CFR

（1）CFR 的含义

Cost and Freight（insert named port of destination）即成本加运费（插入指定目的地），指卖方在船上交货或以取得已经这样交付的货物方式交货。货物灭失或损坏的风险在货物交到船上时转移。卖方必须签订合同，并支付必要的成本和运费，将货物运至指定的目的港。本术语只适用于海运和内河水运。

（2）买卖双方的责任划分

根据《2010 通则》对 CFR 的解释，买卖双方的主要义务如下。

1）卖方义务。①卖方必须在指定的装运港内的装船点（若有的话），以将货物置于买方指定的船舶之上方式，或以取得已在船上交付的货物的方式交货。②自担风险和费用，取得所有的出口许可或其他官方授权，办理货物出口所需的一切海关手续。③负责签订或取得运输合同，并支付至目的港的运费。④负担货物在指定装运港交到船上之前的一切风险和费用。⑤提供商业发票和证明已履行交货义务的通常证据。

2）买方义务。①买方必须收取卖方按合同规定交付的货物，接受按合同规定提交的交货凭证，按照销售合同规定支付价款。②自担风险和费用，取得任何进口许可或其他官方授权，办理货物进口和在必要时从他国过境的一切海关手续。③自行负责办理货物运输保险，支付保险费（无强制义务）。④负担货物在指定装运港交到船上之后的一切风险和费用。

（3）使用CFR贸易术语应注意的问题

1）卸货费用的负担。买方负担驳运费和码头费在内的卸货费用。但如果卖方按照运输合同在目的港发生了卸货费用，除非双方事先另有约定，卖方无权向买方要求补偿该项费用。

在租船运输中，卸货费需要另行规定，可采用CFR的变形来解决，国际贸易中有关CFR的变形主要有以下几种。

① CFR班轮条件（CFR liner terms），是指卸货费用按班轮条件办理，即由支付运费的一方（卖方）负担。

② CFR舱底交货（CFR ex ship's hold），是指买方负担将货物从目的港船舱舱底起吊卸到码头的费用。

③ CFR吊钩交货（CFR ex tackle），是指卖方负担货物从舱底吊至船边卸离吊钩为止的费用。

④ CFR卸到岸上（CFR landed），是指货物到达目的港后，包括驳船费和码头费在内的卸货费由卖方负担。

2）装船通知。作为CFR合同的卖方，一旦了解配载船名后，应该立即发出装船通知，以满足买方为目的港收取货物采取必要措施（包括办理保险）的需要。有些国家的法律规定：若卖方未向买方发出装船通知，以便买方对货物办理保险，那么，货物在海运途中的风险应被视为由卖方负担。

3）CFR与FOB、CIF的异同点。CFR与FOB、CIF三种术语都适用于海洋运输和内河运输，而且在交货地点与风险划分界限方面是相同的，但在买卖双方承担的责任和费用方面存在差别。对卖方来说，在CIF贸易术语中，既要承担保险费又要支付运费，而在CFR术语中只要求卖方支付运费，FOB术语只要求卖方在装运港交货，不负责货物的运输和保险。因此，就卖方承担的责任和费用而言，则有CIF＞CFR＞FOB。

案例4-12

我国A公司以CFR宁波《2010通则》和马来西亚B公司达成协议，签订进口一批蔗糖合同，货船在台湾海峡附近沉没。由于B公司未及时向A公司发出装船通知，导致A公司未及时办理保险，从而无法向保险公司索赔。A公司要求马来西亚B公司承担责任，B公司以货物已交到装运港船上，风险已经转移给A公司为由拒绝承担责任，问:马来西亚B公司的行为是否合理，应由何方承担责任？

案例4-12分析

4. FAS

Free Alongside Ship（insert named port of shipment），即装运港船边交货（插入指定装运港）。

FAS是指卖方在指定的装运港将货物交到买方指定的船边（如置于码头或驳船上）时，即为交货。货物灭失或损坏的风险在货物交到船边时发生转移，同时买方承担自那时起的一切费用和风险。在需要办理海关手续时，办理货物出口所需的一切海关手续，买方承担自装运港船边（或驳船）起的一切费用和风险。本术语只适用于海运和内河水运。

案例 4-13

河南A公司按照FAS条件从缅甸B公司进口一批木材，在装运完成后，缅甸B公司来电要求河南A公司支付货款，并要求支付装船时的驳船费，对缅甸B公司的要求河南A公司应如何处理？

案例 4-13 分析

5. CIP

（1）CIP的含义

Carriage and Insurance Paid to（insert named place of destination）即运费、保险费付至（插入指定目的地），它是指卖方将货物在双方约定地点（若双方已经约定了地点）交给其指定的承运人或其他人。卖方必须签订运输合同并支付将货物运至指定目的地所需的费用，卖方还必须为买方在运输途中货物的灭失或损坏风险签订保险合同。该术语可适用于任何运输方式，也可适用于多种运输方式。

（2）买卖双方的责任划分

按此术语达成的交易，买卖双方的主要责任分别如下。

1）卖方义务。①在运输合同规定地点和日期将货物交给承运人，并给予买方已交货的充分通知。②自担风险和费用，取得所有的出口许可或其他官方授权，办理货物出口所需的一切海关手续。③卖方必须签订或取得运输合同，将货物自交货地内的约定交货点（若有的话）运送至指定目的地或该目的地的交付点（若有约定）。④卖方必须自付费用取得货物保险。⑤负担完成交货之前货物灭失或损坏的一切风险和费用。⑥提供商业发票和证明已履行交货义务的通常证据。

2）买方义务。①买方必须收取卖方按合同规定交付的货物，接受按合同规定提交的交货凭证，按照销售合同规定支付价款。②自担风险和费用，取得任何进口许可或其他官方授权，办理货物进口和在必要时从他国过境的一切海关手续。③负担自卖方交货时起货物灭失或损坏的一切风险和费用。

（3）使用CIP贸易术语应注意的问题

1）明确两个地点。由于风险转移和费用转移的地点不同，该术语有两个关键点。特别建议双方尽可能确切地在合同中明确交货地点（风险在这里转移至买方），以及指定目的地（卖方必须签订运输合同运到该目的地）。如果运输到约定目的地涉及多个承运人，且双方不能就特定的交货点达成一致，可以推定：当卖方在某个完全由其选择且买方不能控制的点将货物交付给第一个承运人时，风险转移至买方。若双方希望风险晚些转移的话（如在某海港或机场转移），则需要在其买卖合同中订明。由于卖方需要承担将货物运至目的地具体地点的费用，特别建议双方尽可能确切地在指定目的地内明确该点。建议卖方取得完全符合该选择的运输合同。

2）卸货费的负担。卸货费用由卖方负担。但如果卖方按照运输合同在指定的目的地卸货发生了费用，除非双方另有约定，卖方无权向买方要求偿付。

案例 4-14

我某公司按照 CIP 条件进口一批货物，先经海洋运输，抵达目的港后转为铁路运输，我方受领货物之后，卖方要求我方支付货款和铁路运费。请问卖方的要求是否合理？

案例 4-14 分析

6. CPT

（1）CPT 的含义

Carriage Paid To（insert named place of destination）即运费付至目的地（插入指定目的地），它是指卖方将货物在双方约定地点（如果双方已经约定了地点）交给卖方指定的承运人或其他人。卖方必须签订运输合同并支付将货物运至指定目的地所需费用。该术语可适用于任何运输方式，也可适用于多种运输方式。

（2）买卖双方的责任划分

按此术语达成的交易，买卖双方的主要责任分别如下。

1）卖方义务。①在运输合同规定地点和日期将货物交给承运人，并给予买方已交货的充分通知。②自担风险和费用，取得所有的出口许可或其他官方授权，办理货物出口所需的一切海关手续。③卖方必须签订或取得运输合同，将货物自交货地内的约定交货点（若有的话）运送至指定目的地或该目的地的交付点（若有约定）。④负担完成交货之前货物灭失或损坏的一切风险和费用。⑤提供商业发票和证明已履行交货义务的通常证据。

2）买方义务。①买方必须收取卖方按合同规定交付的货物，接受按合同规定提交的交货凭证，按照销售合同规定支付价款。②自担风险和费用，取得任何进口许可或其他官方授权，办理货物进口和在必要时从他国过境的一切海关手续。③自行负责办理货物运输保险，支付保险费（无强制义务）。④负担自卖方交货时起货物灭失或损坏的一切风险和费用。

（3）使用 CPT 贸易术语应注意的问题

1）明确两个地点。由于风险转移和费用转移的地点不同，该术语有两个关键点。特别建议双方尽可能确切地在合同中明确交货地点（风险在这里转移至买方），以及指定目的地（卖方一必须签订运输合同运到该目的地）。如果运输到约定目的地涉及多个承运人，且双方不能就特定的交货点达成一致时，可以推定：当卖方在某个完全由其选择，且买方不能控制的点将货物交付给第一个承运人时，风险转移至买方。若双方希望风险晚些转移（如在某海港或机场转移），则需要在其买卖合同中订明。由于卖方需要承担将货物运至目的地具体地点的费用，特别建议双方尽可能确切地在指定目的地内明确该点。建议卖方取得完全符合该选择的运输合同。

2）卸货费的负担。卸货费用由卖方负担，但如果卖方按照运输合同在指定的目的地卸货发生了费用，除非双方另有约定，卖方无权向买方要求偿付。

案例 4-15

某公司以 CPT 条件出口一批货物，并按期将货物交给指定的承运人，但是运输中由于天气原因延期了一个月，错过了销售季节，买方由此向该公司提出索赔。按照《2010 通则》解释，请问此项损失应该由谁承担？

案例 4-15 分析

7. EXW

Ex Works（insert named place of delivery），即工厂交货（插入指定交货地点）。

EXW 是指当卖方在其所在地或其他指定的地点（如工厂、车间或仓库等）将货物交给买方处置时，即完成交货。卖方不负责将货物装上买方安排的任何运输工具，也不办理出口清关手续。买方负担自卖方工厂交付后至最终目的地的一切费用和风险。若买方不能直接或间接地办理货物出口报关手续，则不宜采用此贸易术语。该术语可适用于任何运输方式，也可适用于多种运输方式。

EXW 是卖方责任最小的贸易术语。

案例 4-16

美国 A 公司在义乌国际商贸城向义乌 B 公司采购一批日用品，A 公司负责向海关办理出口手续，并办理海上运输与保险。试问：这笔生意 A 公司与 B 公司可以采用《2010 通则》哪个贸易术语？

案例 4-16 分析

8. FCA

（1）FCA 的含义

Free Carrier（insert named place of delivery）即货交承运人（插入指定交货地点），它是指卖方在卖方所在地或其他指定地点将货物交给买方指定的承运人或其他人。由于风险在交货地点转移至买方，特别建议双方尽可能清楚地写明指定交货地。该术语可适用于任何运输方式，也可适用于多种运输方式。

（2）买卖双方的责任划分

按此术语达成的交易，买卖双方的主要责任分别如下。

1）卖方义务。①卖方必须在约定日期或期限内，在指定地点或指定地点的约定点（若有约定），将货物交付给买方指定的承运人或其他人。②自担风险和费用，取得所有的出口许可或其他官方授权，办理货物出口所需的一切海关手续。③负担完成交货之前货物灭失或损坏的一切风险和费用。④提供商业发票和证明已履行交货义务的通常证据。

2）买方义务。①买方必须收取卖方按合同规定交付的货物，接受按合同规定提交的交货凭证，按照销售合同规定支付价款。②自担风险和费用，取得任何进口许可或其他官方授权，办理货物进口和在必要时从他国过境的一切海关手续。③买方必须自付费用签订自指定的交货地点起运货物的运输合同。④自行负责办理货物运输保险，支付保险费（无强制义务）。⑤负担自卖方交货时起货物灭失或损坏的一切风险和费用。

（3）使用 FCA 贸易术语应注意的问题

1）交货点（装卸费用划分）。卖方必须在约定日期或期限内，在指定地点或指定地点的约定点（若有约定），将货物交付给买方指定的承运人或其他人。

以下情况视为交货完成：①若指定地点是卖方所在地，则当货物被装上买方提供的运输工具时（卖方应负责装货）；②在任何其他情况下，当货物虽仍处于卖方的运输工具上，但已准备好卸载，并已交由承运人或买方指定的其他人处置时（卖方不负责卸货）。

2）通知卖方。买方必须通知卖方以下内容：①指定的承运人或其他人的姓名，以便卖方有足够时间按照该条款交货；②若适用时，在约定的交付期限内所选择的由指定的承运人或其他人收取货物的时间；③指定人使用的运输方式；④指定地点内的交货点。

3）风险转移。买方承担自卖方交货时起货物灭失或损坏的一切风险。如果买方未按照上述“通知卖方”的规定通知指定承运人或其他人，或发出通知；或指定的承运人或其他人未在约定的时间接管货物，则买方承担货物灭失或损坏的一切风险：①自约定日期起，若无约定日期的；②自卖方在约定期限内按照被通知的日期起，或若没有通知日期的；③自任何约定交货期限届满之日起。但以该项货物已清楚地确定为合同项下之货物者为限。

案例 4-17

我国无锡 A 公司采用 FOB 上海《2010 通则》向美国出口一批货物，装运期为 5 月份，集装箱装运。A 公司 4 月 26 日收到买方发来的装船通知，告知 A 公司载货船舶将于 5 月 15 日到达装运港。为了及时装运，A 公司业务员于 5 月 10 日将货物从无锡运至上海码头仓库，不料货物因当夜仓库发生火灾而遭受全部损失。

案例 4-17 分析

问：（1）以上损失是否应该由 A 公司承担？为什么？

（2）若采用 FCA 无锡交货，该损失是否应该由 A 公司承担？为什么？

FCA、CIP、CPT 三种价格术语买卖双方责任划分的基本原则与 FOB、CIF、CFR 三种术语是基本相同的，但由于它们所适用的运输方式完全不同，所以还是有区别的，具体表现在以下六个方面，如表 4-3 所示。

表 4-3 FCA、CIP、CPT 与 FOB、CIF、CFR 的区别

术语不同点	FCA、CIP、CPT	FOB、CIF、CFR
适用的运输方式不同	适用于任何运输方式	仅适用于海洋运输和内河运输
交货地点及风险、费用转移界限不同	交货地点应视不同的运输方式和不同的约定而定，风险和费用则于卖方将货物交由承运人保管时转移至买方	交货地点均为出口国装运港，风险和费用的划分则以装运港船上为界
运输单据不同	卖方提交的运输单据因运输方式的不同而不同，如铁路运单、航空运单、国际多式联运单据等	卖方一般提供海运提单
运费负担不同	包括从出口国指定地点到进口国指定地点，中间可能涉及几种不同的运输方式	运费主要是指从装运港到目的港的海运运费
保险的内容不同	涉及各种运输方式下的货物保险	主要涉及的是海洋货物运输保险

9. DAT

Delivered At Terminal（insert named terminal at port or place of destination），即运输终端交货（插入指定港口或目的地的运输终端）。

DAT 是指当卖方在指定港口或目的地的指定运输终端将货物从抵达的载货运输工具上卸下，交由买方处置时，即为交货。“运输终端”意味着任何地点，而不论该地点是否有遮盖，如码头、仓库、集装箱堆积场或公路、铁路、空运货站。卖方承担将货物送至指定港口或目的地的运输终端并将其卸下的一切风险。适用时，DAT 要求卖方办理出口清关手续，进口清关手续则由买方办理。该术语可适用于任何运输方式，也可适用于多种运输方式。

10. DAP

Delivered At Place（insert named place of destination），即目的地交货（插入指定目的地）。

DAP 是指当卖方在指定目的地将仍处于抵达的运输工具之上，且已做好卸载准备的货物交由买方处置时，即为交货。卖方承担将货物运送到指定地点的一切风险。适用时，DAP 要求卖方办理出口清关手续，进口清关手续则由买方办理。该术语可适用于任何运输方式，也可适用于多种运输方式。

11. DDP

Delivered Duty Paid（insert named place of destination），即完税后交货（插入指定目的地）。

DDP 是指当卖方在指定目的地将仍处于抵达的运输工具上，但已完成进口清关，且已做好卸载准备的货物交由买方处置时，即为交货。卖方承担将货物运至目的地的一切风险和费用，并且有义务完成货物出口和进口清关，支付所有出口和进口的关税和办理所有海关手续。若卖方无法直接或间接地取得进口许可证则不宜采用该术语。该术语可适用于任何运输方式，也可适用于多种运输方式。DDP 代表卖方的最大责任。

《2010 通则》中的 11 种贸易术语有其个性，也有其共性。为便于学习、理解和掌握

所学的国际贸易术语，现将其归纳总结如表 4-4 所示。

表 4-4 《2010 通则》11 种贸易术语对照表

贸易术语		交货地点	风险转移界限	出口报关责任与费用	进口报关责任与费用	支付运费	支付保险费	适用的运输方式
FOB	船上交货（指定装运港）	装运港	货物装上船	卖方	买方	买方	买方	海运或内河水运
CIF	成本、保险费加运费（指定目的港）	装运港	货物装上船	卖方	买方	卖方	卖方	海运或内河水运
CFR	成本加运费（指定目的港）	装运港	货物装上船	卖方	买方	卖方	买方	海运或内河水运
FAS	装运港船边交货（指定装运船）	装运港	货交装运港船边	卖方	买方	买方	买方	海运或内河水运
CIP	运费、保险费付至（指定目的地）	出口国内地或港口	货交承运人监管	卖方	买方	卖方	卖方	任何运输方式
CPT	运费付至（指定目的地）	出口国内地或港口	货交承运人监管	卖方	买方	卖方	买方	任何运输方式
EXW	工厂交货（指定地点）	出口商所在地	买方受领货物	买方	买方	买方	买方	任何运输方式
FCA	货交承运人（指定交货地点）	出口国内地或港口	货交承运人监管	卖方	买方	买方	买方	任何运输方式
DAT	运输终端交货（指定港口或目的地的运输终端）	进口国指定运输终端	货物交买方处置	卖方	买方	卖方	卖方	任何运输方式
DAP	目的地交货（指定目的地）	进口国指定目的地	货物交买方处置	卖方	买方	卖方	卖方	任何运输方式
DDP	完税后交货（指定目的地）	进口国指定目的地	货物交买方处置	卖方	卖方	卖方	卖方	任何运输方式

案例 4-18

我国 A 企业向美国 B 公司出口一批服装，B 公司要求 A 企业报 DDP 价，但 A 企业规模较小，无法办理货物通过美国海关的进口手续。试问：在此情况下能否使用 DDP 术语？

案例 4-18 分析

（四）《2020 通则》贸易术语

《2020 通则》较《2010 通则》进一步明确了国际贸易体系下买卖双方的责任，于 2020 年 1 月 1 日生效，其生效后对贸易实务、国际结算和贸易融资实务等方面都将产生重要的影响。

《2020 通则》解释了 11 种贸易术语，按适用范围分为两类：一是只适用于海运和内水运输的 FOB、CFR、CIF、FAS；二是适用于各种运输的 EXW、FCA、CPT、CIP、DAP、DPU、DDP。下面对《2020 通则》11 种术语的含义、买卖双方的义务和责任、风险和费用的划分界限，以及在使用中应注意的问题等进行较为详细的介绍。

1. FOB

（1）FOB 的含义

FOB 的全称为 Free on Board（...named port of shipment），即装运港船上交货（……指定装港）。FOB 是国际贸易中常用的贸易术语之一，是指卖方必须在合同规定的日期或期限内，将货物运到合同规定的装运港口，并交到买方指派的船只的船上，即完成其交货义务。FOB 术语只适用于海运和内河运输，如果货物装载集装箱里并在集装箱码头交货，则应采用 FCA 贸易术语。FOB 贸易术语图解如图 4-7 所示。

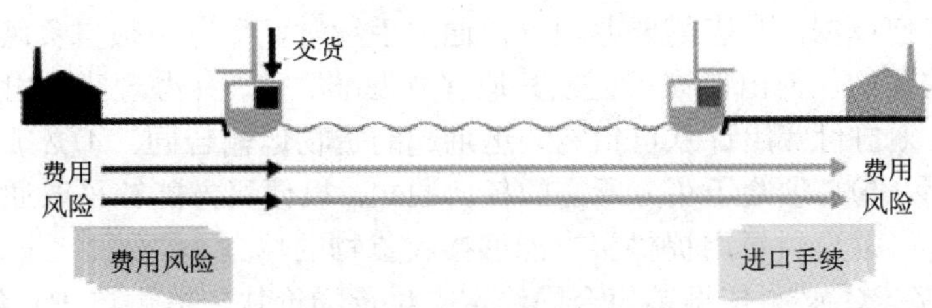

图 4-7 FOB 贸易术语图解

（2）买卖双方的主要义务

1）卖方义务。①必须提供符合销售合同约定的货物和商业发票，以及自 A1 至 A10 项中所提及的任何单据。②当需要办理出口通关手续时，卖方必须自负风险与费用，取得货物出口所需要的任何出口许可证或其他官方批准文件，并办理货物出口所需的一切通关手续。③必须在指定装运港于买方指明的装载地点，将货物放置于买方指定船舶上。④必须承担交货前的一切风险与费用。⑤必须给予买方所需的任何通知，以便买方能够采取通常必要的措施以接收货物。⑥必须自付费用提供买方能够接收货物的单据。

2）买方义务。①必须依据销售合同约定支付货物价款，提供自 B1 至 B10 项中所提及的任何单据。②当需要办理通关手续时，买方必须自负费用和风险，取得货物进口所需的任何进口许可证或其他官方批准文件，并办理货物进口及通过任何国家运输的一切通关手续。③必须自付费用订立自指定装运港起的货物运输合同。④必须将船舶名称、装载地点及时通知卖方。⑤必须接受卖方提供的运输单据；买方必须在指定地接货，承担交货后的一切风险与费用。⑥必须自付费用订立保险合同。

2. CFR

（1）CFR 的含义

CFR 的全称是 Cost and Freight（...named port of destination），即成本加运费（……指定目的港），它是指买方应在合同规定的装运港和规定的期限内，将货物装上船，并及时通知买方。货物装上船以后发生的灭失或损害的风险，以及因货物交付后发生的事件所引起的任何额外费用，自交付之日起即由卖方转移给买方。CFR 贸易术语图解如图 4-8 所示。

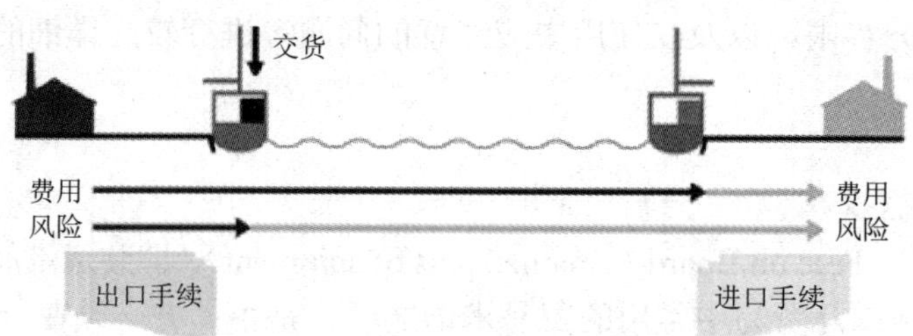

图 4-8 CFR 贸易术语图解

（2）买卖双方的主要义务

1）卖方义务。①必须提供符合销售合同约定的货物和商业发票，以及自 A1 至 A10 项中所提及的任何单据。②当需要办理出口通关手续时，卖方必须自负风险与费用，取得货物出口所需要的任何出口许可证或其他官方批准文件，并办理货物出口所需的一切通关手续。③必须自付费用订立自指定装运港起的货物运输合同。④必须承担交货前的一切风险与费用。⑤必须给予买方所需的任何通知，以便买方能够采取通常必要的措施以接收货物。⑥必须自付费用提供买方能够接收货物的单据。

2）买方义务。①必须依据销售合同约定支付货物价款，提供自 B1 至 B10 项中所提及的任何单据。②当需要办理通关手续时，买方必须自负费用和风险，取得货物进口所需的任何进口许可证或其他官方批准文件，并办理货物进口及通过任何国家运输的一切通关手续。③必须接受卖方提供的运输单据。④必须在指定地接货，承担交货后的一切风险与费用。⑤必须自付费用订立保险合同。

3. CIF

（1）CIF 的含义

CIF 的全称是 Cost Insurance and Freight（...port of destination），即成本加保险费加运费（……指定目的港）。CIF 是国际贸易中最常用的贸易术语之一，是指采用 CIF 术语成交时，卖方也是在装运港将货物装上船完成其交货义务。卖方负责按通常条件租船订舱，支付货物运至指定目的港所需的运费和保险费，但是货物交付后的灭失或损坏的风险，以及因货物交付后发生的事件所引起的任何额外费用自交付时起由卖方转移给买方承担。卖方在规定的装运港和规定的期限内将货物装上船后，要及时通知买方。CIF 贸易术语如图 4-9 所示。

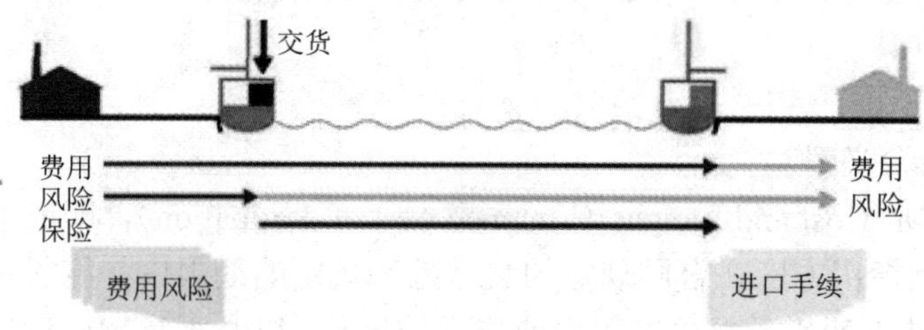

图 4-9 CIF 贸易术语图解

（2）买卖双方的主要义务

1）卖方义务。①必须提供符合销售合同约定的货物和商业发票，以及自 A1 至 A10 项中所提及的任何单据。②当需要办理出口通关手续时，卖方必须自负风险与费用，取得货物出口所需要的任何出口许可证或其他官方批准文件，并办理货物出口所需的一切通关手续。③必须自付费用订立自指定装运港起的货物运输合同。④必须承担交货前的一切风险与费用。⑤必须给予买方所需的任何通知，以便买方能够采取通常必要的措施以接收货物。⑥必须自付费用提供买方能够接收货物的单据。⑦必须自付费用订立保险合同。

2）买方义务。①必须依据销售合同约定支付货物价款，提供自 B1 至 B10 项中所提及的任何单据。②当需要办理通关手续时，买方必须自负费用和风险，取得货物进口所需的任何进口许可证或其他官方批准文件，并办理货物进口及通过任何国家运输的一切通关手续。③必须接受卖方提供的运输单据。④必须在指定地接货，承担交货后的一切风险与费用。

4. FAS

（1）FAS 的含义

FAS 的全称是 Free Alongside Ship（...named port of shipment），即船边交货（指定装运港）通常称作装运港船边交货，是指卖方将货物运至指定装运港的船边或驳船内交货，并在需要办理海关手续时，办理货物出口所需的一切海关手续，买方承担自装运港船边（或驳船）起的一切费用和风险。FAS 贸易术语图解如图 4-10 所示。

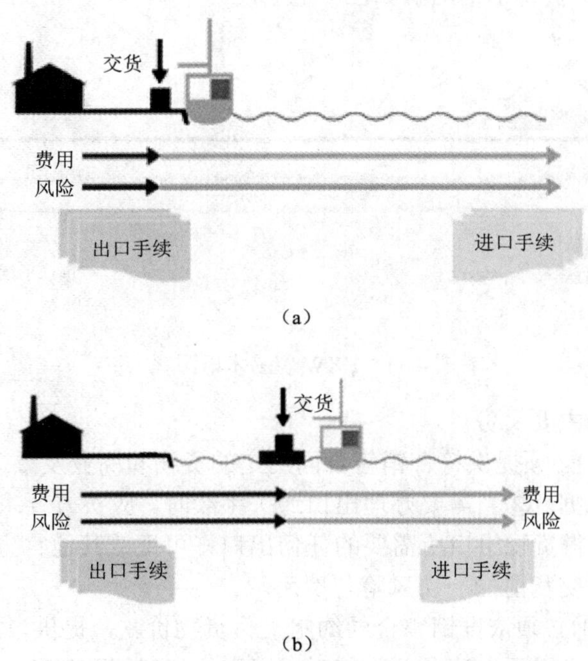

图 4-10　FAS 贸易术语图解

（2）买卖双方的主要义务

1）卖方义务。①必须提供符合销售合同约定的货物和商业发票，以及自 A1 至 A10 项中所提及的任何单据。②当需要办理出口通关手续时，卖方必须自负风险与费用，取得货物出口所需要的任何出口许可证或其他官方批准文件，并办理货物出口所需的一切通关手续。③必须在指定装运港于买方指明的装载地点，将货物放置于买方指定船舶边。④必须承担交货前的一切风险与费用。⑤必须给予买方所需的任何通知，以便买方能够采取通常必要的措施以接收货物。⑥必须自付费用提供买方能够接收货物的单据。

2）买方义务。①必须依据销售合同约定支付货物价款，提供自 B1 至 B10 项中所提及的任何单据。②当需要办理通关手续时，买方必须自负费用和风险，取得货物进口所需的任何进口许可证或其他官方批准文件，并办理货物进口及通过任何国家运输的一切通关手续。③必须自付费用订立自指定装运港起的货物运输合同。④必须将船舶名称、装载地点及时通知卖方。⑤必须接受卖方提供的运输单据。⑥必须在指定地接货，承担交货后的一切风险与费用。⑦必须自付费用订立保险合同。

5. EXW

（1）EXW 的含义

EXW 的全称是 Ex Works（...named place），即工厂交货（指定地点）。EXW 是指卖方将货物从工厂（或仓库）交付给买方，除非另有规定，卖方不负责将货物装上买方安排的车或船上，也不办理出口报关手续。买方负担自卖方工厂交付后至最终目的地的一切费用和风险。EXW 贸易术语图解如图 4-11 所示。

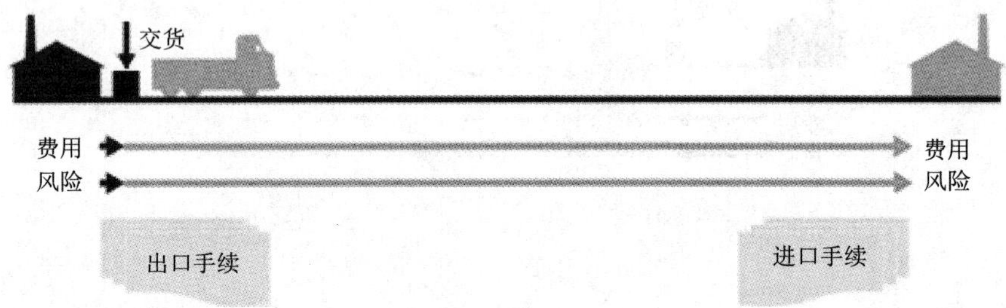

图 4-11　EXW 贸易术语图解

（2）买卖双方的主要义务

1）卖方义务。①必须提供符合销售合同约定的货物和商业发票，以及自 A1 至 A10 项中所提及的任何单据。②当需要办理出口通关手续时，应买方要求并由买方承担风险与费用，协助买方取得货物出口所需要的任何出口许可证或其他官方批准文件。③必须在指定地交货，承担交货前的一切风险与费用。

2）买方义务。①必须依据销售合同约定支付货物价款，提供自 B1 至 B10 项中所提及的任何单据。②当需要办理通关手续时，买方承担费用和风险，取得货物出口与进口所需的任何进口许可证或其他官方批准文件，并办理货物出口与进口的一切通关手续。③必须在指定地接货，承担交货后的一切风险与费用。

买方不能直接或间接办理出口清关手续时，建议买方不要使用 EXW 贸易术语。

6. FCA

（1）FCA 的含义

FCA 的全称是 Free Carrier（...named place），即货交承运人（指定地点）。FCA 是指卖方在指定地点将已经出口清关的货物交付给买方指定的承运人，完成交货。根据商业惯例，当卖方被要求与承运人通过签订合同进行协作时，在买方承担风险和费用的情况下，卖方可以照此办理。FCA 贸易术语图解如图 4-12 所示。

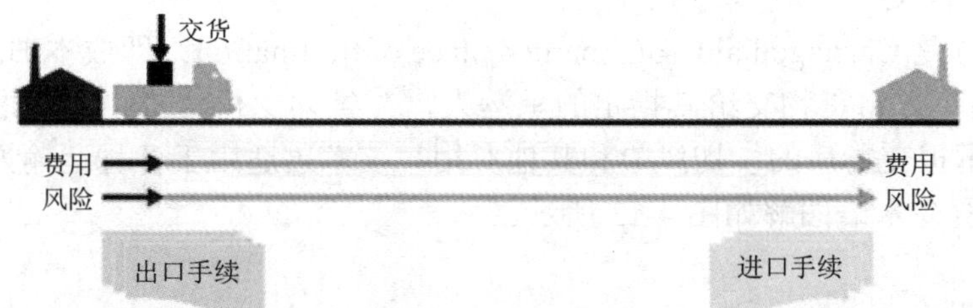

注：若交货地点在卖方所在地（seller's premises），则卖方负责装货（买方安排的运输工具）。

（a）

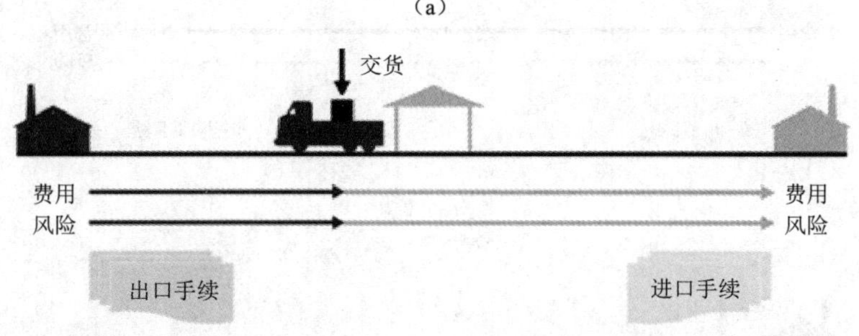

注：若交货地点在其他地方，则卖方不负责（从送货运输工具上）卸货。

（b）

图 4-12 FCA 贸易术语图解

（2）买卖双方的主要义务

1）卖方义务。①必须提供符合销售合同约定的货物和商业发票，以及自 A1 至 A10 项中所提及的任何单据。②当需要办理出口通关手续时，卖方必须自负风险与费用，取得货物出口所需要的任何出口许可证或其他官方批准文件，并办理货物出口所需的一切通关手续。③必须在指定地点将货物交给买方指定的承运人。④必须承担交货前的一切风险与费用，当需要办理出口通关手续时，卖方承担出口所需的通关手续费用与出口关税等费用。⑤在买方承担风险与费用的情况下，帮助买方取得运输单据。⑥在承运人接管货物后及时通知买方。

2）买方义务。①必须依据销售合同约定支付货物价款，提供自 B1 至 B10 项中所提及的任何单据。②当需要办理通关手续时，买方必须自负费用和风险，取得货物进口所需的任何进口许可证或其他官方批准文件，并办理货物进口及通过任何国家运输的一切通关手续。③必须自付费用订立自指定交货地起至目的地（港）运输合同。④必须在指定地接货，承担交货后的一切风险与费用。⑤必须自付费用订立保险合同。

在《2010 通则》中，我们假定买方和卖方之间的货物运输是由第三方承运人负责，没有考虑买方或卖方自行负责运输的情况。在采用 FCA 贸易术语时，买方也可以使用自有的运输工具收货并运输至买方场所。

7. CPT

（1）CPT 的含义

CPT 的全称是 Carriage Paid To（...named place of destination），即成本加运费付至（指定目的地），指卖方将货物交给其指定的承运人，并且须支付将货物运至指定目的地的运费，买方则承担交货后的一切风险和其他费用。该术语适用于各种运输方式，包括多式联运。CPT 贸易术语图解如图 4-13 所示。

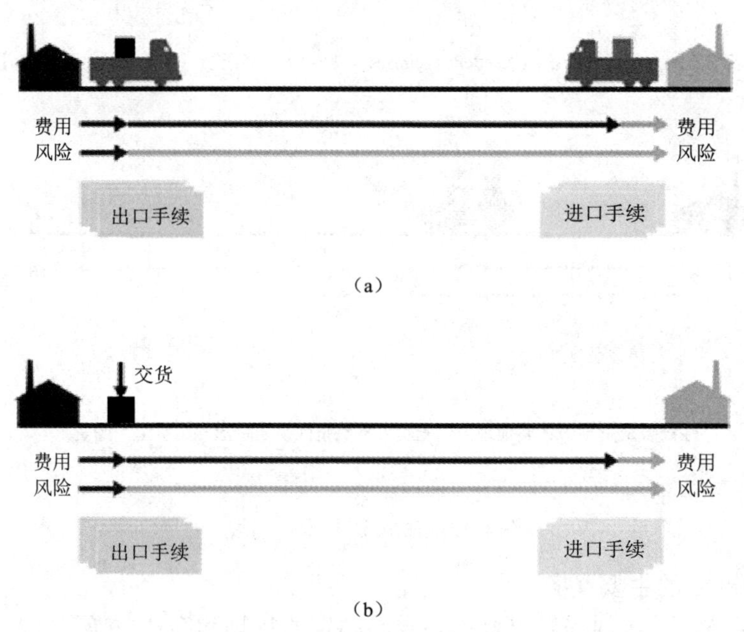

图 4-13　CPT 贸易术语图解

（2）买卖双方的主要义务

1）卖方义务。①必须提供符合销售合同约定的货物和商业发票，以及自 A1 至 A10 项中所提及的任何单据。②当需要办理出口通关手续时，卖方必须自负风险与费用，取得货物出口所需要的任何出口许可证或其他官方批准文件，并办理货物出口所需的一切通关手续。③必须自付费用订立自指定交货地起至目的地（港）运输合同。④必须于约定日期或期限内，将货物交给承运人。⑤必须承担交货前的一切风险与费用，当需要办理出口通关手续时，卖方承担出口所需的通关手续费用与出口关税等费用。⑥必须通知买方已交付货物。⑦必须自负风险和费用向买方提供运输单据。

2）买方义务。①必须依据销售合同约定支付货物价款，提供自 B1 至 B10 项中所提及的任何单据。②当需要办理通关手续时，买方必须自负费用和风险，取得货物进口所需的任何进口许可证或其他官方批准文件，并办理货物进口及通过任何国家运输的一切通关手续。③必须接受卖方提供的运输单据。④必须在指定地接货，承担交货后的一切风险与费用。⑤必须自付费用订立保险合同。

8. CIP

（1）CIP 的含义

CIP 的全称是 Carriage and Insurance Paid to（...named place of destination），即运费、保险费付至（指定目的地），指卖方将货物交给其指定的承运人，支付将货物运至指定目的地的运费，为买方办理货物在运输途中的货运保险，买方则承担交货后的一切风险和其他费用。CIP 术语适用于各种运输方式，包括多式联运。CIP 贸易术语图解如图 4-14 所示。

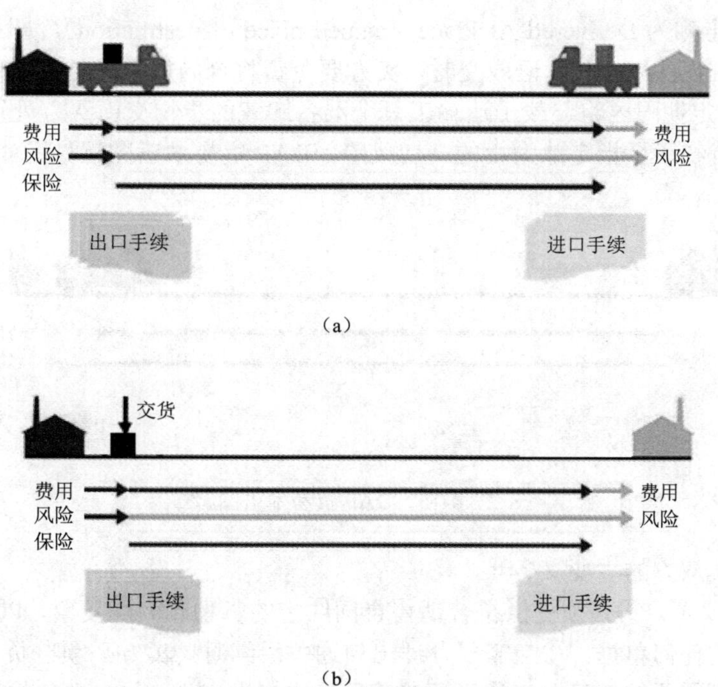

图 4-14 CIP 贸易术语图解

（2）买卖双方的主要义务

1）卖方义务。①必须提供符合销售合同约定的货物和商业发票，以及自 A1 至 A10

项中所提及的任何单据。②当需要办理出口通关手续时，卖方必须自负风险与费用，取得货物出口所需要的任何出口许可证或其他官方批准文件，并办理货物出口所需的一切通关手续。③必须自付费用订立自指定交货地起至目的地（港）运输合同。④必须于约定日期或期限内，将货物交给承运人。⑤必须承担交货前的一切风险与费用，当需要办理出口通关手续时，卖方承担出口所需的通关手续费用与出口关税等费用。⑥必须通知买方已交付货物。⑦必须自负风险和费用向买方提供运输单据。⑧必须自付费用订立保险合同。⑨必须取得符合《伦敦保险协会货物保险条款》（A）款或其他类似条款下的范围广泛的险别，而不是《伦敦保险协会货物保险条款》（C）款下的范围较为有限的险别（但是双方可以自行约定更低的险别）。

2）买方义务。①必须依据销售合同约定支付货物价款，提供自 B1 至 B10 项中所提及的任何单据。②当需要办理通关手续时，买方必须自负费用和风险，取得货物进口所需的任何进口许可证或其他官方批准文件，并办理货物进口及通过任何国家运输的一切通关手续。③必须接受卖方提供的运输单据。④必须在指定地接货，承担交货后的一切风险与费用。

9. DAP 术语

（1）DAP 的含义

DAP 的全称为 Delivered At Place（named place of destination），即目的地交货（指定目的地），当使用 DAP 术语成交时，卖方要负责将合同规定的货物按照通常航线和惯常方式，在规定期限内将装载于运输工具上准备卸载的货物交由买方处置，即完成交货，卖方负担将货物运至指定地为止的一切风险。DAP 贸易术语图解如图 4-15 所示。

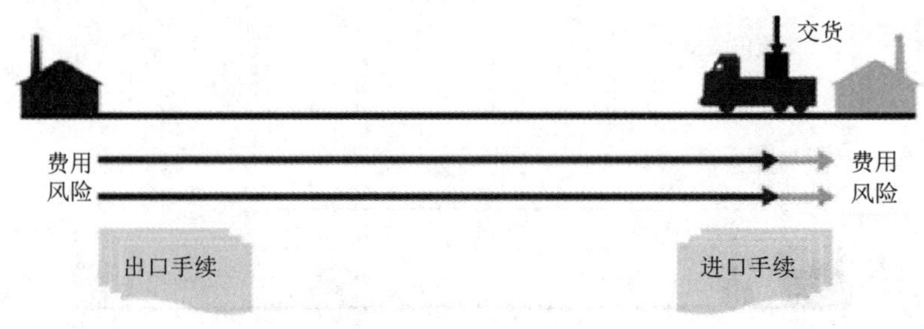

图 4-15 DAP 贸易术语图解

（2）买卖双方的主要义务

1）卖方义务。①必须提供符合销售合同约定的货物和商业发票，以及自 A1 至 A10 项中所提及的任何单据。②当需要办理出口通关手续时，卖方必须自负风险与费用，取得货物出口所需要的任何出口许可证或其他官方批准文件，并办理货物出口所需的一切通关手续。③必须自付费用签订运输合同或安排运输运至指定目的地。④必须于约定日期或期限内，在指定目的地（如果有），将货物放置于到达的运输工具上，准备卸货的货物交由买方处置。⑤必须承担交货前的一切风险与费用。⑥必须给予买方所需的任何通知，以便买方能够采取通常必要的措施以接收货物。⑦必须自付费用提供买方能够接收货物的单据。⑧对买方没有订立保险合同的义务。

2）买方义务。①必须依据销售合同约定支付货物价款，提供自 B1 至 B10 项中所提及的任何单据。②当需要办理通关手续时，买方必须自负费用和风险，取得货物进口所需的任何进口许可证或其他官方批准文件，并办理货物进口及通过任何国家运输的一切通关手续。③对卖方无订立保险合同的义务，但是，应卖方要求并由其承担风险和费用，买方必须向卖方提供卖方取得保险所需的信息。④必须接受卖方提供的运输单据。⑤必须在指定地接货，承担交货后的一切风险与费用。

《2010 通则》中，我们假定买方和卖方之间的货物运输是由第三方承运人负责，没有考虑买方或卖方自行负责运输的情况。在采用 DAP、DPU、DDP 贸易术语时，允许卖方使用自有的运输工具。

10. DPU 术语

（1）DPU 的含义

DPU 的全称是 Delivered at Place Unloaded，即运输终端交货，是指卖方在指定目的地或目的港集散站卸货后将货物交给买方处置即完成交货，卖方承担将货物运至指定目的地或目的港集散站的一切风险和费用（除进口费用外）。DPU 贸易术语图解如图 4-16 所示。

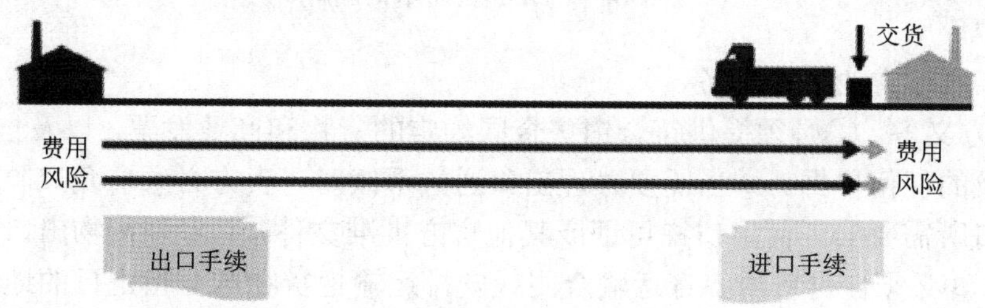

图 4-16　DPU 贸易术语图解

（2）买卖双方的主要义务

1）卖方义务。①必须提供符合销售合同约定的货物和商业发票，以及自 A1 至 A10 项中所提及的任何单据。②当需要办理出口通关手续时，卖方必须自负风险与费用，取得货物出口所需要的任何出口许可证或其他官方批准文件，并办理货物出口所需的一切通关手续。③必须于约定日期或期限内，自付费用签订运输合同或安排运输把货物运至指定目的地或指定目的地内约定交货点（若有）。④对买方没有订立保险合同的义务。

2）买方义务。①必须依据销售合同约定支付货物价款，提供自 B1 至 B10 项中所提及的任何单据。②当需要办理通关手续时，买方必须自负费用和风险，取得货物进口所需的任何进口许可证或其他官方批准文件，并办理货物进口及通过任何国家运输的一切通关手续。③对卖方无订立保险合同的义务，但是，应卖方要求并由其承担风险和费用，买方必须向卖方提供卖方取得保险所需的信息。④必须在指定地接货，承担交货后的一切风险与费用。

11. DDP 术语

（1）DDP 的含义

DDP 的全称是 Delivered Duty Paid（…named place of destination），即完税后交货（……指定目的地），是指卖方在指定的目的地办完清关手续，将在交货的运输工具上尚未卸下的货物交给买方处置，即完成交货。卖方承担将货物运至目的地的一切风险和费用，包括在需要办理海关手续时在目的地应缴纳的任何进口税费。DDP 贸易术语图解如图 4-17 所示。

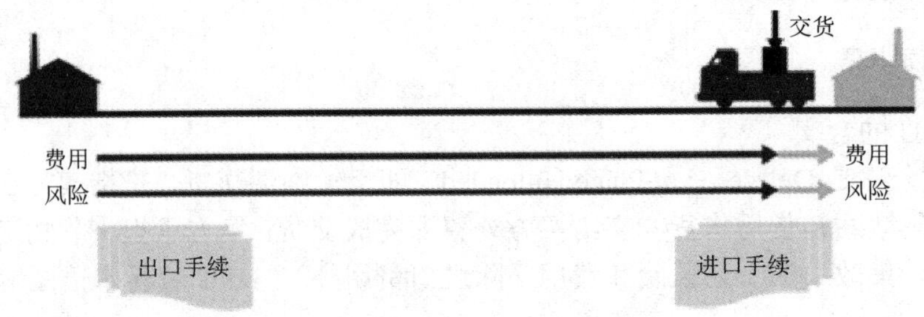

图 4-17 DDP 贸易术语图解

（2）买卖双方的主要义务

1）卖方义务。①必须提供符合销售合同约定的货物和商业发票，以及自 A1 至 A10 项中所提及的任何单据。②当需要办理出口通关手续时，卖方必须自负风险与费用，取得货物出口所需要的任何出口许可证或其他官方批准文件，并办理货物出口所需的一切通关手续。③必须自付费用签订运输合同或安排运输把货物运至指定目的地的约定地点（若有）。④必须于约定日期或期限内，在指定目的地，将货物放置于到达的运输工具上，准备卸载的货物交由买方处置。⑤必须承担交货前的一切风险与费用。⑥必须给予买方所需的任何通知，以便买方能够采取通常必要的措施以接收货物。⑦必须自付费用提供买方能够接收货物的单据。⑧对买方没有订立保险合同的义务。

2）买方义务。①必须依据销售合同约定支付货物价款，提供自 B1 至 B10 项中所提及的任何单据。②当需要办理通关手续时，买方必须应卖方请求并由卖方承担费用和风险，给予卖方协助，以取得货物进口所需的任何进口许可证或其他官方批准文件，并办理货物进口及通过任何国家运输的一切通关手续。③对卖方无订立保险合同的义务，但是，应卖方要求并由其承担风险和费用，买方必须向卖方提供卖方取得保险所需的信息。④必须接受卖方提供的运输单据。⑤必须在指定地接货，承担交货后的一切风险与费用。

《2020 通则》中的 11 种贸易术语归纳总结如表 4-5 所示。

表 4-5 《2020 通则》11 种贸易术语对照表

贸易术语		交货地点	风险转移界限	出口报关责任与费用	进口报关责任与费用	支付运费	支付保险费	适用的运输方式
国际代码	含义							
FOB	船上交货（指定装运港）	装运港	货物装上船	卖方	买方	买方	买方	海运或内河水运
CFR	成本加运费（指定目的港）	装运港	货物装上船	卖方	买方	卖方	买方	海运或内河水运
CIF	成本、保险费加运费（指定目的港）	装运港	货物装上船	卖方	买方	卖方	卖方	海运或内河水运
FAS	装运港船边交货（指定装运船）	装运港	货交装运港船边	卖方	买方	买方	买方	海运或内河水运
EXW	工厂交货（指定地点）	出口商所在地	买方受领货物	买方	买方	买方	买方	任何运输方式
FCA	货交承运人（指定交货地点）	出口国内地或港口	货交承运人监管	卖方	买方	买方	买方	任何运输方式
CPT	运费付至（指定目的地）	出口国内地或港口	货交承运人监管	卖方	买方	卖方	买方	任何运输方式
CIP	运费、保险费付至（指定目的地）	出口国内地或港口	货交承运人监管	卖方	买方	卖方	卖方	任何运输方式
DAP	目的地交货（指定目的地）	进口国指定目的地	货物交买方处置	卖方	买方	卖方	卖方	任何运输方式
DPU	目的地卸货后交货（指定目的地）	进口国指定目的地	货物交买方处置	卖方	买方	卖方	卖方	任何运输方式
DDP	完税后交货（指定目的地）	进口国指定目的地	货物交买方处置	卖方	卖方	卖方	卖方	任何运输方式

（五）价格术语的具体选择

在国际贸易中，可供买卖双方选用的价格术语有很多，由于各种价格术语都有其特定的含义，不同的价格术语，买卖双方所承担的责任、义务、风险也不同，价格术语的选择直接关系到买卖双方的经济利益。因此，选择价格术语时必须考虑以下因素。

1）选择价格术语必须体现我国的对外政策，必须按照平等互利的原则，建立在双方自愿的基础上。

2）选择双方熟悉的、对买卖双方都较为便利的价格术语，如 FOB、CIF、CFR 三种价格术语已成为各国商人经常使用的价格术语，且双方风险的划分界限是以装运港船上为界，这有利于双方履行合同。

3）选择价格术语时应考虑本国保险业和运输业的情况，出口时争取使用 CIF 术语，这有利于促进我国保险业和运输业的发展，也有助于我方做好船货衔接、按时履行合同。

4）选择价格术语时应考虑运费因素。运费在价格中占有很大的比重，因此，在选择价格术语时应事先预算运费。若运价不稳定，无法测算运费，出口时，最好使用 FOB

价，以避免运价上涨所造成的损失。若欲按 CIF 或 CFR 成交出口，应考虑运费上涨因素，或在合同内订明以现行运费率为准，超额运费由买方负担。

5）选择价格术语必须考虑国外港口装卸条件和港口惯例。各国港口装卸条件不同，装卸费和运费水平也不一样，并且某些港口还有一些习惯做法，交易中往往难以把握。如果我方进口时，国外装运港的条件较差，费用较高，则力争采用 CIF 或 CFR 术语，或者用 FOB stowed 或 FOB trimmed；出口时，如果目的港条件较差，费用较高，我方应力争用 FOB 术语成交，如果必须使用 CIF 或 CFR 术语，则应选用其变形 CIF ex ship's hold 或 CFR ex ship's hold。

6）选择价格术语时应考虑海上风险程度。在国际贸易中，出口人一般都不愿意用目的地交货类的价格术语，如 DAT、DAP、DDP；进口人一般不愿意用出口国内陆交货的价格术语，如 EXW。这主要是由于对国外情况不了解，谁都不愿冒此风险。

7）根据情况可适当选用 FCA、CIP、CPT 这三种价格术语。这三种价格术语虽然早就出现在《国际贸易术语解释通则》中，但一直没有被我国广大的进出口商所接受。主要原因是：一方面出口商对这三种贸易术语不了解、不熟悉；另一方面由于我国大部分机构无法承担"国际多式联运经营人（multi-modal transport operator，MTO）"的工作。事实上，这三种价格术语与 FOB、CFR、CIF 相比较是有一些优势的：一是减少了出口人的风险；二是加快了出单时间，出口人可以提前收汇。

总之，进出口商应结合以上各种因素及双方的经营意图，权衡利弊，选择适当的价格术语。

五、出口报价核算

（一）佣金和折扣

在合同价格条款中，有时会涉及佣金（commission）和折扣（discount）。

价格条款中所规定的价格，可分为包含佣金或折扣的价格和不包含这类因素的净价（net price）。包含佣金的价格，在业务中通常称为"含佣价"。

1. 佣金

（1）佣金的含义

在国际贸易中，有些交易是通过中间代理商进行的。中间商因介绍生意或代买代卖而需要收取一定的酬金，此项酬金叫佣金。凡在合同价格条款中，明确规定佣金的百分比，叫作"明佣"。如果不标明佣金的百分比，甚至连"佣金"字样也不标示出来，有关佣金的问题由双方当事人另行约定，这种暗中约定佣金的做法，叫作"暗佣"。佣金直接关系到商品的价格，货价中是否包括佣金和佣金比例的大小，都影响着商品的价格。显然，含佣价比净价要高。正确运用佣金，有利于调动中间商的积极性和扩大交易。

（2）佣金的规定办法

在商品价格中包括佣金时，通常应以文字来说明。例如："每公吨 200 美元 CIF 旧金山，包括 2%佣金”（US＄200 per M / T CIF San Francisco including 2% commission）。也可在贸易术语上加注佣金的缩写英文字母“C”和佣金的百分比来表示。例如：“每公吨 200 美元 CIFC2%旧金山”（US＄200 per M/T CIF San Francisco including 2% commission）。商品价格中所包含的佣金，除用百分比表示外，也可以用绝对数来表示。例如：“每公吨付佣金 25 美元”。若中间商为了从买卖双方获取“双头佣金”，则另按双方暗中达成的协议支付。佣金的规定应合理，其比率一般掌握在 1%～5%，不宜偏高。

（3）佣金的计算

多数情况下，以何种价格术语成交，就以何种价格为基础计算佣金。计算佣金的公式如下：

单位货物佣金额＝含佣价×佣金率

净价＝含佣价－单位货物佣金额

上述公式也可写成：

净价＝含佣价×（1－佣金率）

假如已知净价，则含佣价的计算公式应为

含佣价＝净价÷（1－佣金率）

在这里，值得注意的是，如果在洽商交易时，我方报价为 10 000 美元，对方要求 3%的佣金，在此情况下，我方改报含佣价，按上述公式算出应为 10 309.3 美元，这样才能保证实收 10 000 美元。

（4）佣金的支付

佣金的支付一般有两种做法：一种是由中间代理商直接从货价中扣除佣金；另一种是在委托人收清货款之后，再按事先约定的期限和佣金比率，另行付给中间代理商。在支付佣金时，应防止错付、漏付和重付等事故发生。

案例 4-19

我国某公司出口商品报价为：USD300 CFRC3% NEW YORK。计算 CFR 净价和佣金各为多少？若对方要求将佣金增加到 5%，我方同意，但出口净收入不变则 CFRC5%应如何报价？

案例 4-19 分析

2. 折扣

（1）折扣的含义

折扣是指卖方按原价给予买方一定百分比的减让。凡在价格条款中明确规定折扣率的，叫作“明扣”；凡交易双方就折扣问题已达成协议，而在价格条款中却不明示折扣率的，叫作“暗扣”。折扣直接关系到商品的价格，货价中是否包括折扣和折扣率的大小，都影响着商品价格，折扣率越高，则价格越低。折扣如同佣金一样，都是市场经济的必然产物。正确运用折扣，有利于调动采购商的积极性和扩大销路，在国际贸易中，它是加强对外竞销的一种手段。

（2）折扣的规定办法

折扣通常在合同价格条款中用文字明确表示出来。例如："CIF 伦敦每公吨 200 美元，折扣 3%"（US＄200 per Metric ton CIF London including 3% discount）。此例也可这样表示："CIF 伦敦每公吨 200 美元，减 3%折扣"（US＄200 per Metric ton CIF London less 3% discount）。此外，折扣也可以用绝对数来表示，如"每公吨折扣 6 美元"。

（3）折扣的计算与支付方法

折扣通常是以成交额或发票金额为基础计算出来的。例如，CIF 伦敦，每公吨 2 000 美元，折扣 2%，卖方的实际净收入为每公吨 1 960 美元。其计算方法如下：

单位货物折扣额＝原价（或含折扣价）×折扣率

卖方实际净收入＝原价－单位货物折扣额

折扣额一般是在买方支付货款时预先予以扣除。也有的折扣额不直接从货价中扣除，而按暗中达成的协议另行支付给买方，这种做法通常在给"暗扣"或"回扣"时采用。

（二）FOB、CIF、CFR 三种贸易术语价格之间的换算

1）FOB 价换算为 CFR 价的公式：

CFR＝FOB＋F（运费）

2）FOB 价换算为 CIF 价的公式：

CIF＝FOB＋F（运费）＋I（保险费）

案例 4-20

我国某公司欲出口商品一批，对外报价每公吨 1 300 美元 CIFC3%纽约，外商要求改报 CFRC5%纽约价，已知保险按报价 110%投保，保险费率：基本费率 0.8%，附加费率 0.3%。在保持卖方净收入不变的情况下，试求改报为 CFRC5%纽约价。

案例 4-20 分析

（三）出口价格核算

价格核算是出口业务的关键环节，它直接关系到交易磋商的成败和买卖双方的利益，因此，只有掌握出口价格核算，才能保证所报价格的准确与合理。

国际贸易中的出口价格主要由成本、费用和利润三部分构成。

（1）成本（cost）

成本是整个价格的核心。一般来说，我们掌握的成本是购货成本或含税成本，即包含增值税。但我国为了降低出口商品的成本，增强产品在国际市场上的竞争能力，对出口商品采取增值税全部或部分退还的做法。在实施出口退税制度的情况下，在核算出口商品价格时，就应该将含税的采购成本中的税收部分根据出口退税比率予以扣除，从而得出实际采购成本，即

实际采购成本＝含税成本－退税收入

$$退税收入=含税成本\times出口退税率\div(1+增值税率)$$

由此得出实际采购成本的计算公式：

$$实际采购成本=含税成本\times[1-出口退税率\div(1+增值税率)]$$

（2）费用（expenses，charges）

出口价格中费用的核算最为复杂，主要有国内费用和国外费用两部分。国内费用有加工整理费用、包装费用、保管费用（包括仓租费、火险费等）、国内运输费（仓库至码头）、证件费用（包括商检费、公证费、领事签证费、产地证费、许可证费、报关单费等）、装船费（装船、起吊费和驳船费等）、银行费用（贴现利息、手续费等）、预计损耗（耗损、短损、漏损、破损、变质等）、邮电费（电报、电传、邮件等费用）。国外费用主要有国外运费（自装运港至目的港的海上运输费用）、国外保险费（海上货物运输保险），如果有中间商，还包括支付给中间商的佣金。

（3）预期利润（expected profit）

预期利润指卖方的预期利润，一般以成交额为基数计算。

案例 4-21

渤海水产有限公司收到日本河野株式会社求购 17 吨冷冻水产（计一个 20 英尺集装箱）的询盘，要求报出包含客户 3%佣金的 FOB 上海、CFR 以及 CIF 神户的美元出口单价。

案例 4-21 分析

成本：采购价格为每吨 5 600 元人民币（含增值税 17%）；出口冷冻水产的退税率为 3%。

费用：出口包装费每吨 500 元；该批货物的国内运杂费共计 1 200 元，商检报关费 400 元，港区港杂费 950 元，公司业务费用共计约 1 000 元，其他费用共 500 元；向银行贷款的年利率为 8%，预计贷款时间 2 个月；银行手续费为 0.5%；海洋运输至日本神户一个 20 英尺冷冻集装箱的包箱费是 2 200 美元；客户要求按成交价格的 110％投保，保险费率为 0.85%。

利润：预期利润率是成交价格的 10%。

人民币对美元汇率为 6.8∶1。

任务评价

同 步 训 练

实训项目：

1. 以下是中国义乌鹏达贸易公司（出口商）的对外报价，请纠正错误。

① 每打 25 元 CIF 上海。

② 每公吨 1 000 美元 FOB 伦敦。

③ 每箱 80 欧元 CIFC 马赛。

④ 500 美元 CIF 鹿特丹减 1%折扣。

⑤ 每包 CFR 上海 25 港币。

2. 翻译以下价格条款。

① 每码 14 人民币元 CFR 纽约。

② 每听 8 欧元 FOB 上海港减 1%的折扣。

③ 每公吨 3 500 日元，成本加运保费至东京，以毛作净。

④ 每打 25 美元 CIF 鹿特丹含 5%的佣金。

⑤ 每件 1 000 港元 CIF 香港。

备注：上列价格为暂定价，于装运月份 15 天前由买卖双方另行协商确定价格。

思考与练习

一、选择题

1．国际商会于（　　）年发布第一个版本的国际贸易术语解释通则。

A．1936　　B．1911　　C．2000　　D．1928

2．根据《2020 通则》的规定，EXW 术语下，交货地点的装货责任（若有），由（　　）承担。

A．承运人　　B．买卖双方另行协商

C．卖方　　D．买方

3．FAS 术语下，如果交货时间在枯水季节，船舶在指定的装运港无法靠岸，用驳船将货物运至船边的费用由（　　）承担。

A. 买方　　B. 承运人　　C. 卖方　　D. 港口管理人

4．一个完整的单价条款包括（　　）

A. 贸易术语　　B. 币种　　C. 价格　　D. 计价单位

5．在我国从德国进口商品过程中，使用的货币最好是（　　）。

A. 汇率保持持续攀升趋势的货币，即硬货币

B. 汇率保持持续下跌趋势的货币，即软货币

C. 双方未同意采用的第三国货币

D. 不可自由兑换的货币

E．没有区别

6．下列是我国某公司业务员的进口报价，（　　）才是正确的。

A．USD58/per metric ton CIF London

B．USD58/per metric ton FCA Shanghai

C．USD58/per metric ton FOB London

D．USD58/per metric ton CIF Shanghai

E．USD58/per metric ton FCA liner terms London

二、判断题

1. Incoterms 是 International Commercial Terms 的缩写，我国翻译为国际贸易术语解释通则，仅适用于国际贸易，不能适用于国内贸易。（ ）

2. 根据《2020 通则》的规定，DAP 术语下，卖方须在进口国指定地点交货，进口清关也由卖方负责。（ ）

3. 根据《2020 通则》的规定，DDP 术语下，增值税或其他应付的进口税费，均由卖方承担。（ ）

4. 根据《2020 通则》的规定，CIP 术语下，若买方没有特别要求，卖方只需要投保最低险别。（ ）

5. CFR 术语后面跟随的是目的港，也就是交货地点。（ ）

6. FOB 术语不适合用于集装箱运输。（ ）

三、案例分析题

某俄罗斯客户向东北地区某出口商订购一批产品，在 DAP 术语下走铁路运输到俄罗斯某地，货物到站并卸货后，买方发现卖方未支付卸货费用，且货物数量有短装，于是买方通知卖方，要求在货款中扣除卸货费用和短装金额，卖方出示一系列单据证明自己按量交货，怀疑是运输途中货物被盗窃，拒绝买方扣钱的要求并让买方自行向运输公司索赔。

思考：

1）根据《2020 通则》，买方要求卖方支付卸货费，是否合理？

2）运输途中的货物盗窃应该由谁向运输公司索赔？

3）如果是 CIF 术语，海运过程中的货物损失由谁索赔？

4）如果是 DPU 或 DDP 术语，买方要求卖方支付卸货费，是否合理？运输途中的货物盗窃应该由谁向运输公司索赔？海运过程中的货物损失由谁索赔？

任务评价答案 4-6

订立国际贸易合同的装运条款

任务要求

掌握国际货物运输方式；熟悉装运条款的内容及规定各项内容时应注意的问题；了解海运提单的含义、性质和作用及海运提单的种类；学会正确拟定国际贸易合同的装运条款。

导入案例

我某出口公司按 CFR 条件向日本出口红豆 250 吨，合同规定卸货港为日本口岸。发货时，正好有一船驶往大阪，我公司打算租用该船。但在装运前，我方主动去电询问哪个口岸卸货，时值货价下跌，日方故意让我方在日本东北部的一个小港卸货，我方坚持要在大阪神户港卸货。双方争执不下，日方就此撤销合同。

思考：

我方做法是否合适？日本商人是否违约？

任务学习

国际贸易合同中的装运条款是买卖合同中的重要条款之一，装运条款中以海上装运条款为常用。这种装运条款通常包括装运时间、装运港或装运地、目的港或目的地，以及分批装运和转运等内容，有的还规定卖方应予交付的单据和有关装运通知的条款，如“2010 年 5 月装运，由上海至伦敦。卖方应在装运月份前 45 天将备妥货物可供装船的时间通知买方，允许分批装运和转船（Shipment from Shanghai to London during May 2010. The Sellers shall advise the Buyers 45 days before the month of shipment of time the goods will be ready for shipment. Partial shipments and transhipment allowed）”。

一、运输方式

（一）海洋运输

海洋运输因其运费相对较低、对货物几乎没有限制的特点，占据了全球 80%的国际贸易量。海洋运输可以分为班轮运输和租船运输。

1. 班轮运输

（1）定义

班轮运输（liner transport）是在固定的航线上，以既定的港口顺序，按照事先公布的船期表航行的水上运输方式。班轮运输有两种方式，其中一种是杂货班轮运输。这种班轮运输的特点是货物不装在集装箱内，运输的货物以件杂货为主，也可以是一些散货、重大件货物等。20 世纪 60 年代以后，随着集装箱运输的发展，班轮运输中出现了以集装箱为运输单元的集装箱运输班轮方式。到 90 年代后期，集装箱班轮运输如图 4-18 所示已逐渐取代了传统的杂货班轮运输。

图 4-18 集装箱班轮运输

（2）班轮运输的特点

1）“四固定”，指班轮公司有固定航线、固定停靠港口、固定船期、按照相对固定的运费率收取运费。

2）班轮运价包括装卸费用，即货物由承运人负责配载装卸，承托双方不计滞期费和速遣费。

3）承运双方的权利义务和责任豁免以签发的提单为依据，并受统一的国际公约的制约。

4）班轮承运货物的品种、数量比较灵活，货运质量较有保证，且一般采取在码头仓库交接货物，货物交接比较便利。

（3）班轮运费

班轮运费由基本运费和运费附加费两部分组成。基本运费是对任何一种托运货物计收的运费；附加运费则是根据货物种类或不同的服务内容，视不同情况而加收的运费。

1）基本运费（basic freight）。基本运费是指对每批货物所应收取的最基本的运费，由基本运价和计费吨的计算而得出。确定费率的主要因素是各种成本的支出，主要有船舶的折旧或租金、燃油、修理费、港口使用费、管理费、人员工资等。市场供求关系也是影响费率的一大主要因素。

2）附加运费（additional freight）。附加运费名目繁多，通常有以下几种。

① 燃油附加费。这是由于燃油价格上涨，船舶的燃油费用支出超过原核定的运输成本中的燃油费用，承运人在不调整原定运价的前提下，为补偿燃油费用的增加而加收的附加费。

② 货币贬值附加费。这是由于国际金融市场汇率发生变动，计收运费的货币贬值，承运人的实际收入减少，为了弥补货币兑换过程中的汇兑损失而加收的附加费。

③ 港口拥挤附加费。这是由于港口拥挤，船舶抵港后需要长时间等泊而产生额外的费用，为补偿船期延误损失而加收的附加费。

④ 港口附加费。这是由于港口装卸效率低，或港口使费过高，或存在特殊的使费（如进出港要通过闸门等）都会增加承运人的运输经营成本，承运人为了弥补这方面的损失而加收的附加费。

⑤ 转船附加费。这是指运输过程中货物需要在某个港口换装另一船舶运输时，承

运人加收的附加费。

⑥ 超长附加费。这是指由于单件货物的外部尺寸超过规定的标准，运输时需要特别操作，从而产生额外费用，承运人为补偿这一费用所计收的附加费。一般长度超过9米的杂货就可能有这一附加费。

⑦ 超重附加费。这是指每件货物的毛重超过规定重量时所加收的附加运费。通常承运人规定货物重量超过5吨时就要加收超重附加费。

⑧ 直航附加费。托运人要求承运人将其托运的货物从装货港，不经过转船而直接运抵航线上某一非基本港时所加收的附加费。

⑨ 选港附加费。即选择卸货港所增加的附加费。由于买卖双方贸易的需要，有些货物直到装船时仍不能确定最后卸货港，要求在预先指定的两个或两个以上的卸货港中，待船舶开航后再做选定。这样，就会使整船货物的积载变得困难，甚至会造成舱容的浪费。另外，选择的卸货港所选定的港口必须是该航次挂靠的港口。在集装箱班轮运输中，选择卸货港已很少被船公司接受。

除了上述各种附加费外，还有变更卸货港附加费、绕航附加费、旺季附加费、超额责任附加费等。

3）计费标准。

① 按重量计收，用W表示。

② 按体积、容积计收，用M表示。

③ 按重量、尺码计收，选择其中较高者计算运费，用W/M表示。

④ 从价计收，按货物FOB价收取一定的百分比作为运费，称为从价运费，用AV表示或“ad.val.”表示。

⑤ 综合计收，用“W/M or ad.val.”表示（即在重量、尺码、价格中选最高的收取）。

⑥ 按计件计收（汽车按辆，牲口按头计收）。

⑦ 议价计收（主要针对货价比较低、运量大、容易装卸的农副产品和矿产品，如粮食、豆类、矿石、煤炭等）。

⑧ 按货物重量或尺码选择其高者，再加上从价运费计算，以“W/M plus ad.val.”表示。

4）件杂货物（散货）运费计算。

① 选择相关的运价本（运价表），其示例见表4-6。

表4-6　运价表示例

<table>
<tr><td colspan="2">中远集团第一号运价表
COSCO GROUP TRAIFF NO.1</td></tr>
<tr><td>中国—日本航线集装箱费率表
CHINA—JAPAN CONTAINER SERVICE</td><td>美元
IN USD</td></tr>
<tr><td colspan="2">上海—神户，大阪，名古屋，横滨，四日市，门司
SHANGHAI—KOBE，OSAKA，NAGOYA，YOKOHHAMA，YOKKAICHI，MOJI</td></tr>
<tr><td>宁波—神户，横滨
NINGBO—KOBE，YOKOHAMA</td><td>温州—横滨
WENZHOU—YOKOHAMA</td></tr>
</table>

续表

等级 CLASS	LCL W/M	CY/CY 20"	 40"
1～7	55.00	770.00	1 460.00
8～10	58.00	820.00	1 560.00
11～15	61.00	870.00	1 650.00
16～20	64.00	920.00	1 750.00
CHEMICALS.N.H.	61.00	870.00	1 650.00
SEMI-HAZARDOUS	68.00	1 200.00	2 280.00
HAZARDOUS		1 650.00	3 100.00
REEFER		2 530.00	4 800.00

② 根据货物名称，在货物分级表中查到运费计算标准（BASIS）和等级（CLASS），见表 4-7。

表 4-7　部分货物等级表

货名 COMMODITIES	费率等级 CLASS	计费标准 BASIS
童车	9	M
轮胎	7	M
丝织品	17	M
搪瓷器皿	9	W/M
医疗设备	10	W/M
地砖	7	W
千斤顶	10	W

③ 在等级费率表的基本费率部分，找到相应的航线、启运港、目的港，按等级查到基本运价。

④ 再从附加费部分查出所有应收（付）的附加费项目和数额（或百分比）及货币种类。

⑤ 根据基本运价和附加费算出实际运价。

⑥ 班轮运费＝总货运量×基本运费率×（1＋附加费率）。

案例 4-22

我公司出口某国家商品 1 000 箱，每箱体积 40 厘米×30 厘米×20 厘米，毛重为 30 千克。经查，该商品计费标准为 W/M，等级为 10 级，每吨运费率为 200 港元。另查得知，该国要加收港口附加费 20%。问：我公司应付轮船公司多少运费？

案例 4-22 分析

5）集装箱班轮运费的计算。

① 拼箱货（less than container load，LCL）按普通班轮运费的计算方法计算。

② 整箱货（full container load，FCL）采用包箱费率计算。

包箱费率以每个集装箱为计费单位，常见的包箱费率有以下三种形式：FAK（freight

for all kinds）包箱费率，即不分货物种类，但也不计货量，只规定统一的每个装箱收取的费率，其示例见表 4-8；FCS（freight for class）包箱费率，即按不同货物等级制定的包箱费率，其示例见表 4-9；FCB（freight for class & basis）包箱费率，即按不同货物等级或货物差别以及计算标准制定费率。

表 4-8 中国—欧洲航线集装箱费率表（FAK 包箱费率）

×××第××号运价表									
Page									
Rev:									
Kfft.Date									
Corr.No.									
中国—欧洲航线集装箱费率表 CHINA—EUROPE CONTAINER SERVICE					美元 IN USD				
上海、新港、大连、青岛—鹿特丹、汉堡、费力克斯托、安特卫普、勒哈佛 SHANGHAI, XINGANG, DALIAN, QINGDAO—ROTTERDAM, HAMBUGER, FELIXSTOWE, ANTWERP, LE HAVRE									
等级（CLASS）	黄浦直达 HUANGPU（DIRECT）			厦门、湛江（经香港转船）XIAMEN, ZHANJIANG（VIA HONGKONG）			温州、海门、宁波（经香港转船）WENZHOU, HAIMEN, NINGBO（VIA HONGKONG）		
	LCL W/M	CY/CY 20 英尺	CY/CY 40 英尺	LCL W/M	CY/CY 20 英尺	CY/CY 40 英尺	LCL W/M	CY/CY 20 英尺	CY/CY 40 英尺
1～20	105.00	1 550.00	3 000.00	125.00	1 950.00	3 700.00	140.00	2 200.00	4 200.00
一般化工品 CHEMICALS.N.H.	105.00	1 550.00	3 000.00	125.00	1 950.00	3 700.00	140.00	2 200.00	4 200.00
半危险品 SEMI-HAZARDOUS	105.00	2 350.00	4 450.00	170.00	2 750.00	5 250.00	173.00	2 800.00	5 350.00
全危险品 HAZARDOUS		3 050.00	5 800.00		3 450.00	6 550.00			
冷藏货物 REEFER		3 250.00	5 400.00		3 850.00	6 100.00		3 850.00	6 300.00

注：1）黄浦经香港转船出口欧洲货物其费率在直达费率基础上加 USD150/20 英尺或 USD300/40 英尺或 USD8.00/英尺。黄浦始发的欧洲货物班轮不靠 LE HAVRE 港。黄浦出口 LE HAVRE 货物须经香港转船，其运货按香港转船费率计收。

2）福州经香港转船出口欧洲其费率在厦门、湛江费率基础上加 USD50/20 英尺或 USD100/40 英尺或 USD3.00/英尺。

表 4-9 中国—欧洲航线集装箱费率表（FCS 包箱费率）

×××第××号运价表					
Page					
Rev:					
Efft. date					
Corr. No.					
中国—欧洲航线集装箱费率表 CHINA—EUROPE CONTAINER SERVICE			美元 IN USD		
上海、新港、大连、青岛—鹿特丹、汉堡、费力克斯托、安特卫普、勒哈佛 SHANGHAI, XINGANG, DALIAN, QINGDAO-ROTTERDAM, HAMBURG, FELIXSTOWE, ANTWERP, LE HAVRE					
等级（CLASS）	直达 DIRECT			经香港或上海、新港转船 TRANSHIPMENT VIA HONGKONG OR SHANGHAI, XINGANG		
	LCL W/M	CY/CT 20 英尺	CY/CT 40 英尺	LCL W/M	CY/CY 20 英尺	CY/CY 40 英尺

续表

1～8 9 10～11 12～20	120.00 125.00 130.00 135.00	1 850.00 3 500.00 1 950.00 3 700.00 2 050.00 3 900.00 2 150.00 4 100.00	130.00 135.00 140.00 145.00	2 050.00 3 900.00 2 150.00 4 100.00 2 250.00 4 300.00 2 350.00 4 500.00
一般化工品 CHEMICALS.N.H 半危险品 SHMI-HAZARDOUS 全危险品 HAZARDOUS 冷藏货物 REEFER	130.00 148.00	2 050.00 3 900.00 2 650.00 5 050.00 3 300.00 6 300.00 3 850.00 6 100.00	140.00 158.00	2 250.00 4 300.00 2 850.00 5 450.00 3 500.00 6 700.00 4 050.00 6 500.00

案例 4-23

某托运人通过中远集装箱公司承运货物，两个 20 英尺的集装箱，采用包箱费率，从上海某港出口到法国勒哈佛港。并加收货币贬值附加费 10%、燃油附加费 5%。查表 4-8 可知，从黄浦港到勒哈佛港，须经香港转船，运费为直达基础上加 USD150/20 英尺。从黄浦港出口直达费率为 1550USD/20 英尺。问：需要付多少运费？

案例 4-23 分析

2. 租船运输

租船运输（charter transport）是根据协议，租船人向船舶所有人租借船舶用于货物运输，并按商定运价，向船舶所有人支付运费或租金的运输方式。大宗货物利用租船进行运输有利于节约运费开支、降低成本。

租船方式有定期租船和定程租船两种。定期租船指在一定的期限内，船东根据一定的合同要求将船出租给租船人使用。在此期限内，租船人对船只进行自行调度及经营。定期租船合同一般只规定船只行驶的区域而不规定船只的航线及停靠港口。船只的维修由船东负责。运费按每月每载重吨计算。定期租船合同不需要规定装卸率和滞期速遣条款。

定程租船又称程租船或按航次租船，是按照航程来出租的方式。定程租船一般运输价值较低的货物如矿产品、粮食、茶叶等大宗货物。程租船的装卸港口、航线及航行船期由船东和租船人协商决定。定程租船合同需要规定装卸率和滞期速遣条款。港口的装卸费用承担有几种方式：①船方不负担装卸费（free in and out，FIO）；②船方负担装卸费（liner terms）；③船方只负担装货费，而不负担卸货费（free out，FO）；④船方只负担卸货费，而不负担装货费（free in，FI）。

定期租船和定程租船主要的区别有以下两点。

1）在定程租船方式下，船方除负责船舶的日常经营管理外，还要负责将货物运送到合同规定的目的港；而在定期租船方式下，船方仅负责对船舶的日常养护和保证船员的工资与给养，至于船舶的调度、货物的运输，以及在租期内因运营管理所产生的其他费用支出一概由租船人负责。

2）在定程租船方式下，要规定装卸期限和装卸率，用以计算滞期费和速遣费；而在定期租船方式下则无须规定此内容。

（二）航空运输

航空运输的优点是运输速度快，运行时间短，发生货损的风险小，不受河海和道路的限制，节省包装、保险和储存的费用；缺点是运量有限、运费较高。

航空货物运输的方式很多，有班机、包机、集中托运和航空急件传送等。班机有固定航线和固定的停靠航站，又能定期开航，准确到达世界各地，所以使用最广泛。包机分为整包和分包两种。集中托运方式指由航空代理机构把若干批单独发运的货物组成一整批向航空公司集中托运的方式。航空货运代理填写一张总运单发运到同一目的地，再对每一个委托人另外签发一份运单用于结算货款。航空急件是由一个专门经营这项业务的机构与航空公司合作，设专人用最快速度在发货人、机场和收货人之间传送。有名的国际快递公司有 DHL（中外运-敦豪国际航空快件有限公司）、FedEx（联邦快递）、TNT（Thomas National Transport Express）、UPS（美国联合包裹运送服务公司）。

航空运费的计收通常是按重量或体积计算，以其中收费较高者为准。

（三）铁路运输

铁路运输具有运行速度快、载运量较大、受气候影响较小、准确性和连续性强等优点。在国际贸易中，铁路运输在国际货运中的地位仅次于海洋运输。我国对外贸易货物使用铁路运输可分为国内铁路运输和国际铁路联运两部分。运往港澳地区的货物由内地利用铁路运往香港九龙，或运至广州南部转船至澳门，即属国内运输。国际铁路货物联运是指两个或两个以上国家，按照协定，利用各自的铁路，联合起来完成一票货物的全程运输的方式。它使用一份统一的国际联运票据，由一国铁路向另一国铁路移交货物时，无须发货人与收货人参加，铁路当局对全程运输负连带责任。

国际铁路货物联运的有关当事国事先必须有书面约定才能协作进行货物的联运工作。相关的国际条约主要有两个。其一是《国际铁路货物运送公约》（简称《国际货约》），它是欧洲各国政府批准的有关国际铁路货物联运的规定、制作和组织机构的公约。其二是《国际铁路货物联运协定》（简称《国际货协》），它是苏联、保加利亚、匈牙利、罗马尼亚、波兰、捷克和民主德国于 1951 年签订的。1954 年中国、朝鲜、蒙古也参加了该协定，越南于 1956 年参加了该协定。

国际铁路联运既适用于原“货协”或“货约”国家之间的运输，也适用于“货协”至“货约”国家之间的顺向或反向的货物运输。我国各铁路货运车站均可办理国际铁路货物联运。目前，我国负责国际铁路联运进出口集装箱货物总承运人和总代理人的是中国对外贸易运输总公司。在 1992 年，东起我国连云港，途经陇海、兰新、北疆铁路进入独联体直达荷兰鹿特丹的第二条亚欧大陆桥运输的正式营运，更进一步加快了货运速度，节省了运杂费用，更进一步地促进了我国对外贸易的发展。

（四）集装箱运输

集装箱运输（container transport），是以集装箱作为运输单位进行货物运输的一种现代化的先进的运输方式。它不仅适用于海洋运输、铁路运输及国际多式联运等，还适用于“门到门”交货的成组运输，是成组运输的高级形式，也是国际贸易运输高度发展的必然产物。目前，它已成为国际上普遍采用的一种重要的运输方式。

采用集装箱运输货物时，集装箱的装箱方式有整箱货和拼箱货之分。凡装货量达到每个集装箱容积之75%的或达到每个集装箱负荷量之95%的即为整箱货，由货主或货运代理自行在工厂装箱后，以箱为单位向承运人进行托运；凡货量达不到上述整箱标准的，则要拼箱托运，即由货主或货运代理将货物从工厂送交集装箱货运站（container freight station，CFS）后，运输部门按货物的性质、目的地分类整理，然后将去同一目的地的货物拼装成整箱后再发运。

整箱货和拼箱货的交接方式也是不同的，主要的交接方式有“场到场”（CY to CY）和“站到站”（CFS to CFS）两种。整箱货由货方在工厂或仓库进行装箱，货物装箱后直接运交集装箱堆场（container yard，CY）等待装运。货到目的港（地）后，收货人可以直接从目的港（地）的集装箱堆场提货，而不用到码头去提货，此即“场到场”的方式。

拼箱货由于货量不足一整箱，因此，需要由承运人在集装箱货运站负责将不同发货人的运往同一目的港的货物拼装在一个集装箱内，货到目的港（地）后，再由承运人在货运站拆箱分拨给不同的收货人，即“站到站”的方式。

需要说明的是，集装箱上都事先印有固定的编号，装箱后用来封闭箱门的钢绳铅封上印有号码。集装箱号码和封印号码可以取代运输标志，显示在主要出口单据上，成为运输中的识别标志和货物特定化的记号。

（五）国际多式联运

国际多式联运是指按照多式联运合同，以至少两种不同的运输方式，由多式联运经营人将货物从一国境内接收货物的地方运往另一国境内指定交付货物的地点。国际多式联运构成的条件主要有：①必须有一个多式联运合同，必须使用一份包括全程的多式联运单据；②必须至少使用两种不限运输方式的连贯运输；③必须是国际上的货物运输；④必须由一个多式联运经营人对全程运输总负责；⑤必须是全程单一的运费费率。

（六）公路、内河、邮包和管道运输

1. 公路运输

公路运输（road transport）是一种现代化运输方式，也是车站、港口和机场集散进出口货物的重要手段。它具有机动灵活、速度快、方便等特点，尤其是在“门到门”运输中，更离不开公路运输。但其载货量有限，运输成本高，容易造成货损事故。

公路运输适于同周边国家的货物输送，我国内地同港、澳地区的部分货物运输也是通过公路运输。

2. 内河运输

内河运输（inland water transport）是水上运输的重要组成部分，它是连接内陆腹地与沿海地区的纽带，在运输和集散进出口货物中起着重要的作用。与公路运输相比，内

河运输利用天然航道，投入小，而且对环境的污染也较小。

我国长江、珠江等一些港口已对外开放，同一些邻国还有国际河流相通，这为我国外贸物资通过河流运输和集散提供了有利条件。

3. 邮政运输

邮政运输（parcel post transport）是一种简便的运输方式。国际上各国邮政部门之间相互签订协定和《万国邮政公约》，通过这些协定和公约，邮件的传递可互相以最快的方式传递，从而形成一个全球性的邮政运输网络。国际邮包运输具有国际多式联运和“门到门”运输的性质，手续简便、费用不高。

邮包运输包括普通邮包和航空邮包两种。国际邮包运输业务对邮包的重量和体积均有限制，如每包裹重量不得超过 20 千克，长度不得超过 1 米。因此，邮包运输只适用于量轻、体小的货物，如精密仪器、药品、金银首饰等。

4. 管道运输

管道运输（pipeline transport）是一种特殊的运输方式，主要适用于运送液体、气体货物，如石油、天然气等，具有固定投资大、建成后成本低的特点。

（七）大陆桥运输

大陆桥运输（land bridge transport）是以集装箱为媒介，利用大陆上的铁路、公路为中间桥梁，把大陆两端的海洋运输连接起来，组成海—陆—海的连贯运输。这种运输方式合理地利用海陆运输条件，能缩短营运时间，降低营运成本。

世界上有以下四条大陆桥运输线。

1）美国大陆桥运输线，即利用美国贯穿东西的三条铁路干线（西雅图—芝加哥—波士顿、旧金山—芝加哥—纽约、洛杉矶—堪萨斯城—巴尔的摩），将远东地区的货物运往欧洲。

2）加拿大大陆桥运输线，即利用两条铁路干线（温哥华—温尼伯—哈利法克斯和鲁珀特港—温尼伯—魁北克），将远东地区的货物运入欧洲。

3）西伯利亚大陆桥运输线。这条大陆桥横跨欧洲和亚洲，又称第一欧亚大陆桥。该铁路东起纳霍德卡和东方港，西至莫斯科。东端可与平壤、北京、乌兰巴托相连接，西端可与赫尔辛基、斯德哥尔摩、奥斯陆、华沙、柏林、科隆、布鲁塞尔、巴黎、德黑兰相连接。通过该铁路可将远东地区的货物运往北欧、西欧、中欧、南欧及西亚各国。

4）中荷大陆桥运输线。东起我国连云港，西至荷兰鹿特丹，全长 10 800 千米，途经莫斯科、华沙、柏林等地，也称第二欧亚大陆桥或新亚欧大陆桥。

二、装运时间

装运时间（time of shipment）又称装运期，是指卖方按买卖合同规定将货物交付给买方或承运人的期限。这是合同的主要条款，如果卖方违反这一条件，则买方有权撤销合同，并要求卖方赔偿损失。履行 FOB、CIF、CFR 合同时，卖方只需要在装运港将货物装上船，取得代表货物所有权的单据，就完成交货任务。因此，装运时间和交货时间（time of delivery）是同一概念，在采用其他价格术语成交时，“装运”与“交货”是两个完全不同的概念。

（一）装运时间的规定方法

进出口合同中规定装运时间通常有以下几种方法。

1. 明确规定具体的装运时间

1）订明某年某月装运，如 Shipment during Dec.2006。

2）跨月装运，如 Shipment during Jan./Feb.2006。

3）规定某月某日前装运或某月底前装运，如 Shipment at or before the end of March 2006。

该方法的特点是：期限具体、含义明确、双方不易发生纠纷、在实际业务中采用比较普遍。

2. 规定收到信用证后若干天装运

例如，Shipment within 30 days after receipt of L/C。

采用这种方法，应在合同中规定买方开立信用证的时间，否则，可能会因买方拖延开证或拒绝开证使卖方处于被动。

3. 收到电汇后若干天装运

例如，Shipment within 30 days after receipt of T/T。

采用汇付方式收款时可使用这种方法。

4. 笼统规定近期装运

这种方法不规定具体期限，如“立即装运”（immediate shipment）、“尽快装运”（shipment as soon as possible）、“即刻装运”（prompt shipment）等，这种方法，各国解释不一致，容易引起纠纷。因此，采用此方法应慎重。

根据 UCP600 对“近期装运术语”的规定，不应使用诸如“迅速”“立即”“尽可能”及类似词语，如果使用这类词语银行将不予处置。

案例 4-24

合同订明装运期为 8 月 1 日—8 月 31 日，卖方于 8 月 2 日把货装上船，取得 8 月 2 日签发的提单。并在规定的装运期结束以前于 8 月 24 日持所有必要的单证，向银行结汇，遭到拒付。银行是否有理拒付？如有，根据是什么？

案例 4-24 分析

（二）规定装运时间应注意的问题

1）应考虑货源和船源的实际情况。卖方签合同时，要了解货源、船源情况，避免船、货脱节。

2）明确规定装运期，少用或不用笼统规定装运期的方法。

3）考虑装运港或目的港的特殊季节因素。例如，对某些国家或地区，应尽量避免装运期在冰冻期或雨季。

4）要考虑运输情况。对有直达船和航次较多的港口，装运期可短一些，对无直达船或偏僻的港口，装运期要长一些。

案例 4-25

中国某外贸公司（卖方）曾在广州秋交会上与英国某商人（买方）按 CIF 伦敦条件签订了一项出口白薯干的合同。由于卖方货源充足、急于出售，因此，当月成交时便约定当月交货。后因卖方租不到船，未能按期交货，致使双方产生争议，买方遂提请在中国仲裁，结果，卖方败诉。

案例 4-25 分析

三、装运港、目的港

（一）装运港、目的港的规定方法

1）装运港和目的港通常分别各规定一个，例如："Port of shipment: Shanghai; Port of destination: London"。

2）按实际业务需要，如果货物分散多处，买方在不同地使用或销售，也可分别规定两个或两个以上的港口，例如："Port of shipment: Shanghai and Qingdao; Port of destination: London and Liverpool"。

3）按实际需要，如果在签约时无法确定从何处发运货物，买方尚不确定在何处销售货物，装运港或目的港不确定，则可采用选择港的方法，例如："Port of shipment: Shanghai / Dalian / Qingdao; Port of destination: London / Liverpool / Manchester"。

4）笼统规定某一区域为装运港或目的港，例如："Port of shipment: China Ports; Port of destination: U.S.A. Ports"。

（二）确定装运港和目的港应注意的问题

买卖双方确定装运港或目的港时，要结合产销和运输等多种因素考虑，尤其是确定国外港口时，情况复杂，应多注意以下问题。

1）明确规定国外装运港或目的港，避免采用如"欧洲主要港口"（European main ports，E.M.P）或"非洲主要港口"（Africa main ports，A.M.P）等笼统规定。

2）不接受内陆城市为装运港或目的港的条件，否则，我方要承担从港口到内陆城市的运费和风险。

3）考虑装卸港口特殊具体的条件，如有无直达班轮航线、有无冰封期、对船舶国籍有无限制等因素。

4）应注意国外港口有无重名，如果有重名，则应在合同中明确注明港口所在国家或地区的名称，如“维多利亚”全世界有12个，“悉尼”“波士顿”等都有重名的。

案例 4-26

中国某公司曾按FOB条件从北欧进口一批大宗商品。双方约定的装运港原是一个比较偏僻的小港，大船不能直接进港装货。签约后，买方才了解该港条件，便要求变更装运港，但卖方不同意更改。买方只好租用小船，将货物运至汉堡集中，然后再装海洋巨轮运回国内，这不仅延误了时间，而且增加了运杂费用，给国家和企业造成了不该发生的经济损失。

案例 4-26 分析

四、分批装运和转运

分批装运（partial shipment）是指将同一合同项下的货物分若干批次装运。

对于分批装运条款，有些合同只简单规定“允许分批装运”，而不加其他限制，即只要卖方交货的总量与合同规定相符，交货的批次及每批数量可以不受限制；有些合同对批量、分批时间、分批次数都有明确规定，则卖方应严格按合同规定定批、定量、定期分运。

注意 1：UCP600规定对同一船只、同一航次的多次装运，只要运输单据注明的目的地相同，即使提单上有不同的装运期或装运港口，也不视为分批装运。

注意 2：UCP600规定关于定期分批装运，其中一批未按信用证规定装运，信用证对该批及以后各期货物均告失效。

案例 4-27

北京某公司出口2 000公吨大豆，国外来证规定：不允许分批装运。结果，我方在规定的期限内分别在大连和青岛各装1 000公吨于同一航次的同一船只上，提单上也注明了不同的装货港和不同的装船日期。试问：我方做法是否违约？银行能否议付？

案例 4-27 分析

转运（transhipment）是指货物在装运港装船后，在中途将货物卸下装上其他的运输工具，以完成运输任务。海运方式，指在装运港和卸货港之间的海运过程中，货物从一条船只卸下，再装上另一条船上的行为；航空运输方式，指从起飞机场到目的机场的运输过程中，货物从一架飞机卸下，再装上另外一架飞机的行为；公路、铁路或内河运输方式，指在装运港到目的港之间用不同的运输方式的运输途中，货物从一种运输工具上卸下，再装上另一种运输工具的行为。

根据 UCP600 规定，除非信用证有相反规定，可准许分批和转运；如果合同未明确是否允许分批、转船，则应视为允许，但为了避免争议，一般应在合同中明确规定是否允许分批或转运。

例如，允许分批装运和转运：Partial shipment and transhipment to be allowed。

案例 4-28

某公司向坦桑尼亚出口一批货物，目的港为坦噶。国外来证未明确可否转船，而实际上从新港到坦噶无直达船。问：这种情况下是否需要国外改证加上“允许转船”字样？

案例 4-28 分析

五、装船通知

装船通知（advice of shipment）是装运条款中不可缺少的一项重要内容。规定装运通知，可以明确买卖双方的责任，共同做好车、船、货的衔接，并按时办理货运保险。

买卖双方按 CFR 条件成交时，卖方应在货物装船后，立即向买方发出装运通知。

买卖双方按 FOB 条件成交时，卖方应在约定的装运期 45 天以前，向买方发出货物备妥通知，以便买方及时派船接货。买方接到通知后，应按约定的时间，将船名、船舶到港受载日期等通知卖方，以便卖方及时安排货物出运。在货物装船后，卖方应在约定时间内，将合同号、货物的名称、件数、重量、发票金额、船名及装船日期等项内容电告买方，以便买方办理保险并做好接卸货物的准备，及时办理报关手续。

六、滞期、速遣费条款

在定程租船的大宗商品买卖合同中，常常规定滞期费和速遣费条款，这是一种奖罚条款。所谓滞期费，就是负责装卸货物的一方，未能按合同约定的装卸期限完成货物的装卸，则须向船方交纳延误船期的罚款。所谓速遣费，就是指负责装卸货物的一方在合同约定的装卸期限内提前完成货物装卸作业，可以从船方取得奖金，按惯例，速遣费通常是滞期费的一半。

计算滞期费、速遣费与装卸时间的长短关系密切。因此，在合同中必须合理地规定计算装卸时间的方法。合同中规定装卸时间的主要方法是以日为单位计算。例如，按连续日计算，按晴天工作日计算，按 24 小时晴天工作日计算（weather working days of 24 consecutive hours）等。装卸的起算时间一般以船长向租船人或代理递交“装卸准备就绪通知书”后的一定时间起算，如上午递交，下午开始起算装卸时间，装卸的终止时间以装完或卸完的时间为准。

七、运输单据

（一）海运提单

海运提单（bill of lading，B/L）是承运人或其代理人在收到承运货物时签发给托运人的一种单据，用以证明海上货物运输合同和货物已经由承运人接收或装船，以及承运人保证据以交付货物的单据。它体现了托运人和承运人的关系。

1．海运提单的性质和作用

（1）货物收据

提单是承运人或其代理人签发给托运人的货物收据，表明已按提单所列内容收到货物。

（2）物权凭证

提单代表货物的所有权，谁拥有提单，谁就拥有物权。货物抵达目的港后，提单持有人可以凭提单要求承运人交付货物，而承运人也必须按照提单所载内容向合法持有人交付货物。因此，提单具有货物凭证性质。正本提单是卖方凭以议付、买方凭以提货、承运人凭以交货的依据。提单可用来抵押或转让。

2．海运提单的种类

海运提单可以从不同角度加以分类，主要分为以下几种。

（1）根据提单格式和内容繁简划分

1）简式提单（short form B/L）。简式提单又称略式提单，是指只有正面记载事项，而背面无提单条款，这种提单一般都加注“各项条款及例外条款均以本公司正规的全式提单内所印的条款为准”的字样，否则，银行一般不予接受。

2）全式提单（long form B/L）。全式提单是指有正面记载事项，背面列有规定承运人、托运人之间权利与义务的提单条款。此种提单在贸易实务中应用广泛。

（2）根据运输方式不同划分

1）直达提单（direct B/L）。直达提单即表明货物自装运港直接运到目的港而签发的提单。

2）转船提单（transhipment B/L）。转船提单表明货物在装运港装船，不直接运到目的港，而须中途转船再驶往目的港，这种提单一般加注“在××港转船”的字样。

3）联运提单（through B/L）。联运提单是指在海运和其他运输方式所组成的联合运输方式下，由第一承运人（船公司）或其代理人在货物的启运地签发的，包括全程运输并能在目的港或目的地凭以提货的提单。其主要特点是：①由第一程承运人作为总承运人，签发包括全程运输的提单；②运输风险采用分段责任，即各段承运人只负责其所承运区段的运输风险；③在海/海运输方式下，联运提单和转船提单的性质相同。

4）多式联运提单（combined through B/L）。这种提单适用于集装箱的多式联运方式，其主要特点是：由对全程负总责任的承运人签发；第一程运输不一定是海运，所以提单上不一定要注明第一程船的船名和装船日期。

（3）根据货物是否装船划分

1）已装船提单（on board B/L）。已装船提单又称“装运提单”，表明货物已经装上指定的船舶后所签发的提单。这种提单可以凭提单上印就的“货物已装上具名船只”的字样，表示货物已装上某船，也可由承运人在提单上批注“装船日期”表示货物已装船。

2）备运提单（received for shipment B/L）。备运提单又称收妥待运提单或收讫待运提单，是承运人收到货物后在等待装船期间签发的。银行一般不接受此种提单，待货物装上船后，在这种提单上加注“ON BOARD ON DATE”字样并签字盖章，在提单上批注货物已装上某具体船舶及装运日期，备运提单即变为已装船提单。

案例 4-29

某年 3 月，国内某公司（以下简称甲方）与加拿大某公司（以下简称乙方）签订一设备引进合同。根据合同，甲方于该年 4 月 30 日开立以乙方为受益人的不可撤销的即期信用证。信用证中要求乙方在交单时，提供全套已装船清洁提单。该年 6 月 12 日，甲方收到开证银行进口信用证付款通知书。甲方业务人员审核议付单据后发现乙方提交的提单存在疑点，提单签署日期早于装船日期，提单中没有已装船字样。根据以上疑点，甲方断定该提单为备运提单，并采取以下措施：①向开证行提出单据不符，并拒付货款；②向有关司法机关提出诈骗立案请求；③查询有关船运信息，确定货物是否已装船发运；④向乙方发出书面通知，要求对方做出书面解释。在甲方出具了充分的证据后，乙方承认其所提交的提单为备运提单。最终，经双方协商，乙方同意在总货款 12.5 万美元的基础上降价 4 万美元并提供 3 年免费维修服务作为赔偿并同意取消信用证，付款方式改为货到目的港后以电汇方式支付。

案例 4-29 分析

（4）根据提单是否有不良批注划分

1）清洁提单（clean B/L）。清洁提单是指货物装船时“表面状况良好”，不带有关货损或包装有缺陷之类批语的提单，银行一般要求卖方押汇时提交清洁提单。

2）不清洁提单（unclean B/L）。不清洁提单是指承运人加注了托运货物外表状况不良或存在缺陷等批语的提单，在实际业务中，买方不接受不清洁提单，如提单上有“被雨淋湿”“3 箱破损”“4 件玷污”等类似批注。

（5）根据提单的抬头不同划分

1）记名提单（straight B/L）。记名提单又称直交提单，即明确指明收货人，如“Pay to××”，这种提单只能由特定收货人提货，不能背书转让，国际贸易中很少使用。

案例 4-30

1993 年，我国某外贸公司与美国某外贸公司签订了“XI MAS LIGHTS”的货物出口合同。五六月间，该公司以信用证结算方式出口了两批货物，交单议付后顺利结汇。10 月，又陆续出口了六批货物，考虑到前几次货物出口收汇情况良好，选择了付款交单的托收方式结算，金额合计约 26 万美元。但代收行多次催促，国外客商也不付款赎单。1994 年 3 月，我方公司得知货物已被客户凭副本提单提领，于是要求银行退回单据。4 月，我方公司凭已退回的正本单据向船公司交涉时，遭到拒绝，理由是该提单为记名提单，按照当地惯例，收货人可以不凭正本提单提货。至此，公司款货两空，蒙受了巨大的经济损失。从本案中应吸取哪些教训？

案例 4-30 分析

2）不记名提单（blank B/L）。这种提单不具体规定收货人，收货人栏留空或填“来人”（bearer）。该种提单不需要背书即可流通转让，并且凭单交货，风险大，国际贸易中很少使用。

3）指示提单（order B/L）。指示提单是指在提单的收货人栏内填写“凭指示”（to order）或“凭××指示”（to the order of）的字样，这种提单可以通过背书转让给第三者，故又称为“可转让提单”，这种提单在国际贸易中应用得非常广泛。

背书有两种方法：一是由背书人在提单背面签名盖章的，称为空白背书（blank endorsed）；二是由背书人签字盖章外，还列明被背书人名称的，称为记名背书（endorsed in favor of）。目前，我国习惯采用“空白抬头，空白背书”（B/L made out to order and blank endorsed）的方式。

（6）按船舶营运方式不同划分

1）班轮提单（liner B/L）。班轮提单是指货物采用班轮运输，由班轮公司所签发的提单。

2）租船合约提单（charter party B/L）。租船合约提单是船方根据租船合约签发的提单，通常只在其上列明货名、数量、船名、装运港、目的港等必要项目，无背面提单条款。

（7）其他提单

1）预借提单（advanced B/L）。在货物装船前被托运人“借走”的提单，称为“预借提单”。这是因为信用证最迟装运期已届临，但这时货尚未装船，托运人为了取得与信用证相符的提单，要求承运人先行签发已装船提单，以便如期办理结汇。预借提单是一种违法提单，尽管托运人要求预签提单，必须出具保函，但由于该保函法律地位极其脆弱，承运人仍须承担一定风险。

2）倒签提单（ante-dated B/L）。货物实际装船的日期晚于信用证上规定的装运日期，托运人为了使提单日期与信用证规定的装运日期相符，要求承运人按信用证规定的装运日期签署提单，这种提单叫作“倒签提单”。倒签提单是一种违法行为，收货人可以“伪造提单”为由，拒绝提货并向法院起诉。因此，这种提单对承运人来说有较大风险。

案例 4-31

我国某出口公司先后与伦敦 B 公司和瑞士 S 公司签订两份出售农产品合同，共计 3 500 长吨，价值 8.275 万英镑。装运期为当年 12 月至次年 1 月。但由于原定的装货船舶出故障，只能改装另一艘外轮，致使货物到 2 月 11 日才装船完毕。在我公司的请求下，外轮代理公司将提单的日期改为1月31日，货物到达鹿特丹后，买方对装货日期提出异议，要求我公司提供1月份装船证明。我公司坚持提单是正常的，无须提供证明。结果，买方聘请律师上货船查阅船长的航行日志，证明提单日期是伪造的，立即凭律师拍摄的证据，向当地法院控告并由法院发出通知扣留该船，经过4个月的协商，最后，我方赔款2.09万英镑，买方方肯撤回上诉而结案。

案例4-31分析

3）过期提单（stale B/L）。过期提单是指晚于信用证规定的期限递交的提单，也称迟期提单。UCP600规定，银行拒绝接受晚于信用证规定的交单付款、承兑或议付的特定期限的提单；如果信用证无特定的交单期限，则银行拒绝接受提单日后21天提交的单据；晚于货物到达目的港的提单，银行亦认为是过期提单而拒绝接受。

（二）铁路运单

铁路运单（railway bill）是铁路承运人收到货物后所签发的铁路运输单据。我国对外贸易铁路运输按营运方式分为国际铁路联运和国内铁路运输两种方式。前者使用国际货协铁路运单，后者使用承运货物收据。通过铁路对港、澳地区出口的货物，由于国内铁路运单不能作为对外结汇的凭证，故使用承运货物收据这种特定性质和格式的单据。

1. 国际货协运单

国际货协运单（international cargo agreement transportation）使用正副本方式。运单正本随同货物从始发站到终点站交给收货人，作为铁路向收货人交付货物的凭证。运单副本在发货站加盖运期戳记，成为货物已被承运的证明，发货人凭之向银行要求结汇。国际货协运单不能转让。

2. 承运货物收据

承运货物收据（cargo receipt）是在特定运输方式下所使用的一种运输单据，它既是承运人出具的货物收据，也是承运人与托运人签订的运输契约。我国内地通过铁路运往港、澳地区的出口货物，一般多委托中国对外贸易运输公司承办。当出口货物装车发运后，对外贸易运输公司即签发一份承运货物收据给托运人，以作为对外办理结汇的凭证。

（三）航空运单

航空运单（airway bill）是承运人与托运人之间签订的运输契约，也是承运人或其他代理人签发的货物收据。航空运单还可作为承运人核收运费的依据和海关查验放行的基本单据。但航空运单不是代表货物所有权的凭证，也不能通过背书转让。收货人提货不是凭航空运单，而是凭航空公司的提货通知单。在航空运单的收货人栏内，必须详细填写收货人的全称和地址，而不能做成指示性抬头。

每份航空运单有三份正本和至少六份副本。正本的背面印有承运条款，其用途即航空运单的主要作用：第一份正本注明“Original-for the Shipper”，应交托运人，是承运人或其他代理收到货物后出具的收据；第二份正本注明“Original-for the Issuing Carrier”，由航空公司留存，作为记账凭证；第三份正本注明“Original-for the Consignee”，由航空公司随机带交收货人，作为核收货物的依据。其余副本则分别注明“For Airport of Destination”“Delivery Receipt”“For Second Carrier”“Extra Copy”等，由航空公司按规定和需要进行分发。

（四）多式联运单据

多式联运单据（multimodal transport documents）是指多式联运经营人在收到货物后签收给托运人的单据。按照联合国贸易和发展会议和国际商会共同制定的《多式联运单证规则》的规定，多式联运经营人负责货物的全程运输。

多式联运单据与联运提单在形式上有相同之处，但在性质上不同。

（1）签发人不同

多式联运单据由多式联运经营人签发，而且可以是完全不掌握运输工具的“无船承运人”，全程运输均安排各分承运人负责。联运提单由承运人或其代理人签发。

（2）签发人的责任不同

多式联运单据的签发人对全程运输负责，而联运提单的签发人仅对第一程运输负责。

（3）运输方式不同

多式联运单据的运输既可用于海运与其他方式的联运，也可用于不包括海运的其他运输方式的联运。联运提单的运输限于海运与其他运输方式的联合运输。

（4）已装船证明不同

多式联运单据可以不表明货物已装船，也无须载明具体的运输工具。联运提单必须是已装船提单。

任务评价

同 步 训 练

实训项目：

1. 考察一家货运代理公司，了解中国外贸主要海运航线，收集相关航线运价表，并了解货物运费的计算。

2. 翻译：“2019年6、7月份由上海运往热那亚，每月平均装运，允许转运。”和“2019年7、8月份分两次装运，禁止转运，允许分批。装运港：青岛。目的港：纽约。”

思考与练习

一、选择题

1. 班轮运输的运费应该包括（　　）。

A．装卸费，不计滞期费、速遣费　　B．装卸费，但计滞期费、速遣费
C．卸货费和滞期费，不计速遣费　　D．卸货费和速遣费，不计滞期费

2. 船公司一般按货物的（　　）重量计收运费。
A．净重　　B．毛重　　C．法定重量　　D．理论重量

3. 当贸易术语采用 CIF 时，海运提单对运费的表示应为（　　）。
A．Freight Prepaid　　B．Freight Collect
C．Freight Pre-payable　　D．Freight Unpaid

4. 在进出口业务中，能够作为物权凭证的运输单据有（　　）。
A．铁路运单　　B．海运提单　　C．航空运单　　D．邮包收据

5. 在进出口业务中，出口商完成装运后，凭（　　）向船公司换取正式提单。
A．发货单　　B．收货单　　C．大副收据　　D．商业发票

6. 必须经背书才能进行转让的提单是（　　）。
A．记名提单　　B．不记名提单　　C．指示提单　　D．海运单

7. 签发国际多式联运提单的承运人的责任是（　　）。
A．只对第一程运输负责　　B．必须对全程运输负责
C．对运输不负责　　D．只对最后一程运输负责

8. 我某公司与外商签订一份 CIF 出口合同，以 L/C 为支付方式。国外银行开来的信用证中规定："信用证有效期为 6 月 10 日，最迟装运期为 5 月 31 日。"我方加紧备货出运，于 5 月 21 日取得大副收据，并换回正本已装船清洁提单，我方应不迟于（　　）向银行提交单据。
A．5 月 21 日　　B．5 月 31 日　　C．6 月 10 日　　D．6 月 11 日

9. 信用证的到期日为 12 月 31 日，最迟装运期为 12 月 15 日，最迟交单日期为运输单据出单后 15 天，出口人备妥货物安排出运的时间是 12 月 10 日，则出口人最迟应于（　　）向银行交单议付。
A．12 月 15 日　　B．12 月 25 日　　C．12 月 20 日　　D．12 月 31 日

10. 按 UCP600 解释，若信用证条款中未明确规定是否"允许分批装运""允许转运"，则应视为（　　）。
A．可允许分批装运，但不允许转运　　B．可允许分批装运和转运
C．可允许转运，但不允许分批装运　　D．不允许分批装运和转运

11. 海运提单日期应理解为（　　）。
A．货物开始装船的日期　　B．货物装船过程中任何一天
C．货物装船完毕的日期　　D．签订运输合同的日期

12. 我出口孟加拉国一批货物，以 CFR 价格条件成交，该货于 8 月 15 日开始装船，8 月 18 日装毕，8 月 20 日启航，9 月 6 日抵达目的港，9 月 8 日客户提货，我交货日期是（　　）。
A．8 月 15 日　　B．8 月 18 日　　C．8 月 20 日
D．9 月 6 日　　E．9 月 8 日

13. 按提单对货物表面状况有无不良批注，可分为（　　）。

A．清洁提单　B．不清洁提单　C．记名提单　D．不记名提单

14. 租船运输包括（　）。

A．定期租船　B．集装箱运输　C．班轮运输　D．定程租船

15. 国际货物买卖合同中可以采用的装运期的规定方法有（　）。

A．规定在某一天装运　B．规定在收到信用证后若干天内装运

C．笼统地规定装运期　D．明确规定具体的装运期限

16. 在进出口业务中，不能作为物权凭证的运输单据有（　）。

A．铁路运单　B．海运提单　C．航空运单　D．邮包收据

二、案例分析题

有一份合同，出售中国丝苗大米 10 000 吨。合同规定：“自 2 月份开始，每月装船，1 000 吨，分十批交货。”卖方从 2 月份开始交货，但交至第五批大米时，大米品质有霉变，不适合人类食用，因而买方以此为理由，主张以后各批交货均应撤销。

思考：

在上述情况下，买方能否主张这种权利？为什么？

任务评价答案 4-7

任务八 订立国际贸易合同的运输保险条款

任务要求

掌握海洋货物运输保险的险别及保障范围；熟悉中国人民保险公司《海洋运输货物保险条款》和英国伦敦保险协会《海运货物保险条款》；了解保险单据的种类与用途；熟练进行进出口投保操作；能够正确、灵活地订立保险条款。

导入案例

有一份 CIF 合同，卖方甲按发票金额的 110% 投保了一切险，自法国内陆仓库起，直到美国纽约的买方仓库为止。卖方甲在货物装船后，凭提单、保险单、发票、品质检验证书等单证向买方银行收取了货款。货物在运到纽约港前遇险而遭受全部损失。

思考：

卖方甲要求保险公司赔偿的最大金额是多少？

任务学习

保险（insurance）是投保人（insured）或被保险人，与保险人（insurer）或承保人（underwriter）订立合同，根据合同约定，投保人向保险人支付保险费，保险人对于保险合同约定的可能发生的事故因其发生所造成的财产损失承担赔偿保险金责任的契约行为。按保险标的的不同，保险可分为财产保险、责任保险、信用保险和人身保险四类。国际货物运输保险是指以对外贸易货物运输过程中的各种货物作为保险标的的保险，它属于财产保险的一种。

在国际贸易中，货物经过长途运输，可能会受到自然灾害、意外事故或外来因素的影响而受损。为了能在货物受损后获得经济补偿，货主在货物出运前往往会办理国际货物运输保险。

一、保险的基本原则

不论哪一类保险，投保人和保险人均须订立保险合同并共同遵守下述原则。

（一）可保利益原则

保险标的（subject matter insured）是保险所要保障的对象，它可以是任何财产及其有关利益或者人的寿命和身体。

保险利益（insurable interest），又称可保权益，是指投保人对保险标的具有的法律上承认的利益。保险利益必须具备下列条件。

（1）必须是合法的利益

投保人对保险标的所具有的利益必须是合法的，可以是主张的利益，而不是违反法律规定，通过不正当手段获得的利益。例如，海上走私、盗窃、抢劫等违反国家法律法规或社会公德而产生的利益都不能作为保险利益而订立保险合同，即使订立了，也属于无效合同。

（2）必须是确定的利益

确定的利益指已经确定或可以确定的利益，包括现有利益、预期利益、责任利益和合同利益。现有利益指投保人对财产已经享有而且可以继续享有的利益，对财产具有合法的所有权、使用权、转让权；预期利益指因财产的现有利益而存在确实可得的，依照法律或合同产生的未来一定时期的利益；责任利益指被保险人依法对第三者应负的赔偿责任，也即加害方对受害方依法应负的赔偿责任；合同利益指基于有效合同而产生的保险利益。

（3）必须是经济利益

经济利益指投保人对保险标的利益必须是通过货币计量的利益。

投保人对保险标的应当具有保险利益。投保人对保险标的不具有保险利益的，保险合同无效，这就是保险利益原则。就货物运输保险而言，反映在运输货物上的利益，主要是货物本身的价值，但也包括与此相关联的费用，如运费、保险费、关税和预期利润等。当保险标的安全到达时，被保险人就受益；当保险标的遭到损毁或灭失，被保险人就负有经济责任。

（二）最大诚信原则

最大诚信（utmost good faith）原则是指投保人和保险人在签订保险合同，以及在合同有效期内，必须保持最大限度的诚意，双方都应恪守信用，互不欺骗隐瞒。

保险合同是以最大诚信为基础的。因此，如果一方当事人不遵守最大诚信原则，另一方可声明该保险合同无效。我国法律规定，保险活动当事人行使权利义务时应当遵循诚实信用原则。对保险人而言，应当向投保人说明保险合同的条款内容。对被保险人而言，投保人在投保时应将自己知道的或者在通常业务中应当知道的有关保险标的的重要事实如实告知保险人，以便保险人判断是否同意承保或者决定承保的条件。例如，在货物运输保险中，被保险人应向保险人提供保险标的、运输条件、航程，以及包装条件等方面的真实情况。

（三）补偿原则

保险的补偿原则（principle of indemnity），又称损害赔偿原则，指当保险标的遭受保险责任范围内的损失时，保险人应当依照保险合同的约定履行赔偿义务。但保险人的赔偿金额不得超过保险单证上的保险金额或投保人遭受的实际损失，即不能超过投保人对保险标的所具有的可保利益。保险人的赔偿不应使投保人因此而获得额外利益。

（四）近因原则

近因（proximate cause）原则指保险人只对承保风险与保险标的损失之间有直接因果关系的损失负赔偿责任，而对保险责任范围外的风险造成的保险标的的损失，不承担赔偿责任。近因是指导致保险标的损失的最直接、最有效、起决定性作用的原因。如果有若干个原因在起作用，近因就是在导致事件结果产生过程中具有支配力的、能动的、起决定性作用的、最有力的原因。例如，在战争期间，某企业将投保一切险的出口商品运至码头仓库待运，此时，适逢敌机轰炸，引起仓库火灾，使该批商品受损。当被保险人要求保险公司赔偿时，保险公司予以拒绝，理由为造成货物受损的原因有两个：投弹和火灾，而投弹是造成货损的直接原因。由于造成损失的近因不在保险公司责任范围内，因此，保险公司可予以拒赔。

二、海洋货物运输保险

（一）风险

在国际货物运输中，风险一般是指产生灾害事故而有可能带来的经济损失的不确定性。海上风险保险业将保险合同条款中所承保的海上风险从性质上主要划分为海上风险与外来风险两类。

1. 海上风险

海上风险（perils of the sea），又称海难，是指船舶或货物在海上运输过程中所遇到的自然灾害和意外事故。

（1）自然灾害

自然灾害（natural calamities）是指由于自然界变异引起破坏力量所造成的现象，如恶劣气候、雷电、海啸、地震、洪水、火山爆发等。

（2）意外事故

意外事故（fortuitous accidents）特指运输工具在运输过程中遭受的意外事故，如搁浅、触礁、沉没、互撞，与流冰或其他物体碰撞，以及失火、爆炸等意外原因造成的事故。

2. 外来风险

外来风险（extraneous risks）是指由于外来原因引起的风险，包括一般外来风险和特殊外来风险。一般外来风险包括偷窃、雨淋、短量、混杂沾污、渗漏、破碎、串味、受潮、受热、钩损和锈损等。特殊外来风险包括战争、罢工、拒收、进口关税、交货不到等。

（二）损失

1. 海上损失

海上损失（loss of sea）是船舶从事航海时，所发生的与航运有关的船舶或货物的灭失、损坏和相关费用的统称。海上保险所保障的海上损失是专指由于保险事故引起的海上损失，但不包括承运人为收取运费应支付的有关费用及船舶自然磨损和正常途耗等。根据保险市场的一般解释，凡是与海上航运有关联的海陆运输过程中，因事故或非常原因所发生的一切损害也属于海上损失范畴。按其损失程度，可分为全部损失、部分损失；部分损失按其损失性质，可分为共同海损、单独海损。

（1）全部损失

全部损失（total loss）是指被保险货物遭受全部损失，全部损失又可以分为实际全损和推定全损。

1）实际全损。

实际全损（actual total loss）是指保险标的物在发生保险事故后发生灭失，或者受到严重损坏完全失去原有形体、效用，或者不能再归被保险人拥有。主要有以下四种情况。

① 保险标的已遭毁灭，如船舶与货物沉入海底无法打捞或货物被大火毁灭。

② 保险标的属性上的毁灭，原有的商业价值已不复存在，如茶叶遭海水浸湿后香味尽失、水泥浸海水后变成块状。

③ 被保险人已不能恢复其所丧失的所有权，如船舶与货物被捕获或扣押后释放无期，或已被没收。

④ 船舶失踪已达一定时间，如半年仍无音信，则可视作全损。

被保险人如果遭遇实际全损，即由保险人按保险金额全部赔付。

2）推定全损。

推定全损（constructive total loss）是指货物发生保险事故后并未完全丧失，是可以修复或可以收回的，但所花的费用将超过获救后保险标的的价值，因此得不偿失。在此情况下，保险公司放弃努力，给予被保险人以保险金额的全部赔偿即为推定全损。主要有以下四种情况。

① 保险货物受损后，修理费用已超过货物修复后的价值。

② 保险货物受损后，整理和续运到目的地的费用，超过货物到达目的地的价值。

③ 保险标的实际全损已经无法避免，或者为了避免实际全损需要花费的施救费用，将超过获救后的标的价值。

④ 保险标的遭受保险责任范围内的事故，使被保人失去保险标的的所有权，而夺收这一所有权，其所需要的费用，将超过收回标的的价值。

案例 4-32

我国某公司出口一批稻谷，因保险事故被海水浸泡多时而丧失其原有用途，货到目的港后只能低价出售。这种损失属于什么损失？

有一批出口服装，在海上运输途中，因船体触礁导致服装严重受浸，如果将这批服装漂洗后再运至原定目的港所花费的费用已超过服装的保险价值。这批服装应属于什么损失？

案例 4-32 分析

（2）部分损失

部分损失（partial loss）是指被保险货物的损失没有达到全部损失的程度，按其损失的性质又可以分为共同海损和单独海损。

1）共同海损。

共同海损（general average）是指载货的船舶在海运途中遇到灾害、事故，威胁到船、货的共同安全，为了解除这种威胁，维护船、货的安全或者使航程得以继续完成，由船方有意识地、合理地采取措施所做出的某些特殊牺牲或支出某些额外费用称为共同海损。

构成共同海损必须具备下列条件：共同海损的危险必须是实际存在的，不可避免的；必须是自动地、有意识地采取合理的措施；必须是为船货共同安全而采取的措施；其牺牲和费用支出是非常性质的。

根据惯例，共同海损的牺牲和费用，应由受益方，即船方、货方和运费方按最后获救的价值多少，按比例分摊。这种分摊叫作共同海损分摊（general average contribution）。

2）单独海损。

单独海损（particular average）是指除共同海损以外的意外损失，即由于承包范围内的风险所直接导致的船舶或货物的部分损失。这种损失由受损者单独负担。

3）共同海损与单独海损的主要区别。

① 损失的构成不同。单独海损一般是指货物本身的损失，不包括费用损失，而共同海损既包括货物损失，又包括因采取共同海损行为而引起的费用损失。

② 造成海损的原因不同。单独海损是海上风险直接导致的货物损失，而共同海损是为了解除或减轻船、货、运费三方共同危险而人为造成的损失。

③ 损失的承担者不同。单独海损由受损方自行承担损失，而共同海损则由船、货、运费三方按获救财产价值大小的比例分摊。

案例 4-33

某货轮从 A 国某港驶往 B 国，在航行途中船舶货舱起火，大火蔓延到机舱，船长为了船货的共同安全，决定采取紧急措施，往舱中灌水灭火。火虽被扑灭，但由于主机受损，无法继续航行，于是船长决定雇用拖轮将货船拖回新港修理，检修后重新驶往 B 国。事后调查，这次事件造成的损失有：①1 000 箱货物被火烧毁；②600 箱货

案例 4-33 分析

物由于灌水灭火而受到损失；③主机和部分甲板被烧坏；④拖轮费用；⑤额外增加的燃料和船长、船员工资。从上述各项损失的性质看，哪些属单独海损，哪些属于共同海损？

2. 外来风险损失

外来风险损失（loss of extraneous risk）是指除海上风险以外的其他风险所造成的损失。按造成损失的原因分类，它可分为一般外来风险所造成的损失和特殊外来风险所造成的损失。

（三）费用

保险公司对为减少货物的实际损失而支付的费用也负责赔偿，它分为施救费用和救助费用。施救费用（sue and labour charges）是指被保险的货物在遭遇保险责任范围内的灾害事故时，被保险人或其代理人为防止损失扩大而采取抢救、防止或减少货物损失的措施而支出的合理费用。施救费用不管有无效果，保险公司都给予赔偿。救助费用（salvage charges）是指被保险的货物在遭遇保险责任范围内的灾害事故时，由保险人和被保险人以外的第三者对受损的货物采取抢救措施而支付的费用。救助费用只有在有效果时保险公司才给予赔偿。

（四）我国海洋货物运输保险的险别

我国国家保险机构是中国人民保险集团股份有限公司[The People's Insurance Company (Group) of China Limited，PICC]，其制定的保险条款为中国保险条款（China Insurance Clauses，CIC），是中国人民保险公司根据我国保险业务的实际需要，并参照国际保险市场的惯例制定的。

根据运输方式的不同，中国保险条款又可分为《海洋运输货物保险条款》《陆上运输货物保险条款》《航空运输货物保险条款》《中国邮政包裹运输保险险别与保险条款》等。

按照能否单独投保，海洋货物运输保险险种可分为基本险和附加险两类。基本险是可以单独投保的险种，在海运货物中，基本险承保海上风险（自然灾害和意外事故）和一般外来风险所造成的损失，包括平安险（free from particular average，FPA）、水渍险（with particular average，WPA 或 WA）和一切险（all risks）。附加险是不能单独投保的险种，承保的是由于外来风险所造成的损失，它只能在投保了基本险的基础上加保，包括一般附加险和特殊附加险。

1. 基本险

（1）基本险的种类

1）平安险。

平安险是我国保险业的习惯叫法，英文原意是“单独海损不赔”。平安险的承保责任范围包括以下八个方面。

① 在运输过程中，由于自然灾害造成被保险货物的实际全损或推定全损。

② 由于运输工具遭遇搁浅、触礁、沉没，互撞与流冰或其他物体碰撞，以及失火、爆炸等意外事故造成被保险货物的全部或部分损失。

③ 只要运输工具曾经发生搁浅、触礁、沉没、焚毁等意外事故，不论意外事故发生之前或者以后曾在海上遭遇恶劣气候、雷电、海啸等自然灾害造成的被保险货物的部分损失。

④ 在装卸转船过程中，被保险货物一件或数件、整件落海所造成的全部损失或部分损失。

⑤ 被保险人对遭受承保责任内危险的货物采取抢救、防止或减少货损措施支付的合理费用，但以不超过该批被救货物的保险金额为限。

⑥ 运输工具遭遇自然灾害或者意外事故，需要在中途的港口或者在避难港口停靠，因而引起的卸货、装货、存仓，以及运送货物所产生的特别费用。

⑦ 共同海损的牺牲、分摊和救助费用。

⑧ 运输契约订有“船舶互撞责任”条款，按该条款规定应由货方偿还船方的损失。

案例 4-34

判断下列情形若投保平安险是否赔偿。

案例 4-34 分析

1）运输货物的船舶在运输途中触礁，海水涌进船舱，将甲商人的 5 000 公吨货物浸泡 2 000 公吨。

2）货物在运输途中遭遇恶劣天气，海水涌进船舱，将乙商人 6 000 公吨货物浸泡 3 000 公吨。

3）货物在运输途中遭遇恶劣天气，海水涌进船舱，将丙商人 6 000 公吨货物全部浸泡。

4）货物运输途中遭遇恶劣天气，海水涌进船舱，将丁商人的 6 000 公吨货物，浸泡 3 000 公吨之后又触礁，海水涌进船舱，货物又被浸泡 1 000 公吨。

5）货物运输途中，自来水管破裂，将戊商人的 8 000 公吨货物浸泡 3 000 公吨。

2）水渍险。

水渍险是我国保险业的习惯叫法，英文原意是“负责单独海损”。保险公司对水渍险的承保责任范围如下。

① 平安险承保的所有范围。

② 被保险货物由于恶劣气候、雷电、海啸、地震、洪水等自然灾害所造成的部分损失。

3）一切险。

一切险的承保责任范围如下。

① 平安险和水渍险承保的范围。

② 被保险货物在运输途中由于一般外来风险所致的全部或部分损失。

一切险一般适用于价值较高、可能遭受损失因素较多的货物投保。

案例 4-35

某远洋运输公司的“东风轮”在某年6月28日满载货物启航，出公海后由于风浪过大偏离航线而触礁，船底划破长2米的裂缝，海水不断渗入。为了船货的共同安全，船长下令抛掉A舱的所有钢材并及时组织人员堵塞裂缝，但无效果。为使船舱能继续航行，船舱请来拯救队施救，共支出5万美元施救费。船修好后继续航行，不久又遇恶劣气候，入侵海水使B舱底层货物严重受损，甲板上的2 000箱货物也被风浪卷入海里。问：投保何种险别保险公司给予赔偿？

案例 4-35 分析

（2）除外责任

除外责任指保险不予负责的损失或费用，一般都有属非意外的、非偶然性的或须特约承保的风险。

为了明确保险人承保的责任范围，中国人民保险公司《海洋运输货物保险条款》中海运基本险别的除外责任有下列五项：①被保险人的故意行为或过失所造成的损失；②属于发货人责任所引起的损失；③在保险责任开始前，被保险货物已存在的品质不良或数量短差所造成的损失；④被保险货物的自然损耗、本质缺陷、特性，以及市场跌落、运输延迟所引起的损失和费用；⑤战争险和罢工险条款规定的责任及其险外责任。空运、陆运、邮运保险的除外责任与海运基本险别的险外责任基本相同。

案例 4-36

我国某公司以CIF价出口午餐肉罐头一批，投保一切险，货物到达目的港，卸货后发现罐头胀罐，并且马口铁严重生锈，无法销售；后经过调查发现，在生产加工时，消毒不严格，并且生产商为了降低生产成本，使用了不合格的马口铁。问：保险公司是否应赔偿这项损失？

案例 4-36 分析

（3）基本险的保险责任起讫及期限

根据中国人民保险公司《海洋运输货物保险条款》规定，保险公司对“平安险”“水渍险”和“一切险”三种基本险别的责任起讫，均采用国际保险业惯用的“仓至仓条款”（Warehouse to Warehouse Clause，W/W Clause），即规定保险公司所承担的保险责任，是从被保险货物运离保险单所载明的装运港（地）发货人仓库开始，直到货物到达保险单所载明的目的港（地）收货人仓库时为止。当货物一进入收货人仓库，保险责任即行终止。但是，当货物从目的港卸离海轮时起算满60天，不论被保险货物有没有进入收货人的仓库，保险责任均告终止。如果被保险货物需要转运到非保险单所载明的目的地，则保险责任以该项货物开始转运时终止。如果被保险货物在运至保险单所载明的目的港或目的地以前的某一仓库而发生分配、分派的情况，则该仓库就被作为保险人的最后仓库，保险责任也从货物运抵该仓库时终止。

案例 4-37

某公司以 CFR 上海从国外进口一批货物，并根据卖方提供的装船通知及时向中国人民保险公司投保水渍险，后来由于国内用户发生变更，我进口公司通知承运人货改卸上海某港口。在货由黄浦装火车运往南京途中遭遇山洪，致使部分货物受损，我进口公司据此向保险公司索赔但遭拒绝。问：保险公司拒绝赔偿有无道理？

案例 4-37 分析

2. 附加险

（1）一般附加险

一般附加险（general additional risks）承保一般外来风险所造成的损失，共有以下 11 种。

1）偷窃、提货不着险（theft，pilferage and non-delivery，TPND）。它是指被保险货物在保险有效期内，被偷走或窃走，以致在目的地货物的全部或整件货提不着的损失，保险公司负赔偿责任。

2）淡水雨淋险（fresh water and/or rain damage）。对被保险货物因直接遭受淡水或雨淋，以及由于冰雪融化所造成的损失负责赔偿。

3）渗漏险（leakage）。对被保险货物在运输过程中因容器损坏而引起的渗漏损失，或用液体储藏的货物因液体的渗漏而引起的货物腐败等损失负责赔偿。

4）短量险（shortage risk）。对被保险货物在运输途中因外包装破裂或散装货物发生数量散失和实际重量短缺的损失负责赔偿，但不包括正常运输途中的自然消耗。

5）混杂、玷污险（intermixture and contamination）。对被保险货物在运输途中因混进杂质或被玷污所造成的破碎和碰撞损失负责赔偿。

6）碰损、破碎险（clash and breakage）。对被保险货物在运输过程中因震动、碰撞、受压所造成的破碎和碰撞损失负责赔偿。

7）钩损险（hook damage）。对被保险货物在装卸过程中因被钩损而引起的损失，以及对包装进行修补或调换所支付的费用负责赔偿。

8）锈损险（rust）。对被保险的金属或金属制品一类货物在运输过程中发生的锈损负责赔偿。

9）串味险（taint of odor）。对被保险的食用物品、中药材、化妆品原料等货物在运输过程中，因受其他物品的影响而引起的串味损失负责赔偿，如茶叶、香料与皮张、樟脑等堆放在一起产生异味而不能使用。

10）包装破裂险（breakage of packing）。对被保险货物在运输过程中因装运或装卸不慎，致使包装破裂所造成的损失，以及在运输过程中，为继续运输安全需要修补包装或调换包装所支付的费用负责赔偿。

11）受潮受热险（sweat and heating）。对被保险货物在运输过程中因气温突变或由于船上通风设备失灵致使船舱内水汽凝结、发潮或发热所造成的损失负责赔偿。

（2）特殊附加险

特殊附加险（special additional risks）是承保由于特殊外来风险所造成的全部或部分损失，中国人民保险公司承保的特殊附加险有以下八种。

1）进口关税险（import duty risk）。该险承保的是被保险货物受损后，仍须在目的港按完好货物缴纳进口关税而造成相应货损部分的关税损失。但是，保险人对此承担赔偿责任的条件是，货物遭受的损失必须是保险单承保责任范围内的原因造成的。

2）舱面险（on deck risk）。该附加险承保装载于舱面（船舶甲板上）的货物被抛弃或海浪冲击落水所致的损失。加保该附加险后，保险人除了按基本险责任范围承担保险责任外，还要依舱面货物险对舱面货物被抛弃或风浪冲击落水的损失予以赔偿。

3）黄曲霉素险（aflatoxin risk）。该附加险承保被保险货物（主要是花生、谷物等易产生黄曲霉素）在进口港或进口地经卫生当局检验证明，其所含黄曲霉素超过进口国限制标准，而被拒绝进口、没收或强制改变用途所造成的损失。

4）拒收险（rejection risk）。当被保险货物出于各种原因，在进口港被进口国政府或有关当局拒绝进口或没收而产生损失时，保险人依拒收险对此承担赔偿责任。

5）交货不到险（failure to deliver risk）。该险承保自被保险货物装上船舶时开始，在 6 个月内不能运到原定目的地交货。不论何种原因造成交货不到，保险人都按全部损失予以赔偿。

6）出口货物到香港（包括九龙在内）或澳门存仓火险责任扩展条款（Fire Risk Extension Clause For Storage of Cargo at Destination HongKong，Including Kowloon ，or Macao，FREC）。这是一种扩展存仓火险责任的特别附加险，指保险公司对被保险货物自内地出口运抵香港（包括九龙）或澳门，卸离运输工具，直接存放于保险单载明的过户银行所指定的仓库期间发生火灾所受的损失，承担赔偿责任。该附加险的保险期限，自被保险货物运入过户银行指定的仓库之时起，至过户银行解除货物权益之时，或者运输责任终止时起满 30 天时止。若被保险人在保险期限届满前向保险人书面申请延期的，在加缴所需保险费后可以继续延长。

7）战争险（war risk）。战争险是特殊附加险的主要险别之一，它虽然不能独立投保，但对其他附加险而言又有很强的独立性。

战争险的责任起讫与“平安险”“水渍险”及“一切险”的责任起讫不同，不采用“仓至仓条款”。战争险的责任起讫期限仅限于水上危险。海运战争险规定保险公司所承担的责任自被保险货物在保险单所载明的装运港装上海轮或驳船时开始，直到保险单所载明的目的港卸离海轮或驳船时为止。如果货物不卸离海轮或驳船，则保险责任最长延至货物抵达目的港之当日午夜起算满 15 天为止。如果在中途港转船，则不论货物在当地卸载与否，保险责任以海轮抵达该港或卸货地点的当日午夜起算满 15 天为止，待货物再装上续运的海轮时，保险公司仍继续负责。

案例 4-38

某公司出口一批货物，已投保一切险和战争险，该船抵达目的港开始卸货时，当地突然发生武装冲突，部分船上货物及部分已卸到岸上的货物被毁。

问：保险公司应如何赔偿？

案例 4-38 分析

8）罢工险（strikes risk）。凡因罢工、被迫停工所造成的直接损失，恐怖主义者或出于政治目的而采取行动的个人所造成的损失，以及任何人的恶意行为造成的损失，都属承保范围。按国际保险业惯例，在投保战争险的前提下，加保罢工险，不另增收保险费。如果单独要求加保罢工险，则按战争险费率收费。

（五）伦敦保险协会海运货物保险条款

在世界海上保险业中，英国是一个具有悠久历史和比较发达的国家，它所制定的保险条款对世界各国影响很大。目前，世界上大多数国家在海上保险业务中直接采用英国伦敦保险协会所制定的《海运货物保险条款》，一般简称为《协会货物条款》（Institute Cargo Clause，ICC）。

《协会货物条款》最早制定于 1912 年，后来经过修订，新条款于 1982 年 1 月 1 日公布，1983 年 4 月 1 日开始使用。

新条款共有以下六种险别。

1）协会货物条款（A）[Institute Cargo Clause（A），ICC（A）]。

2）协会货物条款（B）[Institute Cargo Clause（B），ICC（B）]。

3）协会货物条款（C）[Institute Cargo Clause（C），ICC（C）]。

4）协会战争险条款（货物）[Institute War Clause（Cargo）]。

5）协会罢工险条款（货物）[Institute Strikes Clause（Cargo）]。

6）恶意损害险条款（Malicious Damage Clause）。

在以上六种险别中，ICC（A）、ICC（B）、ICC（C）都可以独立投保。

ICC（A）的承保责任范围较广，采取“一切风险减除外责任”的方式，它大体上相当于旧条款的一切险（all risks），其除外责任有以下四条：①一般除外责任，如因包装原因造成的损失、由船方原因造成的损失、使用原子或热核武器造成的损失；②不适航、不适货除外责任，如被保险人在装船时已知船舶不适航、不适货；③战争除外责任；④罢工除外责任。

ICC（B）与原水渍险比较，增加了船舶搁浅和倾覆、陆上运输工具倾覆或出轨、地震或火山爆发、浪击落海等条款，对不属于共同海损行为中的抛货责任和因湖水、河水进入船舶、驳船、运输工具的风险也可负责。

ICC（C）比原平安险的责任范围小，它仅对“重大意外事故”（major casualties）风险负责，对非重大事故风险和 ICC（B）中的自然灾害风险均不负责。与 ICC（B）比较，免除了由于地震、火山爆发、雷电、浪击落海、海水（潮水）或河水进入船舶、驳船、运输工具等造成的损失，以及货物在装卸时落海或跌落造成的整件全损等。

协会战争险和罢工险条款与旧条款相比差别不是很大，但在需要投保时也可作为独立的险别进行投保。

恶意损害险是新增加的附加险别，承保除被保险人以外的其他人（如船长、船员）的故意破坏行为所造成的被保险货物的灭失或损坏，但出于政治动机的人的行为则除外。恶意损害的风险在 ICC（A）中列为承保责任，但在 ICC（B）和 ICC（C）中均列为除外责任。因此，在投保 ICC（B）或 ICC（C）时，若欲取得这种风险的保障，则应另行加保恶意损害险。

三、其他运输方式下的货物运输保险

其他运输方式下的货物运输保险是在海洋运输货物保险的基础上发展起来的。由于陆运、空运、邮包运输同海运可能遭遇的货物损失的风险种类不同，因此，陆运、空运、邮包货物运输保险与海上货运保险的险别及其承保责任范围也有所不同。

（一）陆上货物运输保险

根据现行的《陆上运输货物保险条款》的规定，陆运货物保险的基本险别有陆运险（overland transportation risks）和陆运一切险（overland transportation all risks）两种，此外，还有陆上运输冷藏货物险（overland transportation insurance），它也具有基本险的性质。

陆运险的责任范围与海运货物保险中的水渍险相似，陆运一切险的责任范围与海运一切险相似。

保险公司对上述陆运险和陆运一切险的责任起讫也采用“仓至仓条款”，即保险公司的责任自被保险货物运离保险单所载明的启运地发货人仓库或储存处所开始运输时生效，包括正常运输过程中的陆上运输和与其相连的水上驳运在内，直至该项货物运达保险单所载明的目的地收货人的仓库或处所或被保险人用作分配、分派的其他储存处所为止。如果未运抵上述仓库或储存处所，则以被保险货物运抵最后卸载的车站满 60 天为止。

陆运货物在投保上述基本险之一的基础上，还可以加保附加险。如果投保陆运险，则可酌情加保一般附加险和战争险等特殊附加险；如果投保陆运一切险，就只需要加保特殊附加险。陆运货物在加保战争险的前提下，再加保罢工险，则不另外收费。

陆运货物战争险的责任起讫，是以货物置于运输工具上为限，即自被保险货物装上保险单所载明的起运地的火车时开始到保险单所载明的目的地卸离火车时为止。如果被保险货物不卸离火车，则以火车到达目的地的当日午夜起算满 48 小时为止。如果在运输中途转车，则不论货物在当地卸载与否，保险责任以火车到达该中途站的当日午夜起算满 10 天为止。如果货物在此期限内重新装上火车续运，则仍恢复有效。但需要指出，如果运输契约在保险单所载目的地以外的地点终止，则该地即视作本保险单所载目的地，在货物卸离火车时为止，如果不卸离火车，则保险责任以火车到达该地当日午夜起算满 48 小时为止。

（二）空运货物保险条款

根据现行的《航空运输货物保险条款》的规定，空运货物保险的基本险别有航空运输险（air transportation risks）和航空运输一切险（air transportation all risks）两种。此外，还有航空运输货物战争险等附加险。

航空运输险的承保责任范围与海运货物保险条款中的水渍险大致相同，航空运输一切险的承保责任范围同海运一切险大致相同。

保险公司对上述航空运输险和航空运输一切险的责任起讫也采用“仓至仓条款”，即保险公司的责任从被保险货物运离保险单所载明的启运地发货人仓库或储存处所开始运输时生效，包括正常运输过程，直至该项货物运抵保险单所载明的目的地收货人仓库或储存处所或被保险人用作分配、分派的其他储存处所为止。如果未运抵上述仓库或储存处所，则以被保险货物在最后卸货地卸离飞机后满 30 天为止。

航空运输货物在投保上述基本险之一的基础上，还可以加保附加险；在加保战争险的前提下，再加保罢工险，则不另外收费。

航空货物运输战争险的保险责任起讫是自被保险货物装上保险单所载明的启运地的飞机时开始，直到卸离保险单所载明的目的地飞机时止。如果被保险货物不卸离飞机，则保险责任以载货的飞机到达目的地的当日午夜起算满 15 天为止；如果被保险货物在中途转运，则保险责任以飞机到达转运地当日午夜起算满 15 天为止，待装上续运的飞机，保险责任恢复有效。

（三）邮包货物运输保险

根据现行的《中国邮政包裹运输保险险别与保险条款》的规定，邮包货物运输保险的基本险别有邮包险（parcel post risks）和邮包一切险（parcel post all risks）两种，其责任起讫是自被保险邮包离开保险单所载明的起运地点寄件人的处所运往邮局时开始生效，直至被保险邮包运达保险单所载明的目的地邮局发出通知书给收件人当日午夜起算满 15 天为止，但在此期限内，邮包一经递交至收件人处所时，保险责任即告终止。

在投保邮包运输基本险之一的基础上，还可以加保邮包战争险等附加险。在加保战争险的前提下，如果再加保罢工险，则不另外收费。保险公司对邮包战争险承保责任的起讫是自被保险邮包经邮局收讫后，自储存处所开始运送时生效，直至该项邮包运达保险单所载明的目的地邮局送交收件人为止。

四、进出口货物运输保险实务

（一）投保

1. 保险险别的选择

被保险人投保的险别不同，保险公司的责任也不同，收取的保险费也不同。合同当事人可以根据货物本身的特点，同时考虑货物包装的要求、运输路线和船舶停靠的港口，以及运输季节等实际情况约定投保的险别。如果买卖双方未约定险别，按惯例，卖方可按费用最低的险别予以投保。

2. 确定保险金额和交付保险费

保险金额（insured amount），也可以称为投保金额，是指被保险人向保险公司投保的金额，也是保险公司承担的最高赔偿金额，还是计算保险费的基础。保险金额一般应由买卖双方经过协商确定。按 CIF 或 CIP 术语成交，买卖双方应该在合同中约定保险金额，若未约定，按惯例，保险金额通常按 CIF 或 CIP 总值加成 10%计算。保险金额的计算公式如下：

保险金额＝CIF（或 CIP）总值×110%

保险费是保险公司经营业务的基本收入，是保险合同生效的前提条件。保险费的计算公式如下：

保险费＝保险金额×保险费率

保险费率是按照不同货物、不同目的地、不同运输工具和保险险别由保险公司根据货物损失率和赔付率，并在此基础上，参照国际保险费水平，结合国情制定的。

案例 4-39

某外贸企业按 CIF 条件出口一批货物，CIF 总值为 20.75 万美元，按发票金额加成 10%投保一切险、战争险，应付保险费多少？若发生了保险公司承保范围内的损失，导致货物全部灭失，保险公司的最高赔偿金额是多少？（一切险费率和战争险费率合计为 0.6%）

案例 4-39 分析

（二）取得保险单证

保险单证既是保险公司对被保险人的承保证明，也是保险公司和被保险人之间的保险契约，它具体规定了保险公司和被保险人的权利和义务。在被保险货物遭受损失时，保险单证是被保险人索赔的依据，也是保险公司理赔的主要依据。在国际贸易中，保险单证是可以转让的。常用的保险单证有以下几种。

1. 保险单

保险单（insurance policy），又称“大保单”，是投保人与保险公司之间订立的正式的保险合同。它除了在正面载明证明双方当事人建立保险关系的文字、被保险货物的情况、承保险别、理赔地点，以及保险公司关于所保货物若遇险可凭本保险单及有关证件给付赔款的声明等内容外，在背面还对保险人和被保险人的权利和义务做了规定。

2. 保险凭证

保险凭证（insurance certificate），俗称“小保单”，是一种简化了的保险合同，它与正式的保险单具有同样的效力。保险凭证只有正面的内容，无背面条款，但其一般标明按照正式保险单上所载保险条款办理。

3. 预约保险单

预约保险单（open policy），又称“开口保险单”，它是被保险人和保险人之间订立的总合同。订立这种合同的目的是简化保险手续，又可使货物一经装运即可取得保障。合同中规定了承保货物的范围、险别、费率、责任、赔款处理等条款，凡属合同约定的运输货物，在合同有效期内自动承保。在我国，预约保险单适用于进口的货物。

（三）保险索赔

如果被保险的货物在保险责任有效期内发生属于保险责任范围内的损失，被保险人可向保险公司提出索赔。索赔时，被保险人应注意以下几点。

1. 分清责任

被保险人在发现被保险的货物遭受损失后，首先应分清责任，并向有关责任方提出索赔。例如，被保险人或其代理人在提货时发现货物包装有明显的受损痕迹，或整件短少或散舱货物已经残损，除向保险公司报损外，还应立即向承运人、海关、港务当局等索取货损货差证明，及时向有关责任方提出索赔，并保留追偿的权利，必要时还要申请延长索赔时效。

2. 及时通知保险公司

当被保险人获悉被保险货物已遭受损失，并确定属于保险公司的承保责任范围，应立即通知保险公司，以便保险公司在接到损失通知后采取相应的措施。

3. 采取合理的施救措施

被保险货物受损后，被保险人应对受损的货物采取相应的施救、整理措施，以防止损失的扩大，由此而产生的施救费用，由保险公司负责赔偿，但以不超过该批被救货物的保险金额为限。

4. 备妥索赔的依据

被保险人在办理保险索赔时，一定要备妥索赔的依据，否则，会使索赔的过程复杂化。索赔时通常需要提交的单证有保险单或保险凭证正本、运输单据、发票、装箱单、重量单、第三责任方请求赔偿的函电或其他凭证、检验报告、海事报告摘录、货损货差证明、索赔清单。

（四）赔偿金额的计算

保险公司的赔偿方式有两种：不论损失程度和计免赔率。

对有些在运输途中容易发生破碎或短少的瓷器、玻璃制品、矿砂等，保险公司在赔偿时一般有计免赔率的规定，免赔率分为绝对免赔率和相对免赔率。绝对免赔率（deductibles）是指保险公司只负责赔偿超过免赔率的部分损失；相对免赔率（franchise）是指当损失超过规定的免赔率时，则全部损失都赔，若未超过则不赔。

在国际贸易中，为了明确交易双方在货运保险方面的责任，通常都订有保险条款，主要内容有保险金额、投保险别及确定适用的保险条款。

保险条款的内容依选用贸易术语的不同而有所区别。以 FOB、CFR、FCA 或 CPT 条件成交的合同，保险条款一般订为“保险由买方负责”（insurance is to be covered by the Buyers）。如果买方委托卖方代办保险，则应明确规定保险金额、投保险别、按什么保险条款保险及保险费由买方负担，同时规定保险费的支付时间和方法。以 CIF 或 CIP 术语成交的合同，条款内容须明确规定由谁办理保险、投保险别、保险金额的确定方法及按什么保险条款保险，并注明该条款的生效日期。具体方法举例如下。

保险由卖方按发票金额的 110%投保一切险，以中国人民保险公司 1981 年 1 月 1 日的有关海洋货物运输保险条款为准。（Insurance：To be covered by the Sellers for 110% of total invoice value against all risks，as per and subject to the relevant ocean marine cargo clauses of the People’s Insurance Company of China, dated 1/1/1981.）

任务评价

同步训练

实训项目：

1. 登录中国保险网。走访当地外贸公司调查货物保险情况。

2. 翻译：“保险由卖方按发票金额的××%投保××险，按伦敦保险业协会×年×月×日货物××险条款负责”。

思考与练习

一、选择题

1. 在海洋运输货物保险业务中，共同海损（ ）。

A. 是部分损失的一种　　B. 是全部损失的一种

C. 有时为部分损失，有时为全部损失　　D. 是推定全损

2. 根据我国海洋货物运输保险条款规定，“一切险”包括（ ）。

A. 平安险加 11 种一般附加险　　B. 一切险加 11 种一般附加险

C. 水渍险加 11 种一般附加险　　D. 11 种一般附加险加特殊附加险

3. 按国际保险市场惯例，投保金额通常在 CIF 总值的基础上（ ）。

A. 加一成　　B. 加二成　　C. 加三成　　D. 加四成

4. “仓至仓条款”是（ ）。

A. 承运人负责运输起讫的条款　　B. 保险人负责保险责任起讫的条款

C. 出口人负责交货责任起讫的条款　　D. 进口人负责付款责任起讫的条款

5. 我某公司出口稻谷一批，因保险事故被海水浸泡多时而丧失其原有用途，货到目的港后只能低价出售，这种损失属于（　　）。

A. 单独损失　　B. 共同损失　　C. 实际全损　　D. 推定全损

6. 某批出口货物投保了水渍险，在运输过程中由于雨淋致使货物遭受部分损失，这样的损失保险公司将（　　）。

A. 负责赔偿整批货物

B. 负责赔偿被雨淋湿的部分

C. 不给予赔偿

D. 在被保险人同意的情况下，保险公司负责赔偿被雨淋湿的部分

7. 有一批出口服装，在海上运输途中，因船体触礁导致服装严重受浸，如果将这批服装漂洗后再运至原定目的港所花费的费用已超过服装的保险价值，这批服装应属于（　　）。

A. 共同海损　　B. 实际全损　　C. 推定全损　　D. 单独海损

8. 我方按 CIF 条件成交一批罐头食品，卖方投保时，按下列（　　）投保是正确的。

A. 平安险＋水渍险　　B. 一切险＋偷窃、提货不着险

C. 水渍险＋偷窃、提货不着险　　D. 平安险＋一切险

9. CIF 合同的货物在装船后因火灾被焚，应由（　　）。

A. 卖方承担损失　　B. 卖方负责请求保险公司赔偿

C. 买方负责请求保险公司赔偿　　D. 承担运费的一方赔偿

10. 海上保险合同的转让是指（　　）。

A. 被保险人将其保险合同中的权利和义务转让给另一个人的行为

B. 保险合同随保险标的的所有权发生转移而转让

C. 可保利益的转让

D. 保险标的的转让

11. 某公司按 CIF 出口一批货物，但因海轮在运输途中遇难，货物全部灭失，买方（　　）。

A. 可借货物未到岸之事实而不予付款

B. 应该凭卖方提供的全套单据付款

C. 可以向承运人要求赔偿

D. 由银行决定是否付款

12. 海上货物保险中，除合同另有约定外，哪些原因造成货物损失，保险人不予赔偿（　　）。

A. 交货延迟　　B. 被保险人的过失

C. 市场行情变化　　D. 货物自然损耗

13. 出口茶叶，为防止运输途中串味，办理保险时，应投保（　　）。

A. 串味险　　B. 平安险加串味险

C. 水渍险加串味险　　D. 一切险

14. 土畜产公司出口一批肠衣，为防止在运输途中因容器损坏而引起渗漏损失，保险时应投保（ ）。

A. 渗漏险　　B. 一切险

C. 一切险加渗漏险　　D. 水渍险加渗漏险

15. 根据我国海洋运输保险条款规定，以下属于一般附加险的是（ ）。

A. 短量险　　B. 偷窃、提货不着险

C. 交货不到险　　D. 串味险

16. 我国海上货物保险的基本险种包括（ ）。

A．平安险　　B．战争险　　C．水渍险　　D．一切险

17. 共同海损分摊时，涉及的受益方包括（ ）。

A. 货方　　B. 船方　　C. 运费方　　D. 救助方

18. 在我国海洋运输货物保险业务中，下列（ ）险别均可适用“仓至仓条款”。

A. all risks　　B. wa or wpa　　C. fpa　　D. war risk

19. 在发生以下（ ）的情况下，可判定货物发生了实际全损。

A. 为避免实际全损所支出的费用与继续将货物运抵目的地的费用之和超过了保险价值

B. 货物发生了全部损失

C. 货物完全变质

D. 货物不可能归还被保险人

20. 某载货船只载着甲货主的 3 000 箱棉织品、乙货主的 50 公吨小麦、丙货主的 200 公吨大理石驶往美国纽约。货轮启航的第二天不幸遭遇触礁事故，导致船底出现裂缝，海水入侵严重，使甲货主的 250 箱棉织品和乙货主的 5 公吨小麦被海水浸湿。因裂口太大，船长为解除船、货的共同危险，使船舶浮起并及时修理，下令将丙货主的 50 公吨大理石抛入海中，船舶修复后继续航行。货轮继续航行的第三天又遭遇恶劣气候，使甲货主另外 50 箱货物被海水浸湿，下列说法正确的是（ ）。

A. 因触礁而产生的船底裂缝及甲、乙货主的货物损失属于单独海损

B. 使船舶浮起并及时修理而抛入海中的丙货主损失属于共同海损

C. 因恶劣气候导致的甲货主 50 箱货物的损失属于单独海损

D. 本案中各货主都投保了平安险，保险公司将对以上 A、B、C 损失给予赔偿

21. 运输工具在运输途中发生了搁浅、触礁、沉没等意外事故，不论意外发生之前或之后货物在海上遭遇恶劣气候、雷电、海啸等自然灾害造成被保险货物的部分损失，属于以下（ ）的承包范围。

A. 平安险　　B. 水渍险　　C. 一切险　　D. 附加险

22. 共同海损的构成条件有（ ）。

A. 必须确有共同危险

B. 采取的措施是有意识的、合理的

C. 牺牲和费用的支出是非常性质的

D. 构成共同海损的牺牲和费用的开支最终必须是有效的

23. 下列危险中属于自然灾害的有（　　）。

A. 恶劣气候　B. 雷电　C. 海啸　D. 地震　E. 火山爆发

24. 下列危险属于意外事故的有（　　）。

A. 搁浅　B. 触礁　C. 失踪　D. 雷电　E. 爆炸

二、案例分析题

1. 某商品对伦敦的出口价格为每件 32 英镑 CFR 伦敦，客户要求报 CIF 价格，并按发票的 120%投保水渍险和战争险（水渍险费率为 0.3%，战争险费率为 0.05%）。

思考：

应报价多少？

2. 某年 6 月，我某进出口公司以 CIF 术语与外商签订出口电缆合同（注：合同由进口商制作），总金额为 27.3 万美元，其中 90%的货款采用即期信用证支付，10%的货款待货到目的地收货人仓库后，经买方查验无误后再用汇付方式支付。合同的保险条款规定保险期限为货到收货人仓库 90 天为止。我进出口公司于 9 月收到国外银行开来的信用证后（金额为 24.6 万美元），在交货前向中国人民保险公司投保了一切险和战争险。10 月底，我进出口公司将全部货物装船运往目的港，并取得船公司签发的清洁已装船提单。12 月船到目的港，全部货物被卸下海轮，货物数量与提单相符，然后用汽车运到收货人仓库，仓库出具了清洁仓库收据。

次年 1 月，收货人发现货物在仓库内有部分丢失，损失价值 18.3 万美元。于是买方凭保险单向中国人民保险公司索赔。中国人民保险公司认为，保险单载明被保险人投保的是一切险和战争险，其责任起讫为“仓至仓”和“水面责任”，此案中保险标的物已安全如数运抵收货人仓库，保险责任已告终止，所以拒赔。

2 月底，进口人来电通知我方进出口公司：“在合同的保险条款中规定保险期限不能少于货物到达买方仓库后 90 天，而贵公司只投保一切险和战争险，货物在到达我方仓库后 22 天发生部分丢失，属你方漏保，造成 18.3 万美元损失。现在通知你方，损失金额从 27.3 万美元的货物中扣除，其余 9 万美元汇付给你公司。”

思考：

我方是否应当承担损失？应吸取什么教训？

任务评价答案 4-8

任务九 订立国际贸易合同的支付条款

任务要求

掌握国际结算工具的种类、概念和特点；掌握汇付、托收、信用证支付方式；掌握《公约》《跟单信用证统一惯例》《托收统一规则》对支付条款的规定；能够在实际业务中正确、灵活地选择合适的结算工具和支付方式。

导入案例

某国A公司与我方B公司洽谈一笔交易，其他条款均已取得一致意见，唯支付条款我方坚持使用不可撤销的即期信用证，A公司坚持使用D/P即期付款，为达成交易，双方各做让步，最后以L/C即期、D/P即期各占合同金额50%签订合同。

思考：

为什么A公司选择D/P即期付款，而我方却要求使用不可撤销的即期信用证付款？货物出运后货运单据和汇票如何处理？

任务学习

一、支付工具

国际贸易中使用的票据主要有汇票（bill of exchange，draft）、本票（promissory note）和支票（cheque），其中汇票使用最多。

（一）汇票

1. 汇票的定义

根据1995年5月10日公布的《中华人民共和国票据法》第十九条规定，汇票是出票人签发的，委托付款人在见票时或者在指定日期无条件支付确定的金额给收款人或者持票人的票据。按照各国广泛引用或参照的英国票据法的规定，汇票是一个人向另一个人签发的，要求即期或定期或在可以确定的将来时间，对某人或其指定人或持票人支付一定金额的无条件书面支付命令。

2. 汇票的基本当事人

（1）出票人

出票人（drawer）指开立汇票的人。

（2）受票人

受票人（drawee）又称付款人（payer），指接受汇票的命令承担付款责任的人。

（3）收款人

收款人（payee）又称受款人，指接受付款人支付的款项的人。

国际贸易中，出票人通常是出口商，受票人即付款人通常是进口商或进口商指定的银行。而受款人通常是出口商或出口商指定的银行。在国际金融市场上，汇票是一种流通证券，除注明不得转让外，一般可以流通转让。

案例 4-40

图 4-19 是一张国际贸易中使用的汇票，阅读它并指出汇票的出票人、付款人和收款人是谁，三者在国际贸易中的关系如何。

号码 No. 4728294　汇票金额 Exchange for US$35,000.00　中国上海 Shanghai, China,　年 月 日 SEP. 08 1993

见票 At 45 DAYS AFTER sight of this FIRST of Exchange (Second of Exchange, being unpaid) 日后（本汇票之副本未付）付交 Pay to the order of BANK OF CHINA SHANGHAI BRANCH

金额 the sum of US DOLLARS THIRTY FIVE THOUSAND ONLY.

against shipment of:- SPORTING GOODS UNDER INVOICE NO.4728294

此致 To CHENG HO INTERNATIONAL CO., LTD.
313 MOUNT STREET DAYTON, OHIO

上海市文教体育用品进出口公司
SHANGHAI STATIONERY & SPORTING GOODS IMPORT & EXPORT CORP.

俞培林

案例 4-40 分析

图 4-19　汇票案例

3. 汇票的内容

1）票据主文中列有“汇票”（exchange）字样。

2）出票人名称。

3）受票人名称。

4）收款人名称。

5）汇票金额，汇票的大写金额和小写金额要完全一致，汇票金额不许涂改或盖核对章。

6）出票日期和地点。

7）付款日期。

8）出票条款。出票条款也就是出票根据。它的一般内容是：开证行名称、信用证号码和开证日期。

9）无条件支付一定金额的命令。

10）出票人签章。

11）汇票一般一式两份。付款人只对其中一份承兑或付款，当对其中的一份承兑或付款后，另一份随即作废。即“付一不付二，付二不付一”。

4. 汇票的种类

（1）按照出票人的不同划分

按照出票人的不同，汇票可分为银行汇票和商业汇票。银行汇票（banker’s draft）的出票人和付款人均为银行。商业汇票（commercial draft）的出票人为企业法人、公司、商号或者个人，付款人可以为其他商号、个人，也可以是银行。

（2）按照有无随附单据划分

按照有无随附单据，汇票可分为光票汇票和跟单汇票。光票汇票（clean bill）本身不附带货运单据，银行汇票多为光票汇票。跟单汇票（documentary bill）又称信用汇票、押汇汇票，是需要附带提单、仓单、保险单、装箱单、商业发票等单据，才能进行付款的汇票，商业汇票多为跟单汇票，在国际贸易中经常使用。

（3）按照付款时间不同划分

按照付款时间不同，汇票可分为即期汇票和远期汇票。即期汇票（sight bill）指提示或见票时立即支付的汇票。远期汇票（time bill）指在出票一定期限后或特定日期付款的汇票。远期汇票付款日期的确定一般有以下几种形式：见票后若干天付款（at…days after sight）、出票后若干天付款（at…days after date of draft）、提单签发日后若干天付款（at…days after date of bill of lading）、指定日期付款（fixed date）。

（4）按照承兑人的不同划分

按照承兑人的不同，汇票可分为商业承兑汇票和银行承兑汇票。商业承兑汇票（commercial acceptance bill）是以银行以外的任何商号或个人为承兑人的远期汇票。银行承兑汇票（banker’s acceptance bill）是以承兑人为银行的远期汇票。

5. 汇票的使用

汇票的使用包括出票、提示、承兑和付款等票据行为。如果需要转让，通常应经过背书行为。远期汇票如果需要提前取得票款，可以通过贴现票据。如果汇票遭拒付，还需要制作拒绝证书和行使追索权。

（1）出票

出票（draw a draft）是指出票人在汇票上填写出票日期、受票人（付款人）、金额、付款日期、地点及收款人等。签署后交给收款人的行为。

出票时收款人的 3 种惯常写法如下。

1）限制性抬头。这种汇票通常会标注“仅付 ABC 公司（pay ABC Co.,Ltd. only）”或“付 ABC 公司，不准流通（pay ABC Co.,Ltd. not negotiation）”，这种汇票不得流通转让。

2）指示性抬头。汇票常标有“付 ABC 公司或其指定人”（“pay ABC Co.,Ltd. or order”或者“pay to the order of ABC Co.,Ltd.”）。

3）持票人或者来人抬头。常标注有“pay to bearer”或者“pay to ABC Co.,Ltd. or bearer”。

（2）提示

提示（presentation）是指持票人将汇票提交付款人要求付款或承兑的行为。付款人看到汇票叫作“见票”。如果是即期汇票，则付款人应在见票后立即付款；如果是远期汇票，则付款人见票后应办理承兑手续，到期付款。

（3）承兑

承兑（acceptance）是指远期汇票付款人承诺到期付款的行为。具体手续是由付款人将“承兑”字样写在汇票上，注明承兑日期并签名。付款人在承兑后即成为承兑人，担负到期付款的责任。如果为即期汇票，则不需要提示承兑。

（4）付款

付款（payment）是指付款人或承兑人向持票人清偿汇票金额的行为。付款后，汇票所代表的债务债权关系即告终止。持票人获得票款时，应当在汇票上签收，并将汇票交给付款人作为收款证明。

（5）背书

背书（endorsement）指转让汇票的手续，即由汇票持有人在汇票背面签上自己的名字把汇票交给受让人。经背书后，汇票的收款权利就转让给受让人。受让人有权以背书方式再次转让汇票。对受让人来说，所有以前的背书人和出票人都是他的前手。对背书人来说，所有他转让以后的受让人都是他的“后手”，前手对后手承担汇票得到承兑和付款的责任。

在金融市场上，最常见的背书转让为汇票的贴现，即远期汇票经承兑后，尚未到期，持票人背书后，由银行或贴现公司作为受让人。从票面金额中扣减按贴现率结算的贴息后，将余款付给持票人。银行或贴现公司贴现后，就成为汇票的持有人，可在市场上继续转让或到期向付款人索要票款。

（6）拒付和追索

持票人向付款人提示，付款人拒绝付款或拒绝承兑，均称拒付（dishonour）。另外，付款人逃匿、死亡或宣告破产，以致持票人无法实现提示，也称拒付。出现拒付，持票人有追索权。即有权向其前手（背书人、出票人）要求偿付汇票金额、利息和其他费用的权利。在追索（recourse）前必须按规定制作拒绝证书和发出拒付通知。

拒绝证书是用以证明持票已进行提示而未获结果，由付款地公证机构出具，也可由付款人自行出具退票理由书，或有关的司法文书。拒付通知用以通知前手关于拒付的事实，使其准备偿付并进行再追索。

案例 4-41

A 公司开出一张收款人为 B 公司，付款人为 C 银行的银行承兑汇票，B 公司因与 D 厂发生了货物买卖关系而将该银行承兑汇票背书转让给了 D 厂，D 厂又将其背书转让给了 E 公司。E 公司在票据到期日请求 C 银行付款时遭拒绝。为此，E 公司要求 B 公司承担票据责任。B 公司认为，D 厂所供货物有明显的质量瑕疵，故拒绝付款。

案例 4-41 分析

1）假定上述若干次背书均为有效背书，E公司要求B公司承担票据责任的请求是否合法？为什么？

2）B公司将该汇票转让给D厂时，在背书时必须记载哪些事项？

（二）本票

1. 本票的定义

本票是一个人向另一个人签发的，保证即期或定期或在可以确定的将来的时间内，对某人或其指定人或持票人支付一定金额的无条件书面承诺。本票按出票人的不同分为商业本票和银行本票。由工商企业或个人签发的称为商业本票或一般本票。由银行签发的称为银行本票。

《中华人民共和国票据法》第七十三条规定，本票是出票人签发的，承诺自己在见票时无条件支付确定的金额给收款人或者持票人的票据。《中华人民共和国票据法》只允许使用银行本票，不承认银行以外的工商企业、组织机构或个人签发的本票。在现代经济生活中，某些发达国家和地区的一些没有银行支票账户的顾客往往会请银行开立本票，用来购买诸如楼房、珠宝、汽车等贵重物品。这种本票以卖方作为抬头。也有采用储户抬头的本票，这种本票用来过户，将存款从一个户头转入另一个户头。人们还用这种本票支付税款、租金、水电费等。这种银行本票实际上是储户向银行提取现款的工具。图4-20为银行本票票样。

2. 本票的当事人

本票的当事人只有两个：签票人（maker）和收款人（payee）。签票人就是签发本票的人，是本票的主债务人，也是付款人。收款人是受领本票的人。本票属于自付票据，没有付款人的记载，签票人自始至终承担第一付款人的义务。

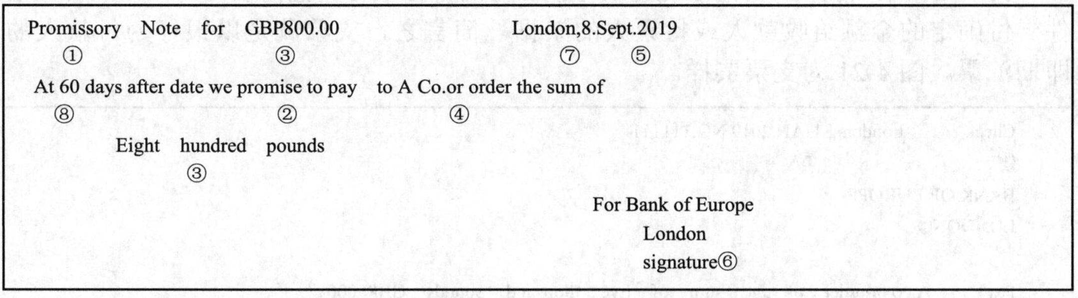
Promissory Note for GBP800.00 London,8.Sept.2019
① ③ ⑦ ⑤
At 60 days after date we promise to pay to A Co.or order the sum of
⑧ ② ④
Eight hundred pounds
③
For Bank of Europe
London
signature⑥

①“本票”字样；②无条件支付的承诺；③确定的金额；④收款人的名称；⑤出票日期；⑥出票人签字；⑦出票地点；⑧付款期限。

图4-20 银行本票票样

3. 本票的付款期限

本票的付款期限有以下三种情况。

1）见票时（即期）。

2）固定的将来时间（如2012年8月1日）。

3）可以确定（推算）的将来时间（如见票后30天）。

《中华人民共和国票据法》第七十八条规定，本票自出票日起，付款期限最长不得超过二个月。

4. 本票的内容

根据《中华人民共和国票据法》的规定，本票必须具备以下内容：①票据主文中表明“本票”的字样；②无条件支付的承诺；③确定的金额；④出票人签章；⑤收款人名称；⑥出票日期。本票上未记载以上规定事项之一的，本票无效。

5. 本票与汇票的区别

1）当事人不同。本票有两个当事人，即出票人和收款人；汇票有三个当事人，出票人、付款人、收款人。

2）承兑不同。本票无须承兑；远期汇票须经付款人承兑，以保证将来付款。

3）份数不同。本票只能一式一份，不能多开；汇票可以一式几份。

4）责任不同。本票由出票人负责；汇票在承兑前由出票人负责，承兑后则由承兑人负主要责任，出票人负次要责任。

5）债权债务关系不同。本票是债务人对债权人的一种支付承诺，而汇票是债权人对债务人的一种支付命令。

（三）支票

1. 支票的定义

支票是出票人签发，委托办理支票存款业务的银行或者其他金融机构在见票时无条件支付确定的金额给收款人或持票人的票据。简言之，支票就是以银行为付款人的即期汇票。图4-21为支票票样。

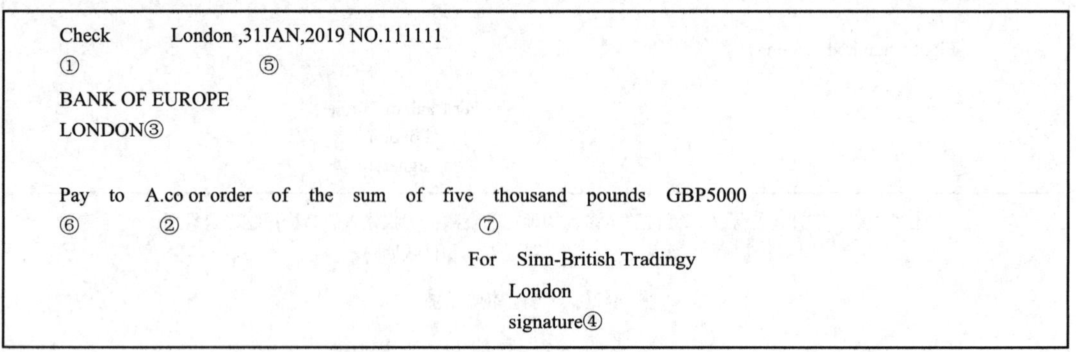
Check London ,31JAN,2019 NO.111111
① ⑤
BANK OF EUROPE
LONDON③

Pay to A.co or order of the sum of five thousand pounds GBP5000
⑥ ② ⑦
For Sinn-British Tradingy
London
signature④

①“支票”字样；②收款人；③付款人和付款地；④出票人签章；⑤出票日和出票地；⑥无条件支付的委托；⑦确定的金额。

图4-21 支票票样

2. 支票的当事人

1）出票人。指签发支票的当事人，是银行的存款人。
2）受票人。又称“付款人”，是出票人的开户银行。
3）收款人。指受领支票金额的当事人。

3. 支票的付款期限

支票的付款期限只有见票即付一种，即“即期付款”。现在支票在国际贸易中较少使用。

4. 支票的内容

根据《中华人民共和国票据法》的规定，支票必须具备以下内容：①票据主文中表明“支票”的字样；②无条件支付的委托；③确定的金额；④付款人名称；⑤出票日期；⑥出票人签章。

5. 支票的种类

我国票据法将支票分为以下几种。

（1）现金支票和转账支票

现金支票只能用来提取现金，转账支票则只能通过银行收款入账。一张支票究竟属于现金支票还是转账支票，则需要在支票正面注明。

（2）一般支票和划线支票

在大多数国家中，支票被分为一般支票和划线支票。一般支票的持票人既可以通过银行将票款收入自己账中，也可以凭票在付款行提取现金。划线支票是在支票正面划两道平行线的支票。划线支票与一般支票不同，划线支票非由银行不得领取票款，故只能委托银行代收票款入账。使用划线支票的目的是在支票遗失或被人冒领时，还有可能通过银行代收的线索追回票款。

支票出票人在签发支票后，应负票据上的责任和法律上的责任。票据上的责任是指出票人对收款人担保支票的付款；法律上的责任指出票人签发支票时，应在付款银行存有不低于票面金额的存款。如果存款不足，支票持有人在向付款银行提示支票要求付款时，就会遭到拒付，这种支票叫作空头支票，开出空头支票的出票人要负法律上的责任。

二、支付方式

国际贸易的货款结算可以采用多种支付方式，主要有汇付、托收和信用证三种。

（一）汇付

1. 汇付的定义及当事人

汇付（remittance）又称汇款，指债务人或付款人通过银行或其他途径将款项汇交债权人或收款人的结算方式。在汇付业务中，通常有四个当事人：汇款人、收款人、汇出行和汇入行。汇款人（remitter）即付款人，在国际贸易结算中通常是进口商；收款人（payee）通常是出口商；汇出行（remitting bank）是接受汇款人的委托或申请，汇出款项的银行，通常是进口商所在地的银行；汇入行（receiving bank），又称解付行（paying bank），是接受汇出行的委托解付款项的银行，汇入行通常是汇出行在收款人所在地的代理行。

2. 汇付的种类

按照使用的支付工具不同，汇付可分为电汇、信汇和票汇三种。

（1）电汇

电汇（telegraphic transfer，T/T）是指汇出行应汇款人的申请，采用电传、SWIFT（Society for Worldwide Interbank Financial Telecommunication，环球银行间金融电信协会）等电信手段将电汇付款委托书给汇入行，指示解付一定金额给收款人的一种汇款方式。电汇方式的优点是收款人可迅速收到汇款，但费用较高。

（2）信汇

信汇（mail transfer，M/T）是指汇出行应汇款人的申请，将信汇付款条件委托书寄给汇入行，授权解付一定金额给收款人的一种汇款方式。信汇方式的优点是费用较为低廉，但收款人收到汇款的时间较迟。图 4-22 为电汇和信汇流程图。

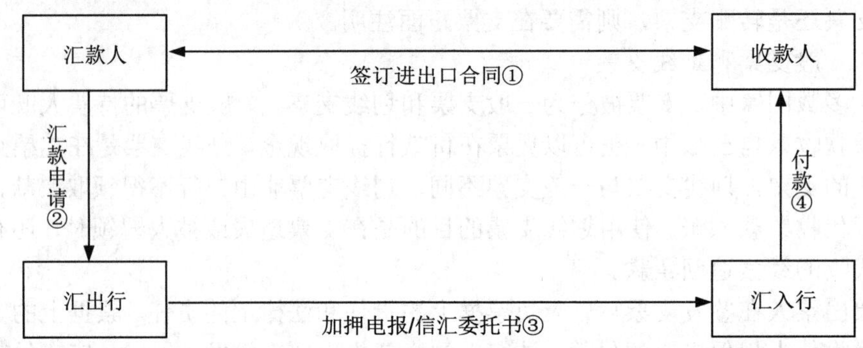

图 4-22 电汇和信汇流程图

（3）票汇

票汇（demand draft，D/D）是由汇出行根据汇款人的申请，开立以账户行或代理行为解付行的银行即期汇票，交由汇款人自行寄送给收款人或亲自携带出境，由持票人凭票取款的一种汇款方式。图 4-23 为票汇流程图。

3. 汇付结算方式的特点及适用性

汇付结算方式完全是建立在商业信用基础上的结算方式。交易双方根据合同或经济事项预付货款（payment in advance）或货到付款（payment after arrival of the goods）。预付货款进口商有收不到商品的风险；而货到付款出口商有收不到货款的风险。由于汇付

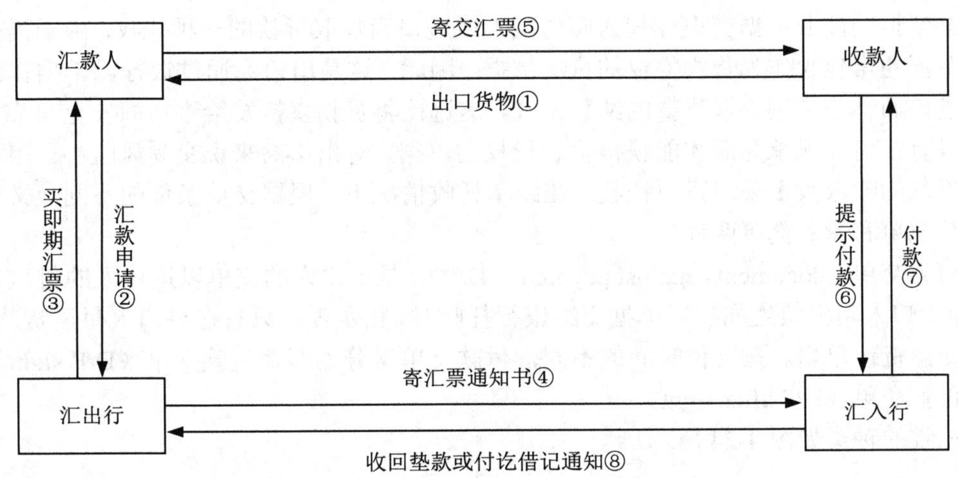

图 4-23 票汇流程图

结算方式的风险较大，这种结算方式只有在进出口双方高度信任的基础上才适用。此外，结算货款尾差、支付佣金、归还垫款、索赔理赔、出售少量样品等也可以采用这种结算方式。使用汇付方式结算货款的交易，在合同中的支付条款中应明确规定汇付的时间、具体的汇付方法和金额等。举例如下。

买方应不迟于 2019 年 7 月 28 日将全部货款用电汇方式预付给卖方。（The Buyers shall pay the total value to the Sellers in advance by T/T not later than July 28, 2019.）

（二）托收

1. 托收的定义及当事人

托收（collection）是出口人在货物装运后，开具以进口方为付款人的汇票（随附或不随付货运单据），委托出口地银行通过其在进口地的分行或代理行代出口人收取货款的一种结算方式。

托收方式的当事人主要有：①委托人（principal），是指委托银行办理托收业务的客户，通常是出口人；②托收银行（remitting bank），是指接受委托人的委托，办理托收业务的银行；③代收银行（collecting bank），是指接受托收行的委托向付款人收取票款的进口地银行，代收银行通常是托收银行的国外分行或代理行；④付款人（payer），通常是指买卖合同的进口人。

2. 托收的种类

托收按其是否带有商业单据可分为光票托收和跟单托收。光票托收（clean collection）是出口商（委托人）将不附带任何货运单据的金融票据，委托银行向付款人或进口商收取货款的一种托收。委托人提交的金融票据，通常是汇票、本票或支票。光票托收通常只是用于收取贸易从属费用，如广告费、附加运费、附加保险费、样品费等。跟单托收（documentary collection）是出口商（委托人）将金融票据连同商业单据或不带金融票据的商业单据交银行代为向付款人或进口商收取货款的一种托收。由于提交的商业单据通常包含作为货物物权的货运单据，因此，这是出口商通过银行以单据作为对价向进口商移交货物收取货款的结算方式，这远比将货物直接发给进口商安全可靠。进口商只有在付款或承兑后才能获得代表货权的单据，对出口商来说交易风险小。国际贸易中货款的收取大多采用跟单托收。在跟单托收情况下，根据交单条件的不同，又可分为付款交单和承兑交单两种。

付款交单（documents against payment，D/P），是出口人的交单以进口人的付款为条件，即出口人将汇票连同货运单据交给银行托收时，指示银行只有在进口人付清货款时，才能交出货运单据。按支付时间的不同，付款交单又分为即期付款交单（D/P sight）和远期付款交单（D/P after sight）。

托收的种类如图 4-24 所示。

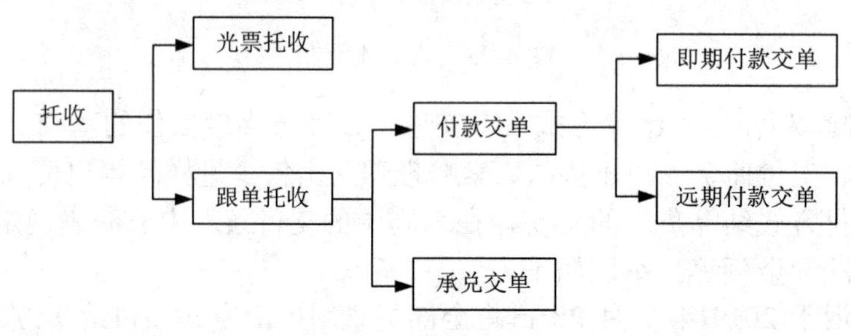

图 4-24 托收的种类

即期付款交单是指出口人发货后开具即期汇票连同货运单据通过银行向进口人提示，进口人见票后立即付款，在付清货款后向银行领取货运单据。图 4-25 为即期付款交单流程图。远期付款交单是指出口人发货后开具远期汇票连同货运单据，通过银行向进口人提示，进口人审核无误后即在汇票上进行承兑，于汇票到期日付清货款后再领取货运单据。图 4-26 为远期付款交单流程图。

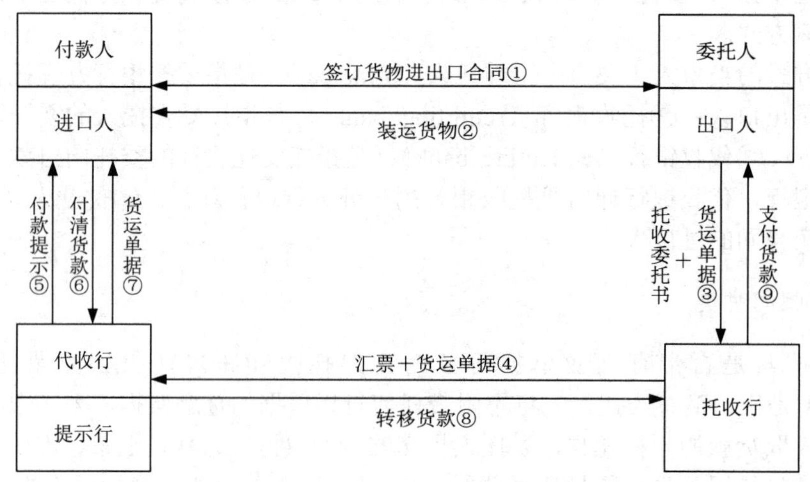

图 4-25 即期付款交单流程图

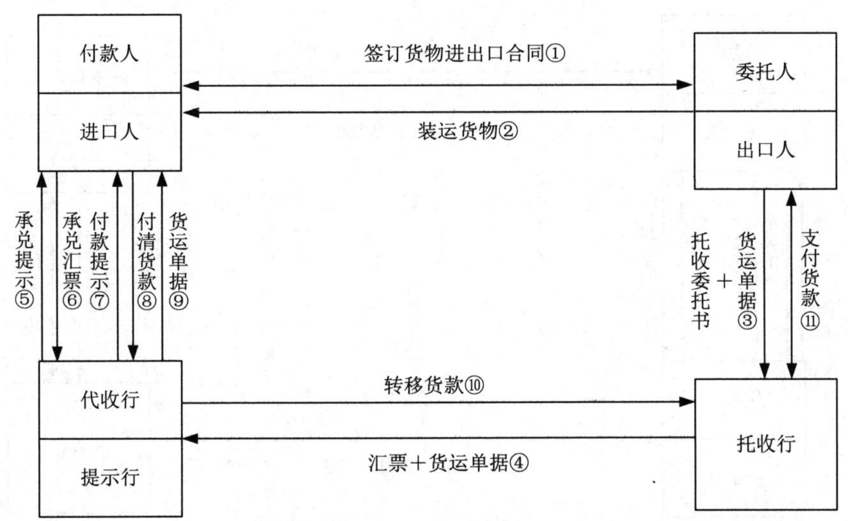

图 4-26　远期付款交单流程图

在远期付款交单的情况下，当到货日期早于付款日期时，如果要提前取得货运单据以便及时转售或使用，进口商可采用以下做法：一是在付款到期日之前付款赎单；二是进口商开立信托收据交给代收银行，凭以借出货运单据先行提货。所谓信托收据（trust receipt，T/R），就是进口商借单时提供的一种书面信用担保文件，用来表示愿意以代收行的受托人的身份代为提货、报关、存仓和销售，并承认货物的所有权仍属银行，保证取得的货款应于汇票到期日交付代收行。远期付款交单方式下的凭信托收据借单提货实质上是委托人或代收行对进口商提供的一种资金融通方式，这种方式只有在出口商对进口商的资信、偿款能力等十分了解并确信能如期收回款项时才能使用。如果是出口商提出或同意可以凭信托收据借单提货，并在托收委托书上写明"付款交单，凭信托收据借单提货"（D/P，T/R）字样，代收行依此指示办理托收业务而产生的风险应由出口商承担。如果出口商和托收行未曾在托收委托书上允许这一融资条件，而是代收行想为其本国进口商提供融资，同意进口商凭信托收据借单提货的话，则一切后果应由代收行自行负责。

案例 4-42

我某公司向日商以 D/P 即期方式推销某商品，对方答复若我方接受 D/P 90 天付款，并通过其指定 A 银行代收可接受。问：日商为何提出此要求？

案例 4-42 分析

承兑交单（documents against acceptance，D/A）是指出口人的交单以进口人在汇票上承兑为条件。即出口人在装运货物后开具远期汇票，连同商业单据，通过银行向进口人提示，进口人承兑汇票后，代收银行即将商业单据交给进口人，在汇票到期时，方履行付款义务。图 4-27 为承兑交单流程图。

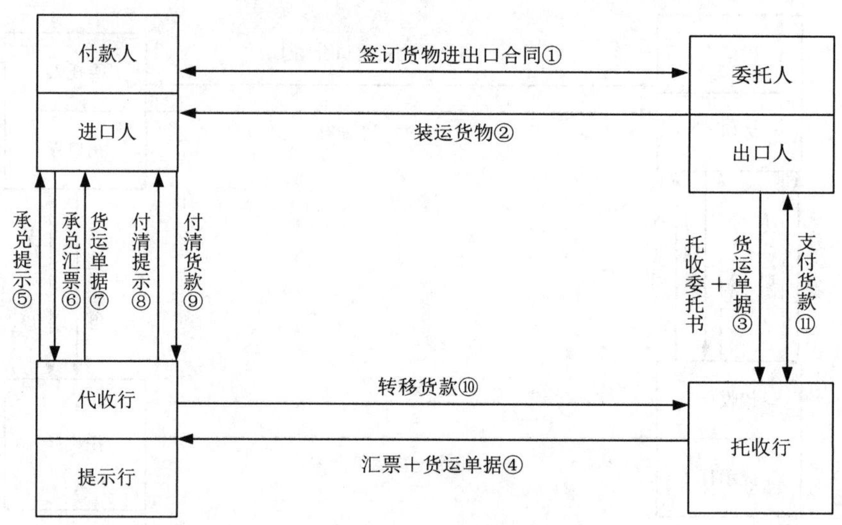

图 4-27　承兑交单流程图

案例 4-43

广西某外贸公司（卖方）与港商陈某（买方）在广交会上签订了出口 500 箱工艺品、金额为 25 万港元的合同。但在交易会过后两个月，对方仍未开来信用证，而此时，卖方已安排生产。后来，卖方去电询问对方原因，对方在获知卖方已生产完毕后，一再解释目前资金短缺，生意难做，要求卖方予以照顾，把信用证付款改为 D/A90 天付款。卖方公司考虑到货已备好，若卖给其他客户，一时找不到销路，会引起积压，故不得不迁就对方，改为 D/A90 天付款。于是，将货物安排运往香港，并提交有关单据委托当地 C 银行（托收行）通过香港 K 银行（代收行）托收货款。货到香港后，陈某凭已承兑汇票的单据，提取了货物。而 90 天期限已过，仍未见对方付款。虽经卖方银行多次催收，但对方总是借故推托，一拖再拖。卖方不仅失去货物，而且货款追收无望。

案例 4-43 分析

3. 托收方式中出口商的风险与应注意的事项

（1）出口商的风险

1）进口商破产或丧失偿还能力，这主要是指进口商的企业因经营不善而破产，或其企业虽然继续存在，但没有足够的财力向出口商支付货款，造成出口商的货款不能收回。

2）进口商因市场发生对自己不利的变化而借故毁约、拒付。

3）进口商政府班子的更替、国内政治局势的变化，甚至是政府的某种行为，都可能妨碍进口商履行支付协议。例如，进口许可制度、进口外汇支付的冻结等，都可能使进口商的支付协议难以履行，导致进口商拒付货款。

（2）出口商应注意的事项

1）交易前必须选择可靠的交易伙伴，即使是多次打过交道的客户尤其是中间商，也应经常调查和考察其资信情况和经营作风，对不同进口人按其具体情况确定不同的授信额度，并根据情况的变化，及时调整授信额度。

2）了解进口国家的贸易管制和外汇管制条例，以免货到目的地后，进口商未领到进口许可证或未申请到外汇等，从而造成被动和损失。

3）应争取采用 CIF 或 CIP 术语成交，由出口方自办保险。如果以其他方式成交，则可在装运前投保卖方利益险和海运货物运输险。在拒付的情况下货物遭受损失、进口商逃之夭夭时，可凭保险单向保险公司索赔。

4）必须了解有关国家的银行对托收的规定和习惯做法，了解进口国家的商业惯例和海关及卫生当局的各种有关规定，以免违反进口地习惯或规定，影响安全迅速收汇，甚至使货物遭没收、罚款或销毁。对一些采用与托收惯例相悖的地区性惯例的进口商，应采用即期付款交单成交，不接受远期 D/P，以防止进口地银行将远期付款交单做成承兑交单的风险。

5）采用托收方式成交，提单不应以进口商为收货人，最好采用“空白抬头，空白背书”提单，为了维护出口商利益，在取得代收行同意的条件下，也可以代收行作为提单抬头人。

凡以托收方式结算货款的交易，在买卖合同的支付条款中，必须明确规定交单条件和付款、承兑责任及付款期限等内容。具体的规定方法一般可先列明由卖方负责在装运货物后，开立汇票连同货运单据办理托收，然后再按不同的交单条件、付款期限及买方的付款、承兑责任等做具体明确规定。以下分别是即期付款交单、远期付款交单和承兑交单下的支付条款实例。

① 即期付款交单：

买方凭卖方开具的即期跟单汇票于见票时立即付款，付款后交单。（Upon first presentation the Buyers shall pay against document draft drawn by the Sellers at sight. The shipping documents are to be delivered against payment only.）

② 远期付款交单：

买方应凭卖方开具的跟单汇票，于提单日后××天付款，付款后交单。（The Buyers shall pay against documentary draft drawn by the Sellers at ×× days after date of B/L.The shipping documents are to be delivered against payment only.）

③ 承兑交单：

买方对卖方开具的见票后××天付款的跟单汇款，于提示时立即承兑，并应于汇票到期日即予付款，承兑后交单。（The Buyers shall duly accept the documentary draft drawn by the Sellers at ××days sight upon first presentation and make payment on its maturity. The shipping documents are to be delivered against acceptance.）

（三）信用证

1. 信用证的定义

信用证（letter of credit，L/C）是由进口方银行（开证行）依照进口商（开证申请人）的要求和指示，在符合信用证条款的条件下，凭规定单据向出口商（受益人）或其指定方进行付款的书面文件。即信用证是一种银行开立的有条件的承诺付款的书面文件。图 4-28 为信用证图例。

CATHAY BANK
777 NORTH BROADWAY
LOS ANGELES, CALIFORNIA 90012 USA
PHONE 625-4700 / CABLE ADDRESS: CATHBANC

☐ CONFIRMATION OF TELEX/CABLE PRE-ADVISED Date: February 11, 1993 Telex No. 4720688 ITT

IRREVOCABLE DOCUMENTARY CREDIT	CREDIT NUMBER 93/0125-FTC	ADVISING BANK'S REF. NO.
ADVISING BANK Bank of China Shanghai Branch Zhongshan Dongyilu 23 Shanghai, China	APPLICANT Friendship Trading Co. 142 South California St., #D San Gabriel, Ca. 91776 USA	
BENEFICIARY Shanghai Stationery & Sporting Goods Imp. & Exp. Corp. 1230-1240 Zhong Shan Rd., N.1 Shanghai, 200437 China	AMOUNT USD ***20,880.00 (US Dollars Twenty thousand Eight Hundred Eighty Only) EXPIRY date March 28, 1993 for negotiation China	

GENTLEMEN:
We hereby open our irrevocable letter of credit in your favor which is available by your draft at ------- sight for full invoice value on us accompanied by the following documents:
- Signed Commercial Invoice and 3 Copies
- Packing List and 3 copies
- Original Certificate of Origin and 3 copies
- Full set clean o n board ocean Bills of Lading showing freight prepaid consigned to order of Cathay Bank 777 N. Broadway, Los Angeles, Ca. 90012 USA notify XXXXXXXXXX Friendship Trading Co., 142 South California St., #D, San Gabriel, Ca.91776 USA
- Insurance policy or certificate for 130 percent of Invoice value covering: All Risks. War Risks.
- Textile Export Licence (670L) one original and 3 copies
- Beneficiary's certificate in duplicate certifying that each piece has been sewn with "made in China" label

Shipment from: Shanghai, Chi na
Shipment to : Los Angeles, Ca. USA not later than March 15, 1993
Transshipments permitted
Partial Shipment prohibited

Covering shipment of:
7,200 pcs. (black 2,400 pcs., Red 1,200 pcs. R/Blue 1,800 pcs., Grey 600 pcs., Navy 600 pcs., Burgundy 600 pcs.) of 600 D Polyester Back Packs in accordance with Sales confirmation 92E-232 dated December 7, 1992.

☐ FOB/ ☐ C&F/ ☒ CIF/ ☐ FAS Los Angeles, CA.USA

Shipment from	to	Latest	Partial shipments	Transhipment
Shanghai	Los Angeles, CA. USA	March 15,1993	prohibited	permitted

Drafts to be presented for negotiation within ___ days after shipment, but within validity of credit.
All documents to be forwarded in one cover, by airmail, unless otherwise stated under Special Instructions.

SPECIAL INSTRUCTIONS: ALL BANKING CHARGES OUTSIDE THE UNITED STATES ARE FOR ACCOUNT OF BENEFICIARY
- XXXXXXX All goods must be shipped in one 20' container load
- The value of freight prepaid have to shown on Bills of Lading
- Documents which fail to comply with the terms and conditions in the letter of credit subject to a special discrepancy handling fee of US$35.00 to be deducted from any proceeds.

Draft must be marked as being drawn under this credit and bear its number; the amounts are to be endorsed on the reverse hereof by the negotiating bank.

We hereby agree with the drawers, endorsers and bona fide holders that all drafts drawn under and in compliance with the terms of this credit shall be duly honored upon presentation at the office of Cathay Bank, Los Angeles, California, 90012, U.S.A.

This credit is subject to the Uniform Customs and Practice for documentary credits (1983 revision) by the International Chamber of Commerce Publication No. 400.

Yours Very Truly,

Joan Y Su
Authorized Signature

Authorized Signature

L/C-014

图 4-28 信用证图例

2. 信用证遵循的国际惯例

为统一各国对跟单信用证条款的解释和做法，明确各有关当事人的权利和义务，减少因解释不同而引起的不必要的争端，使信用证成为国际通行的贸易工具，国际商会在1929年拟订了一套《商业跟单信用证统一规则》（Uniform Regulations for Commercial Documentary Credit），并于1930年公布实施，为国际商会第74号出版物。1933年更名为《商业跟单信用证统一惯例》（Uniform Customs and Practice for Commercial Documentary Credits），简称《统一惯例》，为国际商会第82号出版物。1951年国际商会针对《统一惯例》颁布第一个修订本，出版物编号为第151号；1962年颁布第二个修订本，出版物编号为第222号，改称为《跟单信用证统一惯例》（Uniform Customs and Practice for Documentary Credit，UCP）。以后又先后于1974年、1983年、1993年、2007年分别以第290号、第400号、第500号、第600号四个出版物颁布第三、第四、第五和第六个修订本。

UCP600已为世界上大多数国家和地区的银行接受，成为重要的国际贸易惯例。信用证上往往有"本证根据国际商会《跟单信用证统一惯例》（UCP600）开立"的字样。在我国的进出口业务中采用信用证支付，信用证大多列明"除另有规定外，本证根据国际商会《跟单信用证统一惯例》（UCP600）办理"。

3. 信用证的业务流程

采用信用证方式结算货款，从进口人向银行申请开出信用证，一直到开证行付款后又向进口人收回垫款，其中经过多道环节，并需要办理各种手续。加上信用证的种类不同，信用证条款有着不同的规定都会影响这些环节的简繁，但其基本流程大致相同。图4-29为即期不可撤销跟单信用证支付流程图。

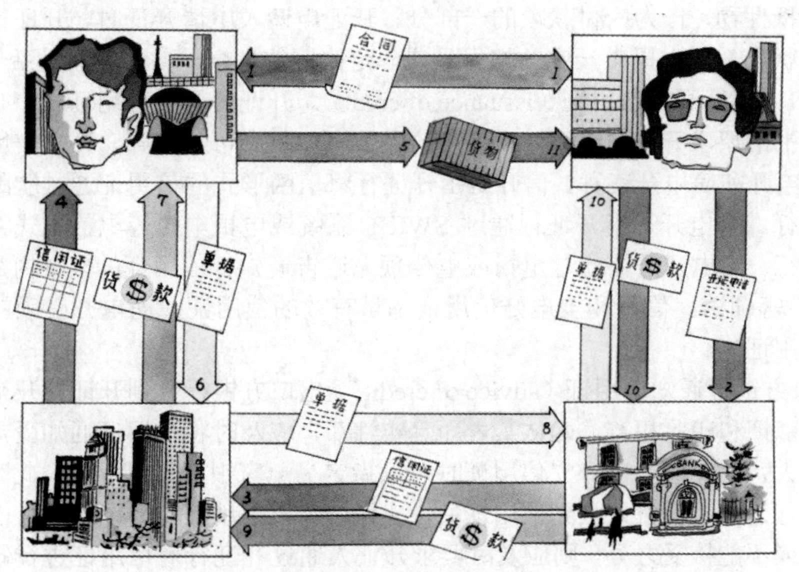

图4-29 即期不可撤销跟单信用证支付流程图

（1）信用证的当事人

1）开证申请人（applicant）：又称开证人（opener），是向银行申请开立信用证的人，通常是进口商。

2）开证行（opening bank/issuing bank）：应开证申请人的要求，开立信用证并承担付款责任的银行，通常是进口地银行。

3）受益人（beneficiary）：接受信用证并享有信用证下合法权利的人，通常是出口商或实际供货人。

4）通知行（advising bank/notifying bank）：受开证行的委托将信用证转交或通知出口商的银行，通常是出口地的银行。

5）议付行（negotiating bank）：自己垫付资金买入或贴现受益人开立和提交的符合信用证规定的跟单汇票的银行。议付行可以是信用证上指定的银行，也可以是非指定的银行。

6）付款行（paying bank/drawee bank）：开证行授权进行信用证项下付款或承兑并支付受益人出具的汇票的银行。付款行可以是开证行自己，也可以是接受开证行委托的另一家银行。

7）保兑行（confirming bank）：应开证行的请求在信用证上加具保兑的银行，其具有与开证行相同的责任。

（2）信用证支付方式的业务流程

1）进口商申请开证（application for credit）。进口商在与出口商签订贸易合同后，应根据合同条款向银行申请开立信用证。申请开证时，进口商应填写开证申请书，内容包括两部分：第一部分是要求开立信用证的基本内容，是开证行开证的主要依据；第二部分是开证人对开证行的声明或保证，以明确自己应承担的责任，其基本内容是承认在其付清货款前，开证行对单据及其所代表的货物拥有所有权，若到期不付款，开证行有权没收一切抵押物，作为应付款项的一部分。开证申请人申请开证时，开证行可根据开证人的资信状况，要求提供一定的担保品或一定比例的押金，并收取手续费。

2）进口方银行开立信用证（issuance of credit）。开证行开立信用证时，必须严格按照开证申请书的要求开立，否则，开证行的权益不能得到可靠保障。开立信用证的方法有信开、全电开和简电开三种。信开是指开证行将信函形式的信用证通过航邮寄送给出口商或通知行。全电开是指开证行通过 SWIFT 系统或电报电传等电信方式将信用证内容传至通知行。简电开是指通过电报或电传预先通告通知行信用证的主要内容，并附有“详情后告”等词语。信开和全电开信用证都是有效的信用证，简电开必须补寄证实书方为有效信用证。

3）出口方银行通知信用证（advice of credit）。出口方银行收到开证行开来的信用证时，经核对密押和印鉴相符，确认其表面真实性后，应及时将信用证通知受益人。如果信用证金额大，则开证行在开立信用证时可以指定另一家银行加具保兑，此时，保兑行通常由通知行兼任。受益人收到信用证后，应仔细审核信用证。如果发现其内容有与合同条款不符或不能接受之处，则应及时要求开证人通过开证行对信用证进行修改或拒绝接受信用证。如果接受信用证，则应立即备货，并在信用证规定的装运期限内，按照信用证规定的条件装运发货。然后，缮制并取得信用证所规定的全部单据，开立汇票，连同信用证正本和修改通知书，在规定的期限内送交信用证规定的议付行或付款行，或保兑信用证的保兑行，或任何愿意议付该信用证下单据的银行。

4）出口方银行议付信用证（negotiation of credit）。议付行对出口商提交的单据进行仔细的审核后，确认单证相符、单单相符后，即可进行议付。议付是指议付行以自有资金按照汇票金额扣除各项费用和利息后，垫付款项给受益人，并获得受益人提交的汇票及单据的所有权的行为。议付表面上是银行的购票行为，实际上是银行为受益人融通资金的一种方式。银行议付单据后，有权向开证行或其指定的付款行索偿，若遭拒付，可向受益人追索议付款项。

5）进口方银行接受单据（documents taken up by issuing bank）。开证行（或其指定的付款行）收到议付行寄来的汇票和单据后，如果审单后发现单证或单单不符，则有权拒付，但必须及时将拒付事实通知议付行。如果未发现单据中的不符点，则应无条件付款给议付行后，取得汇票和单据的所有权。

6）进口商赎单提货（take delivery of goods against documents retired）。开证行接受单据后，应立即通知进口商备款赎单。进口商核验单据无误后，将全部票款（或部分票款以押金抵补）及有关费用付给开证行，即可取得所有单据并提货。此时，开证行和进口商之间由于开立信用证而形成的契约关系就此终止。进口商付款赎单后，如果发现任何有关货物的问题，不能向银行提出赔偿要求，则应分具体情况向出口商、保险公司或运输部门索赔。

4. 信用证的基本内容

信用证的内容根据不同交易的需要，各银行习惯使用的信用证格式各不相同。国际商会曾先后设计并介绍过四种信用证标准格式，其中包括即期付款信用证、承兑信用证、延期付款信用证和议付信用证。但是，现在各国银行基本上还是按照其过去的习惯开立信用证，同时参照国际商会推荐的标准格式略加修改。虽然目前信用证尚无统一格式，但其基本内容大致相同，主要包括以下几个方面。

1）对信用证本身的说明。例如，信用证的编号、种类、金额、开证日期、到期日和交单地点等。

2）信用证的当事人。例如，开证申请人、受益人和开证行，以及开证行指定的通知行、议付行、付款行、偿付行和保兑行等。

3）货物条款。例如，货物的名称、规格、数量、包装、价格等。

4）装运与保险条款。例如，运输方式、启运地、目的地、装运日期、可否分批装运、可否转运等，以 CIF 或 CIP 术语达成的交易项下的保险要求，及投保的金额和险别等。

5）单据条款。包括：对汇票的要求，如使用汇票，应列明汇票的必要项目；对货运单据的要求，包括商业发票、海关发票、提单或运输单据、保险单证等；此外，还有包装单据、产地证、检验证书等。

6）特别条款。主要是根据进口国政治经济贸易状况的变化或不同业务需要规定的一些条款。

7）开证银行的责任条款，以及适用的国际惯例。目前，银行开出的信用证都注有“该证受国际商会第 600 号出版物《跟单信用证统一惯例》的约束”字样。

5. 信用证的特点

（1）开证行负有第一性的付款责任

在信用证结算方式下，只要受益人提交的单据完全符合信用证的规定要求，开证行必须对其或其指定人付款，而不是等进口商付款后再转交款项。可见，与汇款、托收方式不同，信用证方式依靠的是银行信用，是由开证行而不是进口商负第一性的付款责任。

案例 4-44

某出口公司收到一份国外开来的 L/C，出口公司按 L/C 规定将货物装出，但在尚未将单据送交当地银行议付之前，突然接到开证通知，称开证申请人已经倒闭。因此，开证行不再承担付款责任。出口公司如何处理？

案例 4-44 分析

（2）信用证是一项独立于贸易合同的文件

信用证虽然是以贸易合同为依据开的，相应的内容也与贸易合同相一致，但却不受贸易合同的约束。在信用证业务的付款关系中，最基本的一对当事人是开证行和受益人。而贸易合同的订立者是进出口双方，合约的签订人不同，合约的具体执行当然也应独立完成。这一点在 UCP600 中也明确提到过。UCP600 第四条 a 款是这样说的：就性质而言，信用证与可能作为其依据的销售合同或其他合同，是相互独立的交易。即使信用证中提及该合同，银行亦与该合同完全无关，且不受其约束。因此，一家银行做出兑付、议付或履行信用证下其他义务的承诺，并不受申请人与开证行之间或受益人之间在已有关系下产生的索偿或抗辩的制约。

案例 4-45

我某公司从国外进口一批钢材，货物分两批装运，每批分别由中国银行开立一份 L/C。第一批货物装运后，卖方在有效期内向银行交单议付，议付行审单后，即向外国商人议付货款，然后中国银行对议付行做偿付。我方收到第一批货物后，发现货物品质与合同不符，因而要求开证行对第二份 L/C 项下的单据拒绝付款，但被开证行拒绝。开证行这样做是否有道理？

案例 4-45 分析

（3）银行处理的是单据而不是货物

在信用证方式下，银行付款的依据是单证一致、单单一致，而不管货物是否与单证一致。信用证交易把国际货物交易转变成了单据交易。正如 UCP600 第五条所言：银行处理的是单据，而不是单据所涉及的货物、服务或其他行为。

案例 4-46

我某公司与欧洲某客户达成一笔圣诞节应季礼品的出口交易。合同规定的交货期为 2011 年 12 月 1 日前，但未规定买方的开证时间。卖方于 2011 年 11 月上旬开始向买方催开 L/C，经多次催证，买方于 11 月 25 日将 L/C 开抵我方。我方于 12 月 5 日将货物装运完毕，当我方向银行提交单据时被银行拒付。银行拒付有无道理？为什么？此案例中，我方有哪些失误？

案例 4-46 分析

6. 信用证的种类

在国际贸易中所使用的信用证种类很多，按不同的角度分，信用证主要有以下几种。

（1）跟单信用证和光票信用证

根据是否附有货运单据，信用证可分为跟单信用证（documentary L/C）和光票信用证（clean L/C）。

跟单信用证，是指银行凭附带货运单据的汇票或仅凭货运单据付款的信用证。这里的货运单据包括代表货物所有权的单据，如海运提单、多式联运单据；或证明货物已发运的单据，如铁路运单、航空运单、邮包收据等；以及商业发票、保险单据、商检证书、产地证书、包装单据等。国际贸易结算大都使用跟单信用证。

光票信用证，是指开证行仅凭受益人开具的汇票或简单收据而无须附带货运单据而付款的信用证。光票信用证主要用于贸易总公司与各地分公司间的货款清偿和贸易从属费用的结算。

（2）可撤销信用证和不可撤销信用证

根据开证行所承担的责任不同，信用证可分为可撤销信用证（revocable L/C）和不可撤销信用证（irrevocable L/C）。

可撤销信用证是指开证行在付款、承兑或被议付以前，可以不经受益人同意也不必事先通知受益人而随时修改或撤销的信用证。但对于开证行指定或被授权的银行在接到修改或撤销通知前，已经根据表面上符合信用证的单据所进行的付款、承兑或议付，开证行仍予以承认并负责偿付。可撤销信用证的开证行可以随时取消或修改，对受益人缺乏足够的保障，因而在国际贸易中极少采用。

不可撤销信用证是指信用证一经通知受益人，在有效期内未经受益人及有关当事人的同意，开证行对信用证内容不得随意修改或撤销的信用证。只要受益人提交的单据符合信用证规定，开证行或其指定银行必须履行付款责任。使用这种信用证，受益人的权益有可靠的保障，因而在国际贸易中不可撤销信用证得到广泛的使用。信用证在开立时应清楚地表明是可撤销的还是不可撤销的，若信用证上对此未写明，按 UCP600 的规定，该信用证将被视作不可撤销的。

案例 4-47

我A公司向加拿大B公司出口一批货物，贸易条件为CIF多伦多，B公司于2009年4月10日开来不可撤销信用证，证内规定“装运期不得晚于4月15日”。此时，我出口商已经来不及按期装船，并立即要求进口商将装期延至5月15日。B公司来电称“同意展延装期，并将信用证有效期顺延一个月”。A公司于5月10日装船，提单签发日期为5月10日，A公司于5月15日将全套符合信用证规定的单据提交银行办理议付。问：我银行可否议付此套单据？为什么？

案例 4-47 分析

（3）保兑信用证和不保兑信用证

根据有无银行加以保证兑付，信用证可分为保兑信用证（confirmed L/C）和不保兑信用证（unconfirmed L/C）。

保兑信用证是指一家银行开出的信用证，由另一家银行保证对符合信用证规定的单据承担付款责任。只有不可撤销信用证才可加具保兑。信用证一经保兑，保兑行与开证行一样都承担第一性的付款责任。对受益人来说，同时取得了两家银行的付款保证，安全收汇更有保障。保兑行通常是通知行，有时也可以是出口地的其他银行或第三国银行。

不保兑信用证是指未经除开证行以外的其他银行保兑的信用证，即一般的不可撤销信用证。当开证银行资信较好或成交金额不大时，一般都使用这种不保兑的信用证。

案例 4-48

我某轻工进出口公司向国外客户出口某商品一批，合同中规定以即期不可撤销信用证为付款方式，信用证的到期地点规定在我国。为保证款项的收回，应议付行的要求，该公司商请中国香港某银行对中东某行（开证行）开立的信用证加以保兑。在合同规定的开证时间内，我方收到通知银行（即议付行）转来的一张即期不可撤销保兑信用证。我出口公司在货物装运后，将有关单据交议付银行议付。不久接保兑行通知：“由于开证行已破产，我行将不承担该信用证的付款责任。”保兑行的做法是否正确？为什么？对此情况，我方应如何处理？

案例 4-48 分析

（4）即期付款信用证和远期信用证

根据付款时间的不同，信用证可分为即期付款信用证（sight payment L/C）和远期信用证（usance L/C）。

即期付款信用证是指开证行或付款行在收到符合信用证规定的跟单汇票或单据时，立即履行付款义务的信用证。这种信用证的特点是出口商收汇迅速安全，有利于资金周转。在即期信用证中，有时还加列电报偿付条款（T/T reimbursement clause）。这是指开证行同意议付行用电报或电传通知开证行或指定付款行，说明各种单据与信用证要求相符，开证行或指定付款行接到电报或电传通知后，有义务立即将货款拨交议付行。

远期信用证是指开证行或付款行收到出口方银行寄来的单据时，虽经审单相符，但不立即付款，而是等到远期付款汇票到期日才履行付款承诺的信用证。在国际贸易中，远期信用证又大体分为以下几种类型。

1）延期付款信用证（deferred payment L/C），又称迟期付款信用证，指开证行在信用证中规定“货物装船后若干天付款”，或“开证行见单后若干天付款”，一般不要求受益人（出口商）开立汇票，即使提交汇票，开证行也不予承兑，因而不易贴现，所以延期付款信用证又称无承兑信用证。在当代国际贸易中，还是以使用即期信用证为主，以远期信用证为辅，我国也是这样。在实践中，延期付款信用证大多用于金额较大而且付款期限较长（往往长达一年或数年）的资本货物交易，常与政府出口信贷相结合。

2）承兑信用证（acceptance L/C），是指付款行在收到符合信用证规定的远期汇票和单据时，先在汇票上履行承兑手续，待汇票到期日再行付款的信用证。这种信用证规定以银行为汇票上的付款人，又称银行承兑信用证。

3）假远期信用证（usance L/C payable at sight），是指规定信用证受益人开立远期汇票，同时又规定付款行同意即期付款，或同意贴现，一切贴现费和其他费用由开证申请人负担。使用假远期信用证对受益人来说与即期信用证没有什么大的区别，能够即期十足收款，进口人常利用这种信用证取得融通资金的便利。

案例 4-49

我某出口公司与新西兰商人成交一批出口货物。原合同规定买方开不可撤销即期信用证，但对方开来的却是一张 60 天的远期信用证。不过在证中规定：“Discount charges for payment at 60 days are borne by Buyers and payable at maturity in the scope of this credit.”问此证是否为假远期信用证？我方可否接受？

案例 4-49 分析

（5）可转让信用证和不可转让信用证

根据受益人对信用证的权利可否转让，信用证可分为可转让信用证（transferable L/C）和不可转让信用证（untransferable L/C）。

可转让信用证是指开证行在信用证上明确注明“可转让”字样，授权通知行在受益人（第一受益人）的要求下，可将信用证的全部或部分转让给第三者（第二受益人）的信用证。

可转让信用证只能转让一次，如果信用证不禁止分批装运，则在累计不超过信用证金额的前提下，可以分成几个部分分别转让给一个以上的第二受益人。信用证只能按原证规定的条款办理转让，但信用证的金额、单价、装运日期和到期日等项可以缩短或减少，保险加保比例可以增加，也可以以第一受益人代替原证申请人的名称。进口商开立可转让信用证，意味着其同意第一受益人将交货、交单的义务让予第一受益人指定的其他人来履行，但并不等于买卖合同也被转让。如果发生第二受益人不能交货，或交货不符合合同规定，单据不符合信用证规定时，第一收益人仍要承担买卖合同规定的卖方责任。可转让信用证的受益人，往往是中间商，要求国外进口商开立可转让信用证，以转让给实际供货人（第二受益人），由实际供货人直接装运。

不可转让信用证是指受益人不能将信用证的权利转让给他人的信用证。凡未在信用证上注明“可转让”字样者，将被视为不可转让信用证。

案例 4-50

香港公司 B 向内地供应商 A 购买一批金额为 100 万美元的货物，双方签订了合同。香港公司 B 就此批货物以 120 万美元与国外客户 C 签约。A 为出口商，B 为中间商，C 为进口商。Bank A 为国内的通知行，Bank B 为 B 公司的账户行，Bank C 为开证行。采用可转让信用证，简述其流程。

案例 4-50 分析

（6）循环信用证

循环信用证（revolving L/C）是指受益人在一定时间内使用了规定的金额后，其金额又恢复到原金额，直至达到规定的时间、次数或金额为止的信用证。

循环信用证不同于一般信用证，一般信用证在使用完后即告失效，而循环信用证可多次循环使用。这种信用证多用于成交金额比较大或交货时间比较长的商品交易。其主要优点在于进口方可以减少开证手续、降低开证费用。

按循环的计算方法，循环信用证可分为按时间循环（revolving around time）和按金额循环（revolving around value）两种。按时间循环是指受益人可根据信用证规定的期限反复支取信用证规定的金额。按金额循环是指信用证规定的金额被用完后自动恢复到原金额，直至规定的全部金额用完为止。

按恢复方式，循环信用证可分为自动循环、半自动循环和非自动循环三种。

1）自动循环（automatic revolving），是指受益人每期用完一定金额后，无须等待开证行的通知即可自动恢复到原金额供再次使用。

2）半自动循环（semi-automatic revolving），是指受益人每期用完一定金额后，在若干天内开证行未提出不能恢复原金额的通知，即自动恢复到原金额。

3）非自动循环（non-automatic revolving），是指受益人每期用完一定金额后，须经开证行通知，才能恢复原金额再次使用。

（7）对背信用证

对背信用证（back to back L/C）又称背对背信用证，在贸易实务中，中间商分别同实际用户和实际供应商签订有供应和采购合同，实际用户向中间商开出一个不可转让的信用证时，中间商不能直接转让这个信用证，但可以要求与其有往来的银行以该信用证为保证，以其为申请人，开出的以实际供应商为受益人的信用证。对背信用证的装运期、到期日、金额和单价等可较原证规定提前或减少，但货物的质量、数量必须与原证保持一致。

（8）对开信用证

对开信用证（reciprocal L/C）是指两张信用证的开证申请人互以对方为受益人而开

立的信用证。对开信用证的特点是第一张信用证的受益人（出口人）和开证申请人（进口人）就是第二张信用证的开证申请人和受益人。

在来料来件加工装配业务中，进口原料、配件时可开立远期信用证；在向对方出口成品时可要求对方开立即期信用证，这样就不需要垫付资金进口原材料、配件。

（9）预支信用证

预支信用证（anticipatory L/C，prepaid L/C）是指开证行允许受益人在货物装运前，可凭汇票或其他有关证件向指定付款行（通常为通知行）提前支取货款的信用证。它与远期信用证刚好相反，是开证人付款在先，受益人交单在后。

开证人之所以愿意开出预交信用证，主要原因是：市场上指定货物紧缺，进口人求购心切；出口人资金短缺，进口人借机压价；通过银行向外转移外汇，不失时机地抓住有利价格购进指定现货；此外，订购投资大、生产周期长的大型机械设备、船舶、飞机等货物，出口人需要先备料而要求进口人预付部分价款等。

预支信用证分为全部预支信用证（clean payment L/C）和部分预支信用证（partial payment L/C）两种：①全部预支信用证，是指仅凭受益人提交的光票预支全部货款，实际上等于预付货款，也有的要求受益人在凭光票预取货款时，须附交一份负责补交货运单据的声明书；②部分预支信用证，是指凭受益人提交的光票和以后补交装运单据的声明书预支部分货款，待货物装运后货运单据交到银行再付清余款。但预支货款要扣除利息。

预支信用证的预支条款常用红字打出，习惯上称其为“红条款信用证”（red clause L/C）。不过，现在使用的预支信用证的预支条款，并非都用红字打出，即使用黑字打出，同样能起红条款信用证的作用。

（10）备用信用证

备用信用证（standby letter of L/C）又称担保信用证，是指不以清偿商品交易的价款为目的，而以贷款融资，或担保债务偿还为目的所开立的信用证。

开证行保证在开证申请人未能履行其应履行的义务时，受益人只要凭备用信用证的规定向开证行开具汇票，并随附开证申请人未履行义务的声明或证明文件，即可得到开证行的偿付。如果开证人守信履约，则该信用证就不需要使用，故称备用。

拓展阅读

SWIFT 信用证

SWIFT 是全球银行金融电信协会（Society for Worldwide Interbank Financial Telecommunications）的英文简称。该组织于 1973 年在比利时成立，目前拥有 209 个国家和地区的 9000 多家银行成员，成员银行间通过自动化国际金融电信网办理资金调拨，汇款结算，开立信用证及信用证项下的汇票和托收等业务。中国银行于 1983 年 2 月加入该系统，其他的一些中资银行也陆续加入该系统。SWIFT 每周 7 天，每天 24 小时连续不断地运行，其成员银行能在几分钟内互相传递信息。

SWIFT 电信系统的特点是电文标准化，通过 SWIFT 开立或通知的信用证称为

SWIFT 信用证。SWIFT 有自动开证格式，在信用证开端标着 MT700、MT701 代号。SWIFT 成员银行均参加国际商会，遵守 SWIFT 规定，使用 SWIFT 格式开立信用证，其信用证则受国际商会 UCP600 条款约束。所以通过 SWIFT 格式开证，实质上已相当于根据 UCP600 开立信用证。表 4-10 为 MT700 的开立格式。

表 4-10 MT700 的开立格式

M/O[①]	Tag 代号	Field Name 栏目名称	Content/Options 内容
M	27	Sequence of Total 合计次序[②]	ln/ln 1 个数字/1 个数字
M	40A	Form of Documentary Credit 跟单信用证类别	24x 24 个字
M	20	Documentary Credit Number 信用证号码	16x 16 个字
O	23	Reference to Pre-Advice 预告的编号	16x 16 个字
O	31C	Date of Issue 开证日期	6n 6 个字
M	31D	Data and Place of Expiry 到期日及地点	6n29x 6 个数字/29 个字
O	51A	Applicant Bank 申请人银行	A or D A 或 D
M	50	Applicant 申请人	4*35x 4 行×35 个字
M	59	Beneficiary 受益人	4*35x 4 行×35 个字
M	32B	Currency Code, Amount 币别代号、金额	3a15n 3 个字母/15 个数字
O	39A	Percentage Credit Amount Tolerance 信用证金额加减百分率	2n/2n 2 个数字/2 个数字
O	39B	Maximum Credit Amount 最高信用证金额	13x 13 个字
O	39C	Additional Amounts Covered 可附加金额	4*35x 4 行×35 个字
M	41A	Available With…By… 向……银行押汇，押汇方式为……	A or D A 或 D
O	42C	Drafts at… 汇票期限	3*35x 3 行×35 个字
O	42A	Drawee 付款人	A or D A 或 D
O	42M	Mixed Payment Details 混合付款指示	4*35x 4 行×35 个字
O	42P	Deferred Payment Details 延迟付款指示	4*35x 4 行×35 个字

续表

M/O[①]	Tag 代号	Field Name 栏目名称	Content/Options 内容
O	43P	Partial Shipments 分批装船	1*35x 1行×35个字
O	43T	Transshipment 转船	1*35x 1行×35个字
O	44A	Loading on Board/Dispatch/Taking in Charge at/from… 由……装船/发送/接管	1*65x 1行×65个字
O	44B	For Transportation to… 装运至……	1*65x 1行×65个字
O	44C	Latest Date of Shipment 最后装船日	6n 6个字
O	44D	Shipment Period 装运期间	6*65x 6行×65个字
O	45A	Description of Goods and/or Services 货物叙述和/或各种服务	50*65x 50行×65个字
O	46A	Documents Required 应提示单据	50*65x 50行×65个字
O	47A	Additional Conditions 附加条件	50*65x 50行×65个字
O	71B	Charges 费用	6*35x 6行×35个字
O	48	Period for Presentation 提示期间	4*35x 4行×35个字
M	49	Confirmation Instructions 保兑期间	7x 7个字
O	53A	Reimbursement Band 偿付行	A or D A或D
O	78	Instructions to the Paying/Accepting/Negotiation Band 对付款/承兑/议付行之指示	12*65x 12行×65个字
O	57A	Advise Through Bank 通过……银行通知	A, B or D A, B或D
O	72	Sender to Receiver Information 银行间的备注	6*35x 6行×35个字

① M/O为Mandatory与Optional的缩写，前者是指必要项目，后者为任意项目。

② 合计次序是指本证的页次。共两个数字，前后各一。如“1/2”，其中“2”指本证共2页，“1”指本页为第1页。

7. 信用证支付方式下的支付条款

在采用跟单信用证方式结算的业务中，应在买卖合同的支付条款中，就开证时间、开证银行、信用证受益人、信用证种类、金额、装运期、到期日等做出明确规定。举例如下。

买方应通过为卖方所接受的银行于装运月份前 30 天开立的并送达卖方不可撤销即期信用证，有效至装运月份后第 15 天在中国议付。（The Buyers shall open through a bank acceptable to the Sellers an Irrevocable Sight Letter of Credit to reach the Sellers 30 days before the month of shipment, valid for negotiation in China until the 15th day after the month of shipment.）

三、不同支付方式的结合使用

国际贸易支付方式选择是否恰当，会直接导致出口人是否能够安全、快捷地收到货款。汇付、托收、信用证这三种支付方式互有利弊，实际业务中要根据对方的资信等级、货物的供求状况、合同金额的高低、运输方式和种类、财务结算成本高低等因素正确选择和使用最适合的支付方式。这些支付方式除了单独使用，还可以通过不同支付方式的综合运用来减少或规避风险。

1）信用证与汇付相结合。即部分货款采用汇付，余款采用信用证结算。通常买家以汇付方式向出口人支付 10%～30%的合同金额作为定金，余下的合同金额以信用证方式支付。

2）信用证与托收相结合。部分货款采用信用证支付，余款采用跟单托收结算。一般的做法是，在信用证中应规定出口商须签发两张汇票：一张汇票用于信用证项下的货款，凭光票支付；另一张汇票须附全套单据，按跟单托收处理，但在信用证中必须增加开证行要申请人全部付清发票金额后方可交单的条款。采用这种做法对进口商来说，少垫付资金；对出口商来说，减少了交易风险。

3）备用信用证与跟单托收相结合。这是为了防止跟单托收项下的货物一旦遭到进口商拒付时，可利用备用信用证的功能追回货款。

4）跟单托收与汇付相结合。部分货款采用汇付，余款采用跟单托收支付。一般买家以汇付方式向出口商支付 10%～30%的合同金额作为定金，余下的合同金额以托收方式支付。

5）不同支付方式与分期付款、延期付款相结合。在国际贸易中，由于大型设备、成套机械及大型交通工具的交易具有货物金额大、制造生产周期长、检验手段复杂、交货条件严格及产品质量保证期较长等特点，往往采用两种或两种以上的支付方式，例如，银行保证书或备用信用证与汇付，再结合分期付款或延期付款来支付货款。

任务评价

同 步 训 练

实训项目：

根据以下资料，试拟写合同中的支付条款。

1）买方应于 2019 年 10 月 16 日前将合同金额的 50%以电汇方式预付给卖方。

2）买方凭卖方开具的即期跟单汇票，于见票时立即付款，付款后交单。

3）买方通过卖方接受的银行，于装船月份前 20 天开立并送达卖方不可撤销即期信用证，规定 50%发票金额凭即期光票支付，其余 50%金额用即期跟单托收方式付款交单。全套货运单据附于托收项下，在买方付清发票的全部金额后交单。如果买方不能付清全部发票金额，则货运单据须由开证行掌握，凭卖方指示处理。

思考与练习

一、选择题

1. 使用 D/P、D/A 和 L/C 三种结算方式，对于卖方而言，风险由大到小依次为（　　）。

A. D/A、D/P 和 L/C　　B. L/C、D/P 和 D/A
C. D/P、D/A 和 L/C　　D. D/A、L/C 和 D/P

2. 按照有无随附单据，汇票可分为（　　）。

A. 即期汇票　　B. 远期汇票　　C. 光票　　D. 跟单汇票

3. 属于银行信用的国际贸易支付方式是（　　）。

A. 汇付　　B. 托收　　C. 信用证　　D. 票汇

4. 在国际贸易中用以统一解释调和信用证各有关当事人矛盾的国际惯例是（　　）。

A.《托收统一规则》　　B.《国际商会 600 号出版物》
C.《合约保证书统一规则》　　D.《国际商会 434 号出版物》

5. 一张有效的信用证，必须规定一个（　　）。

A. 装运期　　B. 有效期　　C. 交单期　　D. 议付期

6. 按照《跟单信用证统一惯例》的规定，受益人最后向银行交单议付的期限是不迟于提单签发日的（　　）天。

A. 11　　B. 15　　C. 21　　D. 25

7. 信用证的第一付款人是（　　）。

A. 进口商　　B. 开证行　　C. 出口商　　D. 通知行

8. 出票人是银行，受票人也是银行的汇票是（　　）。

A. 商业汇票　　B. 银行汇票　　C. 光票　　D. 跟单汇票

9. 持票人将汇票提交付款人要求承兑的行为是（　　）。

A. 转让　　B. 出票　　C. 见票　　D. 提示

10. 支票是以银行为付款人的（　　）。

A. 即期汇票　　B. 远期汇票　　C. 即期本票　　D. 远期本票

11. T/T 指的是（　　）。

A. 信汇　　B. 电汇　　C. 票汇　　D. 信用证

12. D/P at sight 指的是（　　）。

A. 远期付款交单　　B. 即期付款交单

C. 跟单托收　　D. 承兑交单

13. 下列几种结算方式中，对卖方而言风险最大的是（　　）。

A. 汇票　　B. 承兑交单

C. 即期付款交单　　D. 远期付款交单

14. 在其他条件相同的前提下，（　　）的远期汇票对受益人最为有利。

A. 出票后若干天付款　　B. 提单签发日后若干天付款

C. 见票后若干天付款　　D. 货到目的港后若干天付款

15. 根据 UCP600 的规定，可转让信用证只能转让（　　）次。

A. 1　　B. 2　　C. 3　　D. 4

16. 某支票签发人在银行的存款总额低于其所签发的支票票面金额，其签发的这种支票称为（　　）。

A. 现金支票　　B. 转收支票　　C. 旅行支票　　D. 空头支票

17. 使用循环信用证的目的在于简化单证和减少开证押金。这种信用证一般使用于（　　）。

A. 金额巨大，需要分期付款的成套机器设备进口的合同

B. 中间商用于转运他人货物的合同

C. 母公司与子公司之间的贸易合同

D. 分批均匀交货的长期供货合同

18. 按照《跟单信用证统一惯例》（UCP600），信用证（　　）。

A. 未规定是否可撤销，即为不可撤销信用证；未规定可否转让，即为可转让信用证

B. 未规定是否可撤销，即为可撤销信用证；未规定可否转让，即为不可转让信用证

C. 未规定是否可撤销，即为可撤销信用证；未规定可否转让，即为可转让信用证

D. 未规定是否可撤销，即为不可撤销信用证；未规定可否转让，即为不可转让信用证

19. 在补偿贸易或易货贸易中经常使用的信用证是（　　）。

A. 循环信用证　　B. 对开信用证

C. 对背信用证　　D. 红条款信用证

二、案例分析题

阅读 SWIFT 信用证并回答下列问题。

1）该信用证的申请人是谁？

2）信用证号码是什么？

3）最后装运日是哪一天？

4）要求受益人提供哪些单据？

5）买卖的商品是什么？

Safe　Reference: 01001611710150304

Received from: MHBKJPJT
Message Type: MT 700 Issue of a Documentary
Date: Nov. 7, 2019

27:	Sequence of Total 1/1
40A:	Form of Documentary Credit IRREVOCABLE
20:	Documentary Credit Number A30-0305-001033
31C:	Date of Issue 191104
31D:	Date and Place of Expiry 20200110 AT ISSUING BANK
50:	Applicant DOBEST，INC 3-85-16CHUO，WARABI-SHI，SAITAMA，335-0004，JAPAN
59:	Beneficiary YIWU OCEAN IMP.& EXP.CO.，LTD. Xinke Industrial District，Yiwu City，Zhejiang Province，China
32B:	Currency Code，Amount USD18,480.00
41D:	Available With…By… ANY BANK BY NEGOTIATION
42C:	Drafts at… BENEFICIARY'S DRAFT(S) AT SIGHT FOR FULL INVOICE COST
42A:	Drawee MHBKJPJT
43P:	Partial Shipments PROHIBITED
43T:	Transshipment PROHIBITED
44A:	Loading on Board/Dispatch/Taking in Charge at/from SHIPMENT FROM SHANGHAI
44B:	For Transportation to… FOR TRANSPORTATION TO TOKYO，JAPAN
44C:	Latest Date of Shipment 191231

45A: Description of Goods and/or Services

JIANG HUA BRAND PLASTIC SLIPPERS AS PER S/C NO. QJDB1018，8133F，2400PAIRS，3.75 USD PER PAIR，8130G，2,400PAIRS，3.95 USD PER PAIR，CIF TOKYO，EACH 24 PAIRS PACKED IN ONE CARTON;TOTAL 200 CARTONS TO ONE 20' CONTAINER SHIPPING MARKS: DO-BEST / QJDB1018/ TOKYO /C/NO.1-UP

46A: Documents Required

+SIGNED COMMERCIAL INVOICE IN TRIPLICATE +FULL SET OF CLEAN ON BOARD MARINE BILLS OF LADING MADE OUT TO ORDER AND BLANK ENDORSED，MARKED "FREIGHT COLLECT"，NOTIFY APPLICANT，INDICATING CREDIT NUMBER.

+PACKING LIST IN TRIPLICATE

+INSURANCE POLICY OR CERTIFICATE IN DUPLICATE ENDORSEMENT IN BLANK COVERING OCEAN MARIN CARGO CLAUSE ALL RISKS AND WAR RISK PLUS 110 PERCENT OF INVOICE VALUE AS PER CIC DATED 01/01/1981 + CERTIFICATE OF ORIGIN IN ONE PHOTO COPY +BENEFICIARY'S CERTIFICATE CERTIFYING THAT THEY HAVE SENT ONE FULL SET OF NON-NEGOTIABLE DOCUMENTS UNDER L/C NO. A30-0305-001033 HAVE BEEN MAILED TO THE APPLICANT BY EMS WITHIN 48 HOURS AFTER SHIPMENT. +FAX TO APPLICANT，SHOWING DATE OF SHIPMENT AND DETAILS，AS PER B/L.THE REPORT OF TRANSMISSION IS REQUIRED.

47A: Additional Conditions

INSTRUCTION TO THE NEGOTIATING BANK.

NEGOTIATING BANK MUST FORWORD NEGOTIATED DOCUMENTS TO MIZUHO BANK，LTD.，HEAD OFFICE. (ADDRESS:5 HCSAI ROAD TOKYO，100-0011，JAPAN.)

71B: Charges

ALL BANKING CHARGES OUTSIDE JAPAN ARE FOR BENEFICIARY'S ACCOUNT.

48: Period for Presentation

DOCUMENT MUST BE PRESENTED WITHIN 5 DAYS AFTER THE DATE OF SHIPMENT BUT WITHIN THE VALIDITY OF THIS CREDIT.

49: Confirmation Instructions

WITHOUT

78: Instruction to the Paying/Accepting/Negotiating Bank
INSTRUCTIONS TO THE NEGOTIATING BANK :
UPON RECEIPT OF THE ORIGINAL DOCUMENTS IN ORDER, WE SHALL REIMBURSE YOU BY REMITTING THE AMOUNT CLAIMED TO YOUR DESIGNATED ACCOUNT.
ALL DOCUMENTS MUST BE AIRMAILED TO US IN TWO SEPARATE SETS BY COURIER SERVICE.
REIMBURSEMENT BY TELETRANSMISSION IS PROHIBITED.
A DISCREPANCY FEE WILL BE DEDUCTED/CHARGED IF DOCUMENTS ARE PRESENTED WITH DISCREPANCIES.

任务评价答案 4-9

任务十 订立国际贸易合同的检验条款

任务要求

掌握国际贸易合同中检验条款中检验时间和地点的规定；掌握检验机构的选择；掌握检验标准和方法及不同种类检验证书的相关内容。

导入案例

某出口合同商品检验条款规定：商品检验以装船地商检报告为准。该批货物在装运港装船时情况良好，但在目的港交付货物时却发现品质与约定规格不符。买方经当地商检机构检验并凭其出具的检验证书向卖方索赔，卖方却以合同规定的商检条款拒赔。

思考：

1）如何理解国际贸易合同中检验条款的重要性？

2）卖方拒赔是否合理？

任务学习

商品检验又称货物的检验，是指在国际贸易中，对卖方所交付货物的质量、数（重）量和包装等进行检验和鉴定，以确定其是否符合合同规定；有时还对装载技术条件、卫生、疫情、运输途中发生的残损、短损及安全等方面进行检验检疫和鉴定。我们通常简称其为“商检”。

商品检验是随着国际贸易的发展而产生和发展起来的，它在国际贸易中占有十分重要的地位。在国际贸易中，由于交易双方身处异地，相距遥远，货物在长途运输和装卸过程中难免会发生残损、短少甚至灭失，尤其是在凭单交货的象征性交货条件下，买卖双方所交货物的品质、数量等问题更容易产生争议，因此，为了便于查明货损、货差原因和确定责任归属，以利于货物的交接和交易的顺利进行，往往需要一个权威、公正的检验检疫机构对货物进行检验并出具检验检疫证书以资证明。这种由商检机构出具的检验证书已成为国际贸易中买卖双方交接货物、结算货款、索赔和理赔的主要依据。由此可见，商品检验是国际货物买卖中不可缺少的一个重要环节。

根据《中华人民共和国进出口商品检验法》的规定，对法定检验的进口商品未经检验合格的不准销售、使用；对法定检验的出口商品未经检验合格的不准出口；盛装出口危险货物的包装容器必须进行性能鉴定和使用鉴定，使用未经鉴定合格的包装容器的危险货物不准出口。

根据《中华人民共和国进出口商品检验法实施条例》的规定，出入境检验检疫机构（自 2018 年 4 月 20 日被并入海关）对进出口商品实施检验的内容包括是否符合安全、卫生、健康、环境保护、防止欺诈等要求以及相关的品质、数量、重量等项目。

在实际操作中，企业可根据海关商品编码（HS 编码），查到其海关监管条件，监管条件为 A 表示进境检验检疫，B 表示出境检验检疫，A/B 表示出境和入境检验检疫，如果在其中的产品，就要商检了。检验检疫类别有以下几类：M 表示进口商品检验，N 表示出口商品检验，P 表示进境动植物、动植物产品检疫，Q 表示出境动植物、动植物产品检疫，R 表示进口食品卫生监督检验，S 表示出口食品卫生监督检验。外贸公司是无权报检的，但可以通过商检代理报检，小额商检可以通过报关行。只有生产工厂才能够向海关下的商检部门去申请商检，通过各项指标的验收。海关部门要来验厂，通过后工厂才有报检资格，然后由海关部门开通报检系统。报检时要用海关的专用系统申报，海关工作人员来现场检验，再签发商检的电子凭条。企业凭电子凭条的信息，向海关去申报，申报时有很多具体的内容，比如生产单位、经营单位、品名、体积、重量、HS 编码、出口国别和口岸，这些资料要和报关资料一一对应，先报检再报关，报关费用一般是货值的 1.6‰左右。在义乌，木制品、电子产品、食品、竹制品、纺织品等，基本是和人皮肤接触的产品都需要法定商检，电器类的东西也较多，当然也要根据不同国家的要求来对待。根据海关总署公告 2020 年第 53 号，自 2020 年 4 月 10 日起，对“6307900010”等海关商品编号项下的医疗物资（具体以附件列出）实施出口商品检验。

国际贸易合同中检验条款的主要内容包括检验时间和地点、检验机构、检验标准和方法及检验证书。

一、检验的时间和地点

根据各国法律，买方在接收货物前有权对货物进行检验，但应在何时何地检验，并无统一规定。因此，为了明确责任，双方应在合同中订明检验的时间和地点。

在国际贸易合同中，关于检验的时间和地点基本上有三种做法。

（一）在出口国检验

这种做法可分为产地检验和装运前或装运时在装运港（地）检验。

1. 产地检验

产地检验是指在货物产地（如工厂、农场、矿山等），由合同中规定的检验机构对货物进行检验。检验合格后，卖方不再对货物的质量负责。

2. 装运前或装运时在装运港（地）检验

装运前或装运时在装运港（地）检验又称“离岸品质、离岸重量”（Shipping Quality

and Shipping Weight)，是指货物在装运港（地）装运前或装运时由合同中规定的检验机构对货物进行检验并出具检验证书作为卖方交货品质、重量等的最后依据。货物运抵目的港（地）后，即使发现问题，买方也无权拒收货物或提出异议与索赔。

上述两种规定办法从根本上否定了买方对货物的检验权，对买方极为不利。

（二）在进口国检验

这种做法可分为目的港（地）检验和买方营业处所或最终用户所在地检验。

1. 目的港（地）检验

目的港（地）检验又称“到岸质量、到岸重量”(Landed Quality and Landed Weight)，是指货物运抵目的港或目的地卸货后的一定时间内，由合同中规定的检验机构对商品进行检验并出具检验证书作为卖方交货品质、重量等的最后依据。若检验证书证明货物与合同规定不符且责任归属于卖方时，买方可向卖方提出索赔、退货等要求。

2. 买方营业处所或最终用户所在地检验

买方营业处所或最终用户所在地检验是指货物运抵目的港（地）买方营业处所或最终用户所在地后的一定时间内，由合同中规定的检验机构对货物进行品质、数量、包装等内容的检验，并以其出具的检验证书作为卖方交货品质、重量等的最后依据。

这种检验方法主要适用于需要安装调试进行检验的成套设备、机电仪表产品以及在卸货口岸开件检验后难以恢复原包装的商品。

上述两种规定办法从根本上否定了卖方对货物的检验权，对卖方极为不利。

（三）在出口国检验、进口国复验

在出口国检验、进口国复检是指装运地的检验机构验货后出具的检验证书，作为卖方收取货款的出口单据之一，但不作为买方收货品质、重量等的最后依据。货到目的地后的一段时间内，买方有权请求合同规定的检验机构进行复验，出具复验证明。复验中如果发现到货品质、重量或数量与合同规定不符且属于卖方责任时，买方可在规定时间内凭复验证明向卖方提出异议和索赔，直至拒收货物。

上述这种订立方法较公平合理，照顾到了买卖双方的利益，因而在国际贸易中被广泛采用。我国进出口贸易中一般采用这一做法。

近年来，在检验的时间、地点及具体做法上，国际上也出现了一些新的做法和变化。例如，在出口国装运前预检验，在进口国最终检验，即在买卖合同中规定货物在装运期由买方派员或委托检验机构人员对货物进行预检验，货物运抵目的港（地）后，买方有最终检验和索赔权。采用这一做法，有的还伴以允许买方或其指定的检验机构人员在产地或装运港或装运地实施监造或监装，对进口商品实施装运前预检验，这是当前国际贸易中较普遍采用的一种行之有效的质量保证措施。

根据《中华人民共和国进出口商品检验法实施条例》的规定，在我国进口贸易中，对属于法定检验范围内的关系国计民生、价值较高、技术复杂的以及其他重要的进口商品和大型成套设备，应当按照对外贸易合同约定监造、装运前检验或者监装。国家对可用作原料的固体废物实行装运前检验制度。对价值较高，涉及人身财产安全、健康、环境保护项目的高风险进口旧机电产品，应当依照国家有关规定实施装运前检验。采用这一做法可以保障我方的利益。

此外，为了分清责任归属和减少因两地检验结果不同产生争议，保证合同的顺利履行，一般在检验条款中应规定：凡属保险公司及承运人责任的，买方不得向卖方提出索赔，只能向有关责任方要求赔偿；如果两地检验结果的差距在一定范围之内，则以出口检验结果为准，如果超过一定范围，由双方协商解决；如果未解决，可交第三国检验机构进行仲裁性检验，或者规定超过范围部分的损失由双方平均分担。

二、检验的机构

在进出口贸易中，商品的检验工作一般由专业的检验机构负责办理。由于检验检疫机构做出的检验结果对买卖双方的关系重大，因此在合同中必须明确规定由哪个机构承担检验检疫工作，该商检机构出具的检验证书才能为买卖双方所接受。

国际上的商品检验机构有官方的，也有民间私人或社团经营的。有些国家的官方商品检验机构只对特定商品（粮食、药物等）进行检验，如美国食品药品监督管理局（FDA）。

国际贸易中的商品检验主要由民间机构承担，民间商检机构具有公证机构的法律地位。比较著名的民间商检机构有以下几个。

1）瑞士通用公证行。它是目前世界上最大的专门从事国际商品检验、测试和认证的集团公司，是一个在国际贸易中有影响的民间独立检验机构。

2）英国英之杰检验集团。它是一个国际性的商品检验组织，总部设在伦敦。该集团为了加强其在世界贸易领域中的竞争地位，通过并购世界上有名望、有实力的检验机构，组建自己的检验集团。

3）日本海事检定协会。它创立于 1913 年，是一个社团法人检验协会，主要是为社会公共利益服务。它的总部设在东京，除在日本各主要港口设有检验所外，还在泰国、新加坡、马来西亚、菲律宾和印度尼西亚等国设有海外事务所。

4）新日本检定协会。它创立于 1948 年，是日本的一个财团法人检验协会，为财团的经济利益服务。其主要业务是海事检定、一般检验、集装箱检查、理化分析和一般货物检量等。

5）美国安全试验所。它始建于 1894 年，总部设在伊利诺伊州的诺斯布鲁克，在纽约长岛、佛罗里达州的坦帕、加利福尼亚州的桑塔克莱拉等地设有分支机构。UL 是美国最权威的，也是世界上最大的对各类电器产品进行检验、测试和鉴定的民间检验机构。

6）美国材料与试验协会。它的总部设在费城，是美国资格最老、规模最大的学术团体之一，是从事工业原材料标准制定的一个非官方组织。

7）加拿大标准协会。它成立于 1919 年，其目的是在工业界建立规则，负责制定电气领域里自愿采用的标准。加拿大标准协会实验室负责设备标准试验和认证。

8）国际羊毛局。它成立于 1937 年，是一个非营利性机构。其宗旨是为各成员国的养羊人士建立羊毛制品在全球的长期需求。成员国中较大的羊毛出口国是澳大利亚、新西兰及南半球一些国家，它们出口的原毛占全球年成交量的80%左右。

外国检验机构经批准也可在我国设立分支机构，在指定范围内接受进出口商品检验和鉴定业务。

我国进出口商品检验主要由海关总署及其各省、自治区、直辖市的直属机构承担。海关总署设在省、自治区、直辖市以及进出口商品口岸、集散地的直属机构及其分支机构（简称海关办事处）管理所负责地区的进出口商品检验工作。

此外，还有各种专门从事药品的质量检验、计量器具的量值检定、锅炉压力容器的安全监督检验、船舶（包括海上平台、主要船用设备及材料）、飞机（包括飞机发动机、机载设备）的适航检验以及核承压设备的安全检验等官方检验机构。

我国商检机构和一些国外检验机构建立了委托代理关系或合资检验机构。

三、检验标准和方法

根据《中华人民共和国商品检验法》的规定，凡列入目录的进出口商品，按照国家技术规范的强制性要求进行检验；没有国家技术规范的强制性要求的，可以参照国家商检部门指定的国外有关标准进行检验。法律、行政法规定由其他检验机构实施检验的进出口商品或者检验项目，依照有关法律、行政法的规定办理。此外，买卖合同中规定的质量、数量和包装条款通常也是进出口商品检验的重要依据。

商品检验的方法主要有感官检验、化学检验、物理检验和微生物检验等。

四、检验证书

检验证书（Inspection Certificate）是商检机构对进出口商品实施检验或鉴定后出具的证明文件，是各种进出口商品检验证书、鉴定证书和其他证明书的统称，是对外贸易有关各方履行契约义务、处理索赔争议和仲裁、诉讼举证，具有法律依据的有效证件，也是海关验放、征收关税和优惠减免关税的必要证明。

（一）检验证书的作用

1）作为证明卖方所交货物的品质、数量、包装以及卫生条件等是否符合合同规定的依据。在进出口贸易中，交付与合同条款规定相符的货物是卖方的义务之一，因此，在买卖合同或信用证中，一般都明确规定卖方交付货物时必须向买方提交经商检机构检验并出具的检验证书，以证明所交的货物与合同或信用证规定一致，否则，进口方有权拒绝付款。

2）作为买方因商品的品质、数量、重量、包装等方面的问题，拒收或提出异议和索赔的凭证。买方收到货物后，如发现其品质、数量、重量、包装等方面与合同或信用证规定不一致时，可以凭商检机构出具的检验证书证明货物的实际残损情况，并将其作为处理争议的依据，向有关方面提出索赔。

3）作为卖方向银行结算货款的单据之一。当合同或信用证中规定在出口国检验、进口国复检时，一般合同中都规定，卖方必须提交规定的检验证书。因此，卖方在向银行办理货款结算时，在所交的单据中必须包括检验证书。

4）作为进出口国海关验放的证件之一。涉及法定检验检疫要求的进出口商品申报时，在报关单随附单证栏中应当填写报检电子回执上的检验检疫编号或企业报检电子底账数据号。否则海关不予放行。

5）作为证明货物在装卸、运输过程中的实际状况、明确责任归属的依据。货物在进出口过程中，可能会涉及如进口商、承运部门、装卸部门、保险部门等诸多当事人，如果货物在装卸、运输过程中发生数量短缺、残损、变质甚至灭失等情形，其责任的划分往往比较困难。有了商品检验部门出具的有关证书，就能证明货物在装卸、运输时的状况，明确划分责任以及处理货物残损。

（二）商检证书的种类

1）品质检验证书。它是出口商品交货结汇和进口商品结算、索赔的有效凭证，是法定检验商品的证书，是进出口商品报关、输出输入的合法凭证。商检机构签发的企业报检电子底账数据号和海关无纸化通关与商检证书有同等通关效力；签发的《出境货物检验检疫工作联系单》同为商检证书性质。

2）重量／数量检验证书。它是出口商品交货结汇、签发提单和进口商品结算、索赔的有效凭证，是出口商品的重要证书，也是国外报关征税和计算运费、装卸费用的证件。

3）兽医检验证书。它是证明出口动物产品或食品经过检疫合格的证件，适用于冻畜肉、冻禽、禽畜罐头、冻兔、皮张、毛类、绒类、猪鬃、肠衣等出口商品，是对外交货、银行结汇和进口国通关输入的重要证件。

4）卫生／健康证书。它们是证明可供人类食用的出口动物产品、食品等经过卫生检验或检疫合格的证件，适用于肠衣、罐头、冻鱼、冻虾、食品、蛋品、乳制品、蜂蜜等，是对外交货、银行结汇和通关验放的有效证件。

5）消毒检验证书。它是证明出口动物产品经过消毒处理、保证安全卫生的证件，适用于猪鬃、马尾、皮张、山羊毛、羽毛、人发等商品，是对外交货、银行结汇和通关验放的有效凭证。

6）熏蒸证书。它是用于证明出口粮谷、油籽、豆类、皮张等商品以及包装用木材与植物性填充物等已经过熏蒸灭虫处理的证书。

7）残损检验证书。它是证明进口商品残损情况的证件，适用于进口商品发生残、短、渍、毁等情况，可作为受货人向发货人或承运人或保险人等有关责任方索赔的有效证件。

8）积载鉴定证书。它是证明船方和集装箱装货部门正确配载积载货物、履行运输契约义务的证件，可供货物交接或发生货损时处理争议之用。

9）财产价值鉴定证书。它是对外贸易关系人和司法、仲裁、验资等有关部门索赔、理赔、评估或裁判时的重要依据。

10）船舱检验证书。它能够证明承运出口商品的船舱清洁、密固、冷藏效能及其他技术条件是否符合保护承载商品的质量和数量完整与安全的要求，可作为承运人履行租船契约适载义务，对外贸易关系方进行货物交接和处理货损事故的依据。

11）生丝品级及公量检验证书。它是出口生丝的专用证书。其作用相当于品质检验证书和重量／数量检验证书。

12）产地证明书。它是出口商品在进口国通关输入和享受减免关税优惠待遇和证明商品产地的凭证。

13）舱口检视证书、监视装／卸载证书、舱口封识证书、油温空距证书、集装箱监装／拆证书。它们是作为证明承运人履行契约义务、明确责任界限、便于处理货损货差责任事故的证明。

14）价值证明书。它是进口国管理外汇和征收关税的凭证。在发票上签盖商检机构的价值证明章与价值证明书具有同等效力。

15）货载衡量检验证书。它是证明进出口商品的重量、体积吨位的证件，可作为计算运费和制订配载计划的依据。

16）集装箱租箱交货检验证书、租船交船剩水／油重量鉴定证书。它们可作为契约双方明确履约责任和处理费用清算时的凭证。

范例 4-1

出口合同中的检验条款

买卖双方同意货物在装运港（地）装运前由××海关进行检验，签发的品质检验证书和数量/重量检验证书作为信用证项下议付单据的一部分，允许买方有权对货物运抵目的港（地）卸货后经双方同意的检验机构进行复验。复验费由买方负担。如果发现货物的品质、数量或重量与合同不符，则买方有权向卖方索赔，但须提供经卖方同意的公证机构出具的检验报告，索赔期限为货到目的港（地）××天内。

范例 4-2

进口合同中的检验条款

双方同意以制造厂（或××检验机构）出具的品质检验证书及数量/重量检验证书作为有关信用证项下付款的单据之一。货到目的港经××海关复验，如果发现品质、数量或重量与本合同规定不符时，除属保险人或承运人责任外，买方凭××海关的检验证书，在索赔有效期内向卖方提出退货或索赔。索赔有效期为××天，自货物卸毕日期起计算。所有退货或索赔引起的一切费用（包括检验费）及损失均由卖方负担。

任务评价

同 步 训 练

实训项目：

翻译：“在交货前制造商应就订货的质量、规格、数量、性能做出全面、准确的检验，并出具货物与本合同相符的检验证书。该证书为议付货款时向银行提交单据的一部分，但不得作为货物质量、规格、数量、性能的最后依据，制造商应将记载检验细节的书面报告附在品质检验书内”。

思考与练习

一、选择题

1. 在进出口合同的商检条款中，关于检验时间和地点的规定使用最多的为（　　）。
   A．在出口国检验
   B．在进口国检验
   C．在出口地检验，在进口地复验
   D．出口地检验重量，进口地检验品质
2. 商检证书的作用不包括（　　）。
   A．是海关验关放行的依据　　B．是卖方办理货款结算的依据
   C．是办理索赔和理赔的依据　　D．向银行办理贷款的依据
3. 在国际贸易中，（　　）不属于商品检验机构。
   A．国家设立的国家检验机构　　B．卖方或生产厂家设立的化验室
   C．开证银行　　D．民间公证行
4. 在国际贸易合同中的检验条款，不包括以下内容（　　）。
   A．检验时间和地点　　B．检验人员
   C．检验机构　　D．检验依据
5. 对技术密集型产品，宜在（　　）。
   A．生产过程检验　　B．出厂前检验
   C．装船前检验　　D．最终用户所在地检验

二、案例分析题

1. 某公司以 FOB 大连价外销美国一批货物，货物出口时已由商检机构检验并出具检验证书，在大连港装船时情况良好，但在纽约港卸货时却发现包装破裂，产品散失，同时部分货物由于包装破裂而风化。

思考：

卖方是否应负责赔偿？

2. 某公司从国外采购一批特殊器材，该器材指定由国外某检验机构负责检验合格后才能收货。后接到此检验机构的报告，称质量合格，但在其报告附注内说明，此项报告的部分检验记录由制造商提供。

思考：

这种情况下，买方能否认为质量合格而接收货物?

任务评价答案 4-10

任务十一 订立国际贸易合同的索赔、不可抗力与仲裁条款

任务要求

掌握并合理利用国际贸易合同中的索赔条款、不可抗力条款以及仲裁条款。

导入案例

货物到港无人提怎么办
——意大利买方拒收案例

W公司是一家出口户外帐篷的小微企业，产品主要出口欧美。2018年，W公司与意大利买家开始接触并开展贸易往来。2019年1月初，买家下了一个近50万美元的大额订单，交货期为2019年2月中旬。

双方已有两年的交易历史，且该订单后续利润较为可观。作为小微企业，在不断的成本压力之下，也亟须这样的订单来改善发展，因此虽临近年底，但企业内部讨论后，还是决定抓住这个机会。

由于交货期很紧，企业在春节前也抓紧时间开始备货生产，并努力克服春节放假的种种困难和影响，于2019年2月底出运了一票近20万美元的货物，约定付款方式为D/P即期。3月初，企业通过银行交单后由于买方拒绝付款赎单，而此时货物已到达意大利相关港口，W公司向浙江信保报案并提交了索赔申请书。

浙江信保接到索赔后，立即对买家开展了理赔勘查，经过与追偿渠道反复沟通，最终确认买家已经进入破产程序，遂立即指导企业积极寻求其他减损方式处理滞港货物，争取协助客户将损失降到最低。由于货物是根据意大利市场定制，企业一方面寻找其他意大利客户转卖，另一方面也在欧洲寻找其他客户转卖。考虑到金额较高，短时间货物处理难度较大，为帮助企业脱困，浙江信保急人所急，立刻启动快速理赔绿色通道，加紧各方协调，同时做好与付款银行的沟通工作，终于在近日向企业支付了赔款，保证了企业的日常生产经营。

思考：

出口信用保险对出口企业有什么意义？

任务学习

一、索赔

索赔（claim）是指受损方向违约方提出损害赔偿的要求。理赔（Settlement）是指违约方对受损方所提出赔偿要求的受理和处理。索赔和理赔是一个问题的两个方面。

在国际贸易中，交易双方从洽谈交易、签订合同到履行合同需要较长时间，在这期间，产销情况变化莫测，价格瞬息万变，金融货币动荡不定，加之国际贸易线长、面广、中间环节多，一旦在生产、收购、运输和资金供应等任何一个环节发生意外，或市场行情出现对一方当事人不利的变化时，就有可能出现不履行合同或不完全履行合同的情况，给另一方当事人造成损害。除此之外，还有合同条款规定不明确，致使当事人在某问题的理解上产生争议，进而导致索赔的发生。为了防止争议和便于处理可能发生的争议，买卖双方应在合同中明确订立索赔条款。

国际贸易合同中索赔条款可根据不同的业务需要做不同的规定，通常采用的有“异议与索赔条款”和“罚金或违约金条款”两种。

（一）异议与索赔条款

异议与索赔条款（discrepancy and claim clause）一般是针对卖方交货品质、数量或包装不符合合同规定而订立的，主要内容包括索赔的依据和索赔的期限等，有的合同还规定索赔金额和索赔办法。

索赔的依据包括法律依据和事实依据，前者是指合同和有关国家法律的规定，后者是指违约的事实证据和出证的机构。索赔的期限是指受害方向违约方提出索赔的有效期限。索赔期限的长短，因不同商品的特性及检验所需的时间等因素而定。索赔期的起算时间以货物到达目的港（地）后××天起算较为常见。索赔有效期限根据不同商品和国内调运、检验等实际情况以及检验工作的繁简，做出不同的规定，如30～150天。对机电仪表商品应在合同中增加品质保证期（一般为1年）条款，在使用过程中发现材质次劣、装配不当、工艺加工不良，以致使用中发生故障、损坏和性能显著降低，以及发现其他隐蔽性严重缺陷等问题，属于发货人责任的，可在品质保证期内凭出入境检验检疫机构出具的证书向发货人索赔。索赔的金额和索赔的办法一般只做笼统规定，因为违约的情况比较复杂，究竟在哪个业务环节上违约和违约的程度如何，签约时是难以预料的。

范例 4-3

异议与索赔条款

买方对货物的任何异议必须在装运货物的船只到达提单指定目的港30天内提出，并必须提供经卖方认可的公证机构出具的检验报告。

（二）罚金或违约金条款

罚金或违约金条款（penalty or liquidated damage clause）主要规定一方未按合同规定履行其义务时，应向对方支付一定数额的约定罚金，以补偿对方的损失。该条款一般适用于当事人延迟履约，如卖方延期交货、买方延期接货或延期开立信用证等违约行为。当事人一方支付罚金后，一般还应履行合同的义务。罚金的数额通常取决于违约时间的长短，并规定罚金的最高限额。

关于合同的罚金或违约金条款，各国的法律有不同的规定。如大陆法系国家（法国、德国等）的法律承认并予以保护，而英美法系国家（英国、美国、澳大利亚、新西兰等）的法律则一般不承认罚金。《中华人民共和国合同法》规定，合同中约定的违约金，视为违反合同的损失赔偿，但是，约定的违约金过分高于或低于违反合同所造成的损失时，当事人可以请求仲裁机构或者法院予以适当减少或增加。

范例 4-4

罚金或违约金条款

买方因自身原因不能按合同规定的时间开立信用证，应向卖方支付罚金。罚金按迟开证每 10 天收取信用证金额的 1%，不足 10 天者按 10 天计，但罚金不超过买方应开信用证金额的 10%。

二、不可抗力

不可抗力（force majeure）又称人力不可抗拒，是指合同签订以后，不是由于任何一方当事人的过失或疏忽，而是由于发生了当事人不能预见、不能预防、不能避免和不能克服的事故，以致不能履行或不能如期履行合同，遭受意外事故的一方，可以免除履行合同的责任或延期履行合同。不可抗力是合同中的一条免责条款。各国法律对不可抗力情况的称呼不尽相同，英美法称其为“合同落空”，大陆法称其为“情势变迁”。

引起不可抗力事故的原因有自然原因和社会原因两种。前者是指水灾、风灾、干旱、地震等人类无法控制的自然力量所引起的天灾；后者是指战争、罢工、政府禁令等。其中对由自然力量引起的天灾，各国解释比较一致，但对社会原因引起的意外事故的解释，则经常发生分歧。为了避免不必要的纠纷，防止当事人任意扩大或缩小不可抗力事故的范围，买卖双方需要在合同中对不可抗力条款做出明确具体的规定。

尽管国际上不同国家的货物买卖合同对不可抗力条款的规定不尽相同，有的烦琐，有的简单，但一般的货物买卖合同中的不可抗力条款主要包括不可抗力事故的范围、不可抗力事故的法律后果、不可抗力事故的出证机构、不可抗力事故发生后通知对方的期限与方式。

（一）不可抗力事故的范围

不可抗力事故范围直接关系到买卖双方的经济利益，容易引起双方的争议，为了减少争议，保护双方的经济利益，在规定不可抗力范围时，应尽量做到既明确又灵活，目前有列举式、概括式和综合式三种规定方法，在我国进出口合同中，经常采用综合式的规定方法。

综合式是指先将双方当事人达成共识的不可抗力事故列举出来，然后再加上“或其他不可抗力事故”。这种规定使得合同条款对不可抗力范围的规定既明确具体又灵活。

（二）不可抗力事故的法律后果

发生不可抗力事故后，应按约定的处理原则及时进行处理。不可抗力的后果有两种：解除合同和延期履行合同。究竟如何处理，应视事故的原因、性质、规模及其对履行合同所产生的实际影响程度而定。

（三）不可抗力事故的出证机构

关于不可抗力的出证机构，在我国，一般由中国国际贸易促进委员会（中国国际商会）或其设在口岸的贸促分会出具；在国外，通常是事故发生地的商会、登记注册的公证机构或政府主管部门出具。为了明确起见，双方应该在合同中对不可抗力事故的出证机构做出具体规定。

（四）不可抗力事故发生后通知对方的期限与方式

按照惯例，如果发生不可抗力事故并且事故已经影响到合同履行时，遭受不可抗力事故的一方应及时向对方发出通知，并提供必要的证明文件，且在通知中应提出处理的意见。对方在接到事故的通知后，无论同意与否，都应及时予以答复。为了明确责任，买卖双方应在合同中规定，遭受不可抗力事故的一方应在事故发生后多少天之内，以何种方式通知对方。

范例 4-5

合同中不可抗力条款

由于战争、地震、火灾、水灾、雪灾、暴风雨或其他不可抗力事故，致使卖方不能全部或部分装运或延迟装运合同货物，卖方对于这种不能装运或延迟装运本合同货物不负有责任。但卖方须用电传、传真等电讯方式通知买方，并应在××天内以航空挂号信件向买方提供由中国国际贸易促进委员会出具的证明此类事件的证明书。

三、仲裁

仲裁（arbitration）又称公断，是指买卖双方在争议发生之前或发生之后，签订书面协议，自愿将争议提交双方所同意的第三者予以裁决（award），以解决争议的一种方式。由于仲裁是依照法律所允许的仲裁程序裁定争端，因而其裁决具有法律约束力，当事人双方必须遵照执行。

由于政治、经济、自然条件等诸方面因素的变化和影响，买卖双方在履行合同的过程中，有时难免会有不履约或不完全履约的情况发生，以致双方产生争议。国际贸易中解决争议的方法有很多，仲裁就是其中之一。由于采用仲裁方式解决争议具有许多优点，因此，它在国际贸易中越来越被广泛应用，并常常作为条款被列入买卖合同中。

仲裁条款是指双方当事人在其签订的买卖合同中约定将日后可能发生的争议提交仲裁的条款，它通常包括仲裁地点、仲裁机构、仲裁程序与规则、仲裁裁决效力和仲裁费用等方面的内容。

（一）仲裁地点

仲裁地点是指仲裁所选择的地点，一般是指仲裁的所在国。仲裁地点与仲裁所适用的程序法以及合同所适用的实体法关系甚为密切。按照有关国家法律的解释，凡属程序方面的问题，除非仲裁协议另有规定，一般都适用审判地法律，即在哪个国家仲裁，就往往适用哪个国家的仲裁法规。至于确定合同双方当事人权利、义务的实体法，如果合同中未规定，则一般是由仲裁庭根据仲裁地点所在国的法律冲突规则予以规定。由此可见，仲裁地点不同，适用的法律可能不同，对买卖双方的权利、义务的解释就会有差别，其结果也会不同。因此，交易双方对于仲裁地点的确定都很关注，都力争在自己比较了解和信任的地方，尤其是力争在本国仲裁。

在我国进出口合同中，关于仲裁地点有下列三种规定办法。

1）多数合同规定在中国仲裁。

例 4-1

凡因本合同引起的或与本合同有关的任何争议，双方应通过友好协商的办法解决；如果协商不能解决，则均应提交中国国际经济贸易仲裁委员会，按照申请仲裁时该会现行有效的仲裁规则进行仲裁。仲裁裁决是终局的，对双方都有约束力。

2）有时规定在被告国仲裁。

例 4-2

凡因本合同引起的或与本合同有关的任何争议，双方应通过友好协商的办法解决；如果协商不能解决，则应提交仲裁，仲裁在被告国进行。在中国，由中国国际经济贸易仲裁委员会根据申请仲裁时该会现行有效的仲裁规则进行仲裁。若在××国

（被告国名称）由××国××地仲裁机构（被告国仲裁机构的名称）根据该组织现行有效的仲裁程序规则进行仲裁。现行有效的仲裁裁决是终局的，对双方都有约束力。

3）规定在双方同意的第三国仲裁。

例 4-3

凡因本合同引起的或与本合同有关的任何争议，双方应通过友好协商的办法解决；如果协商不能解决，则应在××国××地仲裁机构根据该仲裁机构现行有效的仲裁程序规则进行仲裁。仲裁裁决是终局的，对双方都有约束力。

选用第三种办法时，应选择允许受理双方当事人都不是本国公民的争议案的仲裁机构，而且该机构应具备一定的业务能力，且态度公正，而一般一定要选择在政治上对己友好的国家。

（二）仲裁机构

仲裁机构是指受理仲裁案件并做出裁决的机构。仲裁机构不是国家的司法部门，而是依据法律成立的民间机构。

目前，国际商事方面的仲裁机构有两种：一种是常设机构，另外一种是临时性的仲裁机构。一般而言，选择常设机构仲裁较临时性的仲裁机构仲裁更为方便。选择仲裁机构往往与仲裁地点的选择相关联，在仲裁地点无常设仲裁机构，或当事人双方为解决特定争议而自愿指定仲裁员专审案件时，常选择临时性仲裁机构进行仲裁。除此之外，还要考虑仲裁机构的信誉、规则及其费用、所用语言等方面因素。

世界上许多国家和一些国际组织都设有专门从事国际商事仲裁的常设机构，如国际商会仲裁院、英国伦敦仲裁院、英国仲裁协会、美国仲裁协会、瑞典斯德哥尔摩商会仲裁院、瑞士苏黎世商会仲裁院、日本国际商事仲裁协会以及我国香港国际仲裁中心等。

我国的涉外仲裁机构为中国国际商会下设的中国国际经济贸易仲裁委员会（又称国际贸易实务中国国际商会仲裁院）和中国海事仲裁委员会。中国国际经济贸易仲裁委员会是世界上主要国际商事仲裁机构之一，总部设在北京，在上海、深圳设有分会，分别称为中国国际经济贸易仲裁委员会上海分会和中国国际经济贸易仲裁委员会华南分会。中国海事仲裁委员会总部设在北京，在上海、天津、重庆设有分会。

（三）仲裁程序与规则

仲裁程序与规则是指进行仲裁的程序和具体的做法，主要包括如何提交仲裁申请、如何进行答辩、如何指定仲裁员、如何组成仲裁庭、如何进行仲裁审理、如何做出裁决及如何交纳仲裁费等。

为了便于仲裁的顺利进行，常设的仲裁机构一般都有自己的仲裁规则。临时性的仲裁机构所适用的仲裁规则由双方当事人自行约定。

仲裁规则与仲裁机构有着密切的关系，通常情况下，合同的仲裁条款中规定在哪个仲裁机构进行仲裁，就应该按照哪个机构制定的仲裁规则办理。但是，也有不少国家允许当事人选用仲裁地点以外的其他国家仲裁机构的仲裁规则，但以不违反仲裁地国家仲裁法中的强制性规定为前提条件。

（四）仲裁裁决效力

仲裁裁决的效力是指仲裁机构对争议案件审理后所做的裁决对双方当事人是否有约束力，是否终局性的，以及能否向法院上诉，要求变更裁决。

按照《中华人民共和国仲裁法》的规定，中国的仲裁裁决执行的是一裁终局制。在中国，凡由中国国际经济贸易仲裁委员会和中国海事仲裁委员会做出的裁决一般是终局性的，对双方当事人都有约束力，必须依照执行，任何一方都不许向法院起诉要求变更。

在很多国家，一般也不允许当事人对仲裁裁决不服而上诉法院。即使向法院提起诉讼，法院一般也只是审查程序，不审查实体，即只审查仲裁裁决在法律手续上是否完备，而不审查裁决本身是否正确。如果法院查出裁决在程序上有问题，有权宣布裁决无效。由于仲裁的采用是以双方当事人的自愿为基础，因此，对于仲裁裁决理应承认和执行。

目前，从国际仲裁的实践看，当事人不服裁决诉诸法院的只是一种例外，而且仅限于有关程序方面的问题，至于对裁决本身，是不得上诉的。若败诉方不执行裁决，胜诉方有权向有关法院起诉，请求法院强制执行。

（五）仲裁费用

多数合同规定仲裁费用由败诉方负担，但也有的合同规定由仲裁庭酌情掌握。

范例 4-6

合同中仲裁条款

凡因执行本合同所发生的或与本合同有关的一切争议，双方应通过友好协商解决，如果协商不能解决，则应提交仲裁。如果仲裁在中国，则应提交北京或上海或华南中国国际经济贸易仲裁委员会，按照其仲裁规则进行仲裁。仲裁裁决是终局的，对双方都具有约束力。仲裁费用，除非仲裁委员会另有裁定，概由败诉方承担。

案例 4-51

某年我国长江流域发生了罕见的洪灾，奉新县农田水稻几乎全部被毁。在此之前某外贸企业与法国商人有三份大米出口合同，合同中商品名称分别为奉新该年新产大米、在某仓库存放的奉新大米、中国大米。存放在某仓库的奉新大米虽幸免，但交通堵塞，短时间无法运出。试就以上情况分别说明我方如何向法方提出免责要求？

案例 4-51 分析

案例 4-52

我某公司与外商订立一份出口合同，在合同中明确规定了仲裁条款，约定在合同的履行过程中若发生争议在中国仲裁。后来，双方对商品的品质发生争议，对方在其所在地法院起诉我方，法院也发来了传票，传我国的公司出庭应诉。对买方的做法，你认为应该如何应对？

案例 4-52 分析

任务评价

同步训练

实训项目：

1. 翻译："买方对于装运货物的任何异议，必须于装运货物的船只到达提单所订目的港后 30 天内提出，并须提供经卖方同意的公证机构出具的检验报告。如果货物已经过加工，买方即丧失索赔权利。属于保险公司或轮船公司责任范围内的索赔，卖方不予受理"。

2. 小组讨论：解决商务纠纷的方式有哪些？采用什么方式最恰当？

思考与练习

一、选择题

1．如果合同中检验条款规定：如果买方有品质/重量异议，须于货到目的港后 3 天内向卖方提出索赔，则一旦发生货损，买方最佳索赔顺序为（　　）。

A．卖方、保险公司、船方　　B．船方、保险公司、卖方

C．保险公司、船方、卖方　　D．卖方、船方、保险公司

2．当买方收到受损货物提出索赔时，（　　）可以作为索赔的依据。

A．L/C　　B．商检证明　　C．保险单　　D．发票

3．我国出具不可抗力事故证明的机构为（　　）。

A．商会　　B．仲裁机构　　C．商检局　　D．贸促会

4．在下列情况中，（　　）可以构成不可抗力。

A．海盗劫货　　B．吸烟焚林　　C．物价上涨　　D．禁运

5．下列关于仲裁裁决的效力描述不正确的是（　　）。

A．凡由中国国际经济贸易仲裁委员会做出的裁决一般是终局性的，对双方都有约束力

B．在裁决中败诉的一方不执行裁决，仲裁机构可以强制执行

C．若败诉方不执行裁决，胜诉方有权向有关法院起诉，请求法院强制执行

D．我国现在已经加入了《承认及执行外国仲裁裁决公约》，但做出了两项保留

6. 以仲裁方式解决贸易争议的必要条件是（　　）。

A．双方当事人订有仲裁协议　　B．双方当事人订有合同

C．双方当事人无法以协商解决　　D．一方因诉讼无果而提出

二、案例分析题

1. 义乌某造纸厂以 CIF 条件向南美洲出口一批纸张，因义乌与南美洲的湿度不同，货到目的地后因水分过分蒸发而使纸张无法使用。

思考：

买方能否向卖方索赔？为什么？

2. 义乌某袜子生产企业与日本客户签订了袜子出口合同。买方开来的信用证规定，8 月份装运交货，不料 7 月初，该袜子厂仓库失火，成品、半成品全部烧毁，以致无法交货。

思考：

卖方可否援引不可抗力条款要求免交货物？

3. 我国某公司出口某种农产品 1 500 公吨给英国某公司，总货款为 522 000 英镑；交货期为当年 5—9 月。订立合同后，我国发生自然灾害（水灾）。于是，我方以发生不可抗力为由，要求豁免合同责任，但对方回电拒绝，并称该商品市价上涨 8%，由于我方未交货，使其损失 15 万英镑，并要求我方公司赔偿其损失，我方未同意。最后，双方协商并同意仲裁解决。

思考：

仲裁结果会怎样？

任务评价答案 4-11

项 目 五

履行国际贸易合同

学习目标

1. 掌握出口合同履行的步骤，熟悉每一环节的具体操作及应遵循的基本原则；
2. 掌握进口合同履行的步骤，熟悉每一环节的具体操作及应遵循的基本原则。

技能目标

1. 了解履行出口合同的步骤及规范；
2. 模拟开展一项信用证结算方式下出口货物交易；
3. 培养进出口操作的实践能力；
4. 提高解决国际贸易问题的判断应对能力。

学习任务

任务一：出口合同的履行；
任务二：进口合同的履行。

在这两项任务的学习中，如果你认真学习理论知识，积极参与实践训练，并且能够顺利地完成具体任务，那么你会惊喜地发现自己已经成功加入国际贸易人员的行列，对进出口合同的履行有了初步的感性认识，能够设身处地地站在一个外贸公司业务员的角度上，思考如何更加理性地完成各个环节的工作。

任务一 出口合同的履行

任务要求

了解不同结算方式及不同贸易术语下，出口合同履行的各环节的具体操作及应遵循的基本原则；能够协调各个环节所涉及的相关部门的业务工作；掌握违约的表现形式及违约的救济方法，通过理论指导实际操作。

具体任务：要求同学们扮演出口商的角色，通过模拟一项出口货物交易的全过程，对国际贸易合同的履行有感性认识。例如，义乌鹏达进出口贸易有限公司要履行一项出口拖鞋的合同，采用信用证方式付款。合同签订之后，该公司应如何催证、收到信用证之后如何审核修改、如何发运货物、如何制单结汇等，以及一旦对方违约，该如何处理，以维护自己的合法权益。

导入案例

义乌某外贸公司出口合同履行案

2019 年 1 月 10 日，纽约 A 银行向义乌 B 银行开立了一笔金额为 50 000 美元的即期信用证。该证装船期和有效期分别为 2 月 25 日和 3 月 8 日，受益人为义乌市某外贸公司，货物名称为相框。

2 月 12 日，B 银行收到该信用证项下第一次修改，要求将装船期和有效期分别提前至 2 月 15 日和 2 月 24 日，并修改货物描述等内容。B 银行立即与受益人联系，请求答复。受益人于 2 月 14 日向 B 银行发出书面确认，拒绝修改，B 银行即向 A 银行发出同样内容的电报。3 月 3 日受益人交单，B 银行经审核无误后议付单据，并按开证行要求寄单索汇。3 月 13 日，B 银行收到 A 银行电报，称该单据迟装并超过有效期，以此拒付并准备退单。

经查，此笔单据的装船日为 2 月 25 日，交单日为 3 月 3 日，完全符合修改前信用证的要求。据此，B 银行据理力争，反驳 A 银行提出的不符点。此后，A 银行又多次来电坚持上述不符点，并两次将单据退回 B 银行，但 B 银行毫不退让，又两次将单据重寄开证行。由于 B 银行有理有力的反驳，A 银行最终于 4 月 25 日付款。

从该案例看，开证行的做法是不当的。UCP600 第三条规定：信用证是不可撤销的，即使未如此表明。第十条规定：未经开证行、保兑行（如果有的话）及受益人同意，信用证既不得修改，也不得撤销。在本案例中，既然受益人明确表示拒绝修改信用证，开证行就不能强加受益人要求适用修改后的信用证条款。而适用信用证修改前的条款，受益人提交的单据并没有不符。因此，开证行不能拒付。

综上所述，在国际贸易合同履行过程中，不可避免地会出现一些纠纷，作为外销人员，必须掌握合同履行过程中的通常做法及相关法律、条约或惯例的规定，才能据理力争。

思考：

1）出口合同履行的程序及应注意的问题有哪些？

2）违约的处理与救济方法是什么？

任务学习

在国际贸易中，国际贸易合同一旦依法有效成立，双方当事人就必须各自履行合同规定的权利和义务。对出口贸易合同的签订和履行，有国际性的章程可循。例如，根据《公约》的规定，卖方必须按合同和公约交付货物，移交一切与货物有关的单据并转移货物所有权。履行合同是一项极为严肃的工作，必须谨慎对待，因为任何一方违反了合同中的某一条款，违约方就要承担相应的法律责任。同时，履行合同还是衡量企业资信状况的一个重要指标。如果依法订立了合同却不履约，势必带来信誉上的损失。此外，在履约过程中，还必须严格地贯彻我国的对外贸易方针政策，在平等互利的基础上，做到“重合同，守信用”，确保我国的对外贸易信誉。由此可见，严格履行合同具有十分重要的意义。

在出口贸易中，进出口商选择的贸易术语及货款结算方式不同，出口合同履行的过程也不同。下面以 CIF 术语成交、凭信用证方式付款的合同为例，将出口合同履行所涉及的各项业务分述如案例研究 5-1 至 5-7 所示。概括起来就是证（催证、审证和改证）、货（备货与报检）、船（托运、报关、投保和装船）、款（制单结汇）四个环节。

案例研究 5-1

关于销售中国产拖鞋的合同

义乌鹏达进出口贸易有限公司与迪拜 Fleshhead 公司达成了一项关于销售中国产拖鞋的买卖合同，合同内容如下。

SALES CONFIRMATION

S/C No.: FDSC1103

Date: Dec. 1st, 2018

（1）**The Seller:** Yiwu Pengda Imp.& Exp.Co.,Ltd.

Address:No.1, Xueyuan Road, Yiwu, China

（2）**The Buyer:** Fleshhead Link Ltd.

Address:Denso Hall, Dubai

（3）Commodity &Specifications	（4）Unit	（5）Quantity	（6）Unit Price （USD）	（7）Amount （USD）
Jian Hua Brand Plastic Slippers			CIFC3 Dubai	
8130G	Pair	5400	3.75	20250
（8）**Total Contract Value**: Say US Dollar Eight Thousand Nine Hundred And Ten Only.				

（9）**Packing:** Each 24 Pairs Packed In One Carton; Total 225 Cartons To One 20' Container

（10）**Port Of Loading & Destination:** From Shanghai To Dubai

（11）**Shipment:** To Be Effected By The Seller By The End Of Mar, 2019. With Partial Shipment And Transshipment Prohibited.

（12）**Payment:** By Irrevocable L/C At Sight Opened By The Buyer Through A Bank Acceptable To The Seller Not Later Than 30 Days Before The Month Of Shipment And Remain Valid For Negotiation In Yiwu Until 15 Days After The Date Of Shipment.

（13）**Insurance:** To Be Covered By The Seller For 110% Of Total Invoice Value Against All Risks And War Risk Subject To Relevant Ocean Marine Cargo Of People's Insurance Company Of China Dated 1/1/1981.

Confirmed By:

The Seller
Yiwu Pengda Imp.&Exp.Co.，Ltd.
王勇

The Buyer
Fleshhead Link Ltd.
Tony

Remarks:

1. The buyer shall have the covering letter of credit which should reach the Seller 30 days before shipment, failing which the Seller reserves the right to rescind without further

notice, or to regard as still valid whole or any part of this contract not fulfilled by the Buyer, or to lodge a claim for losses thus sustained, if any.

2. In case of any discrepancy in Quality/Quantity, claim should be filed by the Buyer within 30 days after the arrival of the goods at port of destination; while for quantity discrepancy, claim should be filed by the Buyer within 15 days after the arrival of the goods at port of destination.

3. For transactions concluded on CIF basis, it is understood that the insurance amount will be for 110% of the invoice value against the risks specified in the Sales Confirmation. If additional insurance amount or coverage required, the Buyer must have the consent of the Seller before Shipment, and the additional premium is to be borne by the Buyer.

4. The Seller shall not hold liable for non-delivery or delay in delivery of the entire lot or a portion of the goods hereunder by reason of natural disasters, war or other causes of Force Majeure, However, the Seller shall notify the Buyer as soon as possible and furnish the Buyer within 15 days by registered airmail with a certificate issued by the China Council for the Promotion of International Trade attesting such event(s).

5. All deputies arising out of the performance of, or relating to this contract, shall be settled through negotiation. In case no settlement can be reached through negotiation, the case shall then be submitted to the China International Economic and Trade Arbitration Commission for arbitration in accordance with its arbitral rules. The arbitration shall take place in Shanghai. The arbitral award is final and binding upon both parties.

6. The Buyer is requested to sign and return one copy of this contract immediately after receipt of the same. Objection, if any, should be raised by the Buyer within it is understood that the Buyer has accepted the terms and conditions of this contract.

7. Special conditions: (These shall prevail over all printed terms in case of any conflict.)

一、催证、审证和改证

（一）催证

催证是指买方不按合同规定及时开立信用证，卖方以书面或口头形式向买方催促开证的情况。在通常情况下，国外客户能按时开证，但如果国外行市发生变化或进口商资金发生短缺，往往会拖延开证或不开证，甚至故意不开证。这对我方极为不利。鉴于此，我方应催促对方迅速办理开证手续。催证可在以下情况下进行。

1）在合同规定的开证期之前催证，以提醒客户注意开证时间即将来临。

2）在客户未按时开证的情况下催证或连续催证，以示必须立即开证，否则，将延误装运期。

3）在装运期已到客户仍不开证的情况下催证。在这种情况下，如果经催证客户开来了信用证，则应在来证符合合同规定的条件下予以接受，但应注意装运期和信用证有效期必须以我方能接受为条件。

（二）审证

信用证的特点是受益人（通常为出口商）在提供了符合信用证规定的有关单证的前提下，开证行承担第一付款人责任，其性质属于银行信用。应该说在满足信用证条款的情况下，利用信用证付款既安全又快捷。但必须特别注意的是，信用证付款方式强调“单单相符、单证相符”的“严格符合”原则，如果受益人提供的文件不符合信用证的规定，不仅会产生额外的费用，而且还会遭到开证行的拒付，给安全、及时收汇带来很大的风险。

从理论上来说信用证是依据出口合同开立的，信用证的内容理应与合同的条款相一致。但在实际业务中，由于种种原因，如国外客户或开证银行工作的疏忽和差错，或者某些国家对开立信用证有特别规定，或者国外客户对我国政策不了解，或者开证申请人或开证行的故意行为等，往往会出现开立的信用证条款与合同条款不符。因此，事先对信用证条款进行审核，对于不符合出口合同规定或无法办到的信用证条款及时提请开证申请人（通常为进口商）进行修改，可以大大减少出口商收汇的风险。

审核信用证是银行和外贸企业的共同责任，但审核内容各有侧重。银行着重审核开证银行的政治背景、资信能力、付款责任及索汇路线等方面的问题，外贸企业则着重审核信用证与买卖合同是否一致和信用证的一些要求我方能否接受等。审核信用证的要点如下。

1. 开证银行

1）开证行的政治背景和对我国的态度。凡是政策规定我国不与之进行经济贸易往来的国家银行开来的信用证，均应拒绝接受。

2）开证行的资信情况。对于资信较差的银行，可分别采取适当的安全措施，如要求另一家银行保兑，加列电报索偿条款，分批装运、分批结汇等，通过这些措施可以减少收汇的风险。

3）核查电开信用证的密押是否相符、信开信用证的签字或印鉴是否真实，以确定信用证的真伪。检查信用证内容是否完整。

4）偿付路线是否合理，偿付条款是否恰当。检查信用证的通知方式是否安全、可靠。

信用证一般是通过受益人所在国家或地区的通知/保兑行通知给受益人的。这种方式的信用证通知比较安全，因为根据 UCP 的有关规定，通知行应对所通知的信用证的真实性负责；如果不是这样寄交的，遇到下列情况之一的应该首先通过银行调查核实：①信用证是直接从海外寄给受益人的，那么，受益人应该小心查明它的来历；②信用证是从本地某个地址寄出，要求受益人把货运单据寄往海外，而受益人并不了解其指定的那家银行。

2. 检查信用证的付款保证是否有效

有下列情况之一的，不是一项有效的付款保证或该项付款保证是存在缺陷的。

1）信用证明确表明是可以撤销的，此信用证由于无须通知受益人或未经受益人同意可以随时撤销或变更，对受益人来说是没有付款保证的。因此，一般不予接受。信用证中如果没有表明该信用证是否可以撤销，按照UCP600的规定，应理解为不可撤销的。

2）应该保兑的信用证未按要求由有关银行进行保兑。

3）信用证未生效。

4）有条件生效的信用证，如“待获得进口许可证后才能生效”。

5）信用证简电或预先通知。

6）由开证申请人提供的开证申请书。

3. 检查信用证的金额是否符合合同规定

主要检查的内容有以下几个方面。

1）信用证金额是否正确。

2）信用证中的单价、总值、币种及大小写是否一致。

3）有无佣金、是否符合合同规定。如果所开的金额已扣除佣金，就不能在信用证上再出现议付行内扣佣金的词句。

4）如果数量上可以有一定幅度的溢短装，那么，信用证的支付金额也应允许有一定的伸缩幅度。UCP600第三十条a款规定：“约”或“大约”用于信用证金额或信用证规定的数量或单价时，应解释为允许有关金额或数量或单价有不超过10%的增减幅度。

4. 对货物描述的审核

1）审核信用证中货物的名称、货号、规格、包装、合同号码、订单号码等内容是否与买卖合同完全一致。

2）检查信用证的数量是否与合同规定相一致。UCP600第三十条b款规定：除非信用证规定数量不得有增减，那么，在信用证未以包装单位件数或货物自身件数的方式规定货物数量时，货物数量允许有5%的增减幅度，只要总支取金额不超过信用证金额。

3）检查价格条款是否符合合同规定，不同的价格条款涉及具体的费用如运费、保险费由谁承担。例如，合同中规定“FOB SHANGHAI USD50/PC”，那么，运费和保险费由买方承担；如果信用证中的价格条款没有按合同的规定表示，而是写成“CIF NEW YORK USD50/PC”，对此条款如果不及时修改，那么，受益人将承担有关的运费和保险费。

5. 检查信用证受益人和开证申请人的名称和地址是否完整和准确

受益人和开证申请人的名称和地址是出口单证中必不可少的，如果来证开错，则应及时修改，以免制单和交单发生困难，影响收汇。

6. 有效期、交单期和交货期是否合理

（1）有效期

按 UCP 的规定，一切信用证均须规定一个到期日和一个交单付款、承兑的地点，或除了自由议付信用证外的一个交单议付的地点。规定的付款、承兑或议付的到期日，将被解释为交单到期日。据此，未注明到期日（即有效期）的信用证是无效的。

信用证的有效期还涉及到期地点的问题。一般有三种情况：①在出口地到期；②在进口地到期；③在第三国到期。这三种情况中，第一种规定方法对出口人最有利，而第二、第三两种情况，到期地点均在国外，有关单据必须寄送国外。由于我们无法掌握单据到达国外银行所需的时间且容易延误或丢失，因而风险较大。为此，出口商应争取在出口地到期，若争取不到，则必须提前交单，以防逾期。

（2）交单期

信用证还应规定运输单据出单后向银行提交的期限，即“交单期”。交单期通常按以下原则处理。

1）信用证有规定的，应按信用证规定的交单期向银行交单。

2）信用证没有规定的，向银行交单的日期不得迟于提单日期后 21 天。

（3）装运期

装运期是指卖方将货物装上运往目的地（港）的运输工具或交付给承运人的日期。信用证中可以没有装运期，只有有效期。若信用证未规定装运期，卖方最迟应在信用证到期日前几天装运。若信用证中的装运期和有效期是同一天，即通常所说的“双到期”，在实际业务操作中，应将装运期提前一定的时间（一般在有效期前 10 天），以便有合理的时间来制单结汇。

超过信用证规定装运期的运输单据将构成不符点，银行有权不付款。检查信用证规定的装运期应注意以下两点。

1）能否在信用证规定的装运期内备妥有关货物并按期出运。若来证收到时装运期太近，无法按期装运，应及时与客户联系修改。

2）实际装运期与交单期相距时间太短。

7. 运输条款是否可以接受

1）装运港（地）和目的港（地）。信用证运输条款中的装运港（地）和目的港（地），应与合同相符，交货地点也必须与价格条款相一致。

2）若来证指定运输方式、运输工具或运输路线，以及要求承运人出具船龄或船籍证明，应及时与承运人联系。

3）分批装运和转运问题。多数来证是允许转运或分批的（其中包括信用证中未注明可否转运或分批），但也有信用证列明不许转运或分批，出口商应及时了解在装运期内是否有直达船到目的地、能否提供直运提单及了解货源情况是否可以在装运期内一次出运。

对信用证列有必须分批，且规定每批出运的日期和出运数量，或类似特殊的分运条款，应根据货源情况决定是否可以接受。对于分期装运，UCP 规定，除非信用证另有规定，若一期未能按期完成，本期及以后各期均告失效。若要续运，必须修改信用证。

4）信用证中指定运输标志。如果货已备妥，运输标志已刷好而信用证后到，且信用证指定的运输标志与原运输标志不一致，则应要求修改运输标志。否则，需要按信用证重新刷制。

8. 保险条款是否可以接受

保险条款是否可以接受应按以下条件判断。

1）保险金额是否符合合同规定。

2）保险险别及其他保险条款是否符合合同规定。

若来证要求的投保险别或投保金额超出了合同的规定，受益人应及时和保险公司联系，若保险公司同意且信用证上也表明由此产生的额外费用由开证申请人承担并允许在信用证项下支取，则可接受。

9. 其他条款

（1）银行费用条款

此项条款 UCP600 也做了明确的规定，即银行费用（一般包括议付费、通知费、保兑费、承兑费、修改费、邮费等）由发出指示的一方负担。如果信用证项下是由开证申请人申请开立的信用证，同时又由开证行委托通知行通知议付，那么来证由受益人承担全部费用（all banking charges are for account of beneficiary），显然是不合理的。关于银行费用，可由出口商和进口商在谈判时加以明确，一般以双方共同承担为宜。

（2）检查信用证规定的单据条款是否合理

检查的主要内容如下。

1）一些需要认证的单据特别是使馆认证等能否及时办理和提供。

2）由其他机构或部门出具的有关文件如出口许可证、运费收据、检验证明等能否及时提供。

3）要求提交的单据条款是否合理。例如，汇票的付款期限与合同规定不符；在信用证方式下，汇票的付款人为开证申请人；发票种类不当；提单收货人一栏填制要求不妥；提单抬头与背书要求有矛盾；对运输工具、方式或路线的限制无法接受；产地证明书出具机构有误；要求提交的检验证书与实际不符等。

（3）检查信用证中有无陷阱条款

下列信用证条款对于出口商来说是有收汇风险的。

1）正本提单全部或部分直接寄交开证申请人的条款。如果接受此条款，将面临货款两空的危险。

2）将客检证作为议付文件的条款。要求提供客检证书，接受此条款，受益人正常处理信用证业务的主动权很大程度上掌握在对方手里，影响安全收汇，要谨防假客检证书诈骗。

3）信用证规定必须由开证申请人或其指定的人签署有关单据的条款，如商业发票须由买方签字等条款内容应慎重对待。

4）信用证对银行的付款、承兑行为规定了若干前提条件，如货物清关后才付款等。

（4）检查信用证中有无矛盾之处

例如，明明是空运，却要求提供海运提单；明明价格条款是 FOB，保险应由买方办理，而信用证中却要求提供保险单；提单运费条款规定与成交条件有矛盾；要求提单的出单日期比装运期早，受益人无法做到。

（5）检查有关信用证是否受 UCP600 的约束

信用证受 UCP600 的约束可以使人们在具体处理信用证业务中，对信用证的有关规定有一个公认的解释和理解，避免因对某一规定的不同理解产生争议。

（三）改证

在对信用证进行全面细致的审核之后，如果发现信用证上的条款与合同条款不符，受益人（通常为出口商）应按照“非改不可的坚决要改，可改可不改的根据实际情况酌情处理”的原则处理。凡是不符合相关法律法规规定，影响合同执行或安全收汇的条款，受益人应立即要求开证申请人，通过原开证行进行必要的书面修改。信用证修改的一般程序为：卖方向买方发函要求改证—买方向开证行申请改证—开证行改证并转交通知行—通知行将改证通知卖方。

信用证的修改可以由开证申请人提出，也可以由受益人提出。由于修改信用证的条款涉及各当事人的权利和义务，因而不可撤销的信用证在其有效期内的任何修改，都必须征得各有关当事人的同意。

出口商对信用证的修改应掌握的原则和注意的问题有以下几个。

1）非改不可的坚决要改，可改可不改的根据实际情况酌情处理。如果合同中规定可以“分批装运”，信用证中规定“不许分批装运”，若实际业务中可以不分批装运，则不需要修改该条款。

2）不可撤销信用证的修改必须征得各有关当事人全部同意后，方能生效。开证行发出修改通知后不能撤回。

3）保兑行有权对修改不保兑，但它必须不延误地将该情况通知开证行及受益人。

4）受益人应对开证申请人提出的修改发出接受或拒绝的通知。根据 UCP 的规定，受益人对不可撤销的信用证的修改表示拒绝的方法有两种：一是向通知行提交一份拒绝修改的声明书；二是在交单时表示拒绝修改，同时提交仅符合未经修改的原证条款的单据。

5）在同一信用证上，如果有多处需要修改的，原则上应一次提出。一份修改通知书包括两项或多项内容，要么全部接受，要么全部拒绝，不能只接受一部分而拒绝另一部分。

6）受益人提出修改信用证，应及时通知开证申请人，同时规定修改通知书到达的时限。

7）收到信用证修改后，应及时检查修改内容是否符合要求，并分情况表示接受或重新提出修改。

8）对于修改内容要么全部接受，要么全部拒绝，部分接受修改的内容是无效的。

9）有关信用证修改必须通过原信用证通知行才真实有效，通过客人直接寄送的修改申请书或修改书复印件不是有效的修改。

10）明确修改费用由谁承担，一般按照责任归属来确定修改费用由谁承担。

案例研究 5-2

外贸合同（FDSC1103）下的审证与改证

2019 年 2 月 12 日，义乌鹏达进出口贸易有限公司业务员李舒收到中国工商银行义乌分行国际业务部的信用证通知书，随附迪拜 Fleshhead 公司通过 ALAHLI BANK OF DUBAI（KSC）开来的信用证。

以下为信用证通知书。

ADVICE OF LETTER OF CREDIT
信用证通知书

INDUSTRIAL AND COMMERCIAL BANK OF CHINA
YIWU CITY BRANCH
NO.128 HUANGYUAN ROAD ZHEJIANG
TEL：86-579-85459101/85459083
YIWU
SWIFT：ICBKCNBJZJP

TO（致）: DATE（日期）: 12.February 2019

义乌鹏达进出口贸易有限公司

OUR REF NO.（我行通知编号） : AV338011021003

LC NO.（信用证号） : A30-0305-001033

DATE OF ISSUE （开证日） : 10.February 2019

ISSUER（开证方） : ALAHLI BANK OF DUBAI（KSC）

LC AMOUNT : USD 20 250.00

EXPIRY DATE（有效期） : 5.APRIL 2019

LATEST SHIPMENT DATE（最迟装运期） : 30.MARCH 2019

TRANSMITED/TRANSFERRED RFOM（转递/转让行）: INDUSTRIAL AND COMMERCIAL BANK OF CHINA，YIWU CITY BRANCH YIWU，CHINA

THEIR REF（转递/转让行编号） : AD

DEAR SIRS（敬启者），

WE HAVE PLEASURE IN ADVISING YOU，THAT WE HAVE RECEIVED FROM THE A/M BANK A LETTER OF CREDIT, CONTENTS OF WHICH ARE AS PER ATTACHED SHEET(S). THIS ADVICE AND THE ATTACHED SHEET(S) MUST ACCOMPANY THE RELATIVE DOCUMENTS WHEN PRESENTED FOR NEGOTIATION.

兹通知贵司，我行收到上述银行信用证一份，现随附通知，贵司交单时，请将本通知书及信用证一并提示。

PLEASE NOTE THAT THIS ADVICE DOES NOT CONSTITUTE OUR CONFIRMATION OF ABOVE L/C NOR DOES IT CONVEY ANY ENGAGEMENT OR OBLIGATION ON OUR PART.

本通知书不构成我行对此信用证之保兑及其他任何责任。

IF YOU FIND ANY TERMS AND CONDITIONS IN THE L/C WHICH YOU ARE UNABLE TO COMPLY WITH AND/OR ANY ERROR(S), IT IS SUGGESTED THAT YOU CONTACT APPLICANT DIRECTLY FOR NECESSARY AMENDMENT(S) SO AS TO AVOID ANY DIFFICULTIES WHICH MAY ARISE WHEN DOCUMENTS ARE PRESENTED.

如果本信用证中有无法办到的条款及/或错误，请直接与开证申请人联系进行必要的修改，以排除交单时可能发生的问题。

UNDER THE TERMS AND CONDITIONS OF THIS LETTER OF CREDIT WE HAVE CALCULATED THE FOLLOWING FEES:

根据此信用证的条款和条件，我们计算了以下费用：

OUR FEES CHARGED TODAY:

今天我们收取的费用如下：

Advising Fee	USD 31.40

THE AMOUNTS ARE SETTLED AS FOLLOWS:

金额计算如下：

We debit your account 1208001011005353593 VALUE: 2019.2.12	USD	31.40

APPLICABLE RULES SUBJECT TO UCP LATEST VERSION.

适用规则：遵循最新的国际商会跟单信用证统一惯例。

IF YOU HAVE ANY FURTHER QUERIES，PLEASE DON'T HESITATE TO CONTACT US ON THE ABOVE MENTIONED NUMBER.

如果贵司有任何疑问，请按上述业务编号与我行联系。

THIS IS A COMPUTER-GENERATED LETTER，NO SIGNATURE REQUIRED.

本函由计算机生成，无须签字。

以下为信用证原件的内容：

SAFE Reference：010016117101503O4

Received from：ALAHLI BANK OF DUBAI(KSC)

SWIFT Message Type：MT 700 Issue Of Documentary Credit

Date：10.February 2019

27：Sequence of Total

1/1

40A：Form of Documentary Credit

IRREVOCABLE

20：Documentary Credit Number

A30-0305-001033

31C：Date of Issue

20190210

31D：Date and Place of Expiry

20190405 AT OUR COUNTERS

50：Applicant

FLESHHEAD LINK Ltd. DENSO HALL DUBAI

59：Beneficiary

YIWU PENGDA IMP.& EXP.CO.，LTD.

NO.1 XUEYUAN ROAD YIWU CHINA

32B：Currency Code, Amount

USD20 250.00

41D：Available With…By…

Any Bank By Negotiation

42C：Drafts at…

Beneficiary's Draft(S) At Sight For Full Invoice Cost

42A：Drawee

ALAHLI BANK OF DUBAI(KSC)

43P：Partial Shipments

Prohibited

43T：Transshipment

Prohibited

44A：Loading on Board/Dispatch/Taking in Charge at/form

Shipment From Shanghai

44B：For Transportation to …

For Transportation To DUBAI

44C：Latest Date of Shipment

20190330

45A：Description of Goods and/or Services

JIANG HUA BRAND PLASTIC SLIPPERS AS PER S/C NO. FDSC1101, 8130G，5400PAIRS, 3.75 USD CIFC3 DUBAI，EACH 24 PAIRS PACKED IN ONE CARTON; TOTAL 225 CARTONS TO ONE 20' CONTAINER

SHIPPING MARKS：FLESHHEAD / FDSC1103/DUBAI/C/NO.1-UP

46A：Documents Required

+Signed Commercial Invoice In Triplicate

+Full Set Of Clean On Board Marin Bills Of Lading Made Out To Order And Blank

Endorsed, And/Or Clean Air Waybill Consigned To Mizuho Bank, Ltd., Warabi Branch, Warabi, Each Marked "Freight Collect", Notify Applicant, Indicating Credit Number.

+Packing List In Triplicate

+Insurance Policy Or Certificate In Duplicate Endorsement In Blank Covering Ocean Marin Cargo Clause All Risks And War Risk Plus 110 Percent Of Invoice Value As Per CIC Dated 01/01/1981

47A：Additional Conditions

+ALL CERTIFICATES REQUIRED UNDER THIS L/C MUST BE DATED PRIOR TO SHIPMENT.

71B：Charges

All Banking Charges Outside DUBAI Are For Beneficiary's Account.

48：Period for Presentation

Document Must Be Presented Within 5 Days After The Date Of Shipment But Within The Validity Of This Credit.

49：Confirmation Instructions

Without

78：Instruction to the Paying/Accepting/Negotiating Back

Instructions To The Negotiating Bank：

Upon Receipt Of The Original Documents In Order, We Shall Reimburse You By Remitting The Amount Claimed To Your Designated Account.

All Documents Must Be Airmailed To Us In Two Separate Sets By Courier Service.

Reimbursement By Teletransmission Is Prohibited.

A Discrepancy Fee Will Be Deducted/Charged If Documents Are Presented With Discrepancies.

业务员李舒拿出编号为 FDSC1103 的外贸合同，根据审核信用证的一般原则和方法，对照合同条款，逐条审核信用证的各条款，发现以下不符的情况对受益人非常不利，必须修改。于是，李舒给 Fleshhead Link Ltd.发了一封改证函，内容如下。

Dear Sirs,

We are very glad to receive your L/C No. A30-0305-001033, but we are quite sorry to find that it contains some discrepancies with the S/C NO. FDSC1103. Please instruct your bank to amend the L/C as quickly as possible.

The L/C is to be amended as follows：

1.31D：Date and Place of Expiry "20190405 AT OUR COUNTERS" should be "20190415 At The Negotiating Bank".

2. 44C：Latest Date of Shipment "20190330" should be " 20190331".

3. 45A：Description of Goods "JIANG HUA BRAND" should be "JIAN HUA BRAND".

"S/C NO. FDSC1101" should be "S/C NO. FDSC1103" .

4. 46A：Documents Required Bills Of Lading Marked "Freight Collect" should be "Freight Prepaid".

5. 46A：Documents Required Insurance Policy “Plus 110 Percent Of Invoice Value” should be “Plus 10 Percent of Invoice Value”.

6. 48：Period for Presentation “ 5 Days” should be “15 Days”.

Please see to it that the L/C amendment reach us before Feb 25th, 2019, failing which we shall not be able to effect punctual shipment. Thank you in advance for your kind cooperation.

YIWU PENGDA IMP.&EXP.CO.,LTD.
LISHU

二、备货与报检

（一）备货

所谓备货，是指根据出口合同所规定的商品品质、规格、数量、重量、花色品种、包装等要求，按时、保质、保量地准备好货物。备货的主要内容包括及时向供货部门或生产企业逐一地交代、检查和督促，核实应交货物的品质、规格、数量和交运时间，并进行必要的包装，以及刷制运输标志等。在备货交运过程中，应注意以下几点。

1）对所备货物的品质、规格、花色品种要严格核对，使所交运的货物完全符合合同和信用证的规定。对于那些不符合要求的货物必须重新加工或调换。

2）备货数量可适当有余，以备不测，在短缺时可以补足，避免短交。

3）所备货物的包装必须符合出口合同规定，包括内外包装的方式方法、用料、重量等。由于运输公司按重量或体积计算运费，出口企业应尽量选择重量轻的小体积包装，以节省运输费用。随着技术的进步，企业在自动仓储环境处理的货物越来越多，货物在运输和仓储过程中，通常由传送带根据条形码自动扫描分拣。因此，应注意根据仓储要求，严格按统一尺寸对货物进行包装或将货物放置标准尺寸的牢固托盘上，并预先正确印制和粘贴条形码。

4）运输包装的刷唛，要按买卖双方约定的式样，要求图形和文字清晰、醒目，位置适当，涂料不易脱落和防止错刷。运输标志式样一般由卖方自行制定，并及时通知买方，或在合同上加以说明，以便及时刷唛和货到时提货无误。如果在合同上仅规定由买方决定，则要求买方在开出的信用证上注明或发运前 10～15 天通知卖方，否则，卖方可自行决定，并在货物运往装运港前刷唛完毕。

5）货物备妥的时间应结合信用证规定的装运期限和船期安排，做到船货相衔接。

案例研究 5-3

外贸合同（FDSC1103）下的备货操作

接案例研究 5-2，2019 年 2 月 25 日，业务员李舒收到中国工商银行义乌分行转交的 ALAHLI BANK OF DUBAI（KSC）开出的信用证修改通知书（此处略）。

经仔细审核无误，李舒赶紧到福田市场上四区 40000 号摊位采购拖鞋，拖鞋由成都健华鞋业生产。李舒按照信用证的要求下单，并与摊位老板约定 3 月 10 日交货。

（二）报检

拓展阅读

中国国际贸易单一窗口

“中国国际贸易单一窗口”统一门户网站（图 5-1）是全国“单一窗口”的统一入口和口岸综合资讯服务平台，由国家口岸管理办公室主办、中国电子口岸数据中心负责运行维护，于 2016 年 12 月 31 日正式上线运行。

“中国国际贸易单一窗口”统一门户网站目前开通信息动态、标准规范、政策法规、标准版应用、金融服务、我要办事等六大板块及相关辅助功能，及时发布有关“单一窗口”建设最新动态、政策文件、重要通知、标准规范等，方便开展业务交流，加强联系指导，同时引导广大进出口企业进入各地方“单一窗口”办理业务。

进出口相关企业通过“单一窗口”标准版一点接入、一次性提交满足口岸管理和国际贸易相关部门要求的标准化单证和电子信息，实现共享数据信息、实施职能管理，优化通关业务流程，可以大大提高申报效率，缩短通关时间，降低企业成本，促进贸易便利化。通过单一窗口，企业可以办理“企业资质”“许可证件”“原产地证”“运输工具”“舱单申报”“货物申报”“加工贸易”“税费办理”“跨境电商”“物品通关”“出口退税”等业务。

图 5-1　“中国国际贸易单一窗口”标准版界面

1. 报检的含义

报检是指有关当事人根据法律、行政法规的规定，对外贸易合同的约定或证明履约的需要，向检验检疫机构申请检验、检疫、鉴定，以获准出入境或取得销售使用的合法凭证及某种公证证明所必须履行的法定程序和手续。

进出口企业可以自理报检，也可以委托代理报检单位报检，报检单位在首次报检时须办理备案登记手续。

“关检合一”自 2018 年 4 月 20 日起实施，即出入境检验检疫管理职责和队伍正式划入海关总署，统一以海关名义对外开展工作。机构改革后，海关的职责更宽广，队伍更壮大，达到“1+1 > 2”的效果。通关作业实现“一次申报”“一次查验”“一次放行”“三个一”的标准，对于广大进出口企业来说，企业通关费用减少，通关效率提升，贸易便利化程度进一步提高。企业报关报检资质合并，只需要获取相关的备案，即可同时具备报关报检资质。

2. 报检的程序

企业通过单一窗口平台一点接入，一次性提交满足海关和检验检疫要求的报关、报检标准化单证和电子信息，监管部门将报关、报检审核处理状态（结果）统一反馈给申报人。报检流程如图 5-2 所示。

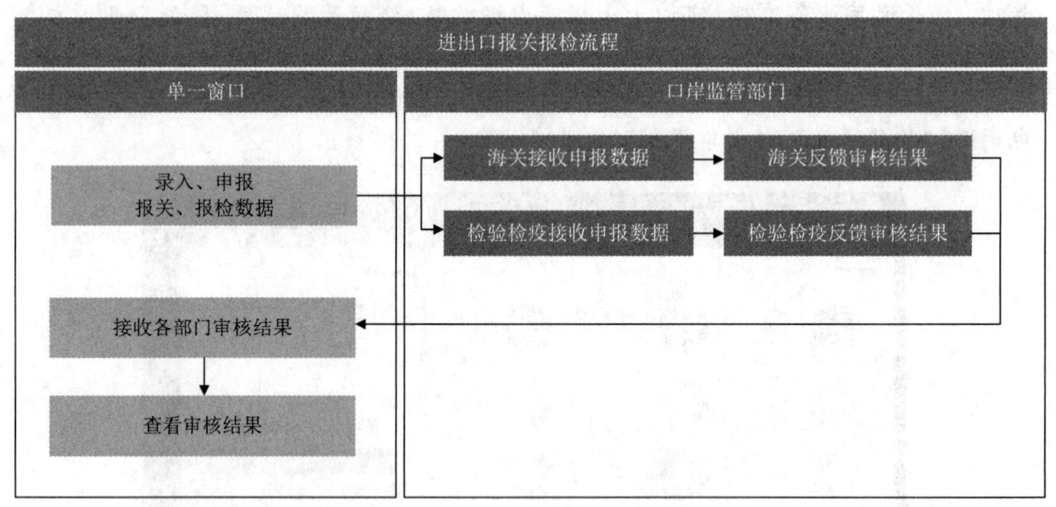

图 5-2 单一窗口进出口报检流程

3. 报检时应提供的单据

生产型企业（厂家）报检时，除按规定填写出境货物报检单，并提供外销合同（或信用证）、商业发票、装箱单等有关外贸单证外，还要根据需要提供厂检单、符合性声明、原始记录单、检测报告、包装性能结果单等单据。

市场采购货物（指发货人直接从国内市场上购买，货物存放在外贸仓库或集散地的出口商品）报检时，除按规定填写出境货物报检单，并提供外销合同（或信用证）、装箱单等有关外贸单证外，还应提供质量合格验收报告和市场采购发票。市场采购货物不适用于食品、化妆品、压力容器、危险品以及实施许可证管理的商品。

案例研究 5-4

外贸合同（FDSC1103）下的报检操作

接案例研究 5-3，货物备妥后，业务员李舒委托义乌嘉诺报检代理有限公司代为报检，并向该公司提供信用证、订舱委托书、商业发票、装箱单、报检委托书及市场采购出境货物验收报告等单证。该公司代为填写出境货物报检单（此处略），并向义乌出入境检验检疫局报检。市场采购出境货物验收报告如图 5-3 所示。

报检号：

<table>
<tr><td>货物名称</td><td colspan="3">塑料拖鞋</td><td>HS 编码</td><td>6404190000</td></tr>
<tr><td rowspan="2">数/重量</td><td rowspan="2" colspan="3">5 400 双</td><td>商检批号</td><td>3312600122110700</td></tr>
<tr><td>存放地点</td><td>苏福路 1000 号</td></tr>
<tr><td>供货商/
联系方式</td><td colspan="3">义乌市福田市场四区 40000 号摊位
王某 1330660××××</td><td rowspan="6">标记运输标志</td><td rowspan="6">FLESHHEAD
FDSC1103
DUBAI
C/NO.1-225</td></tr>
<tr><td>生产单位</td><td colspan="3">成都健华鞋业</td></tr>
<tr><td>采购商
联系方式</td><td colspan="3">Fleshhead Link Ltd.
Tel：001-323-588-6102</td></tr>
<tr><td>合 同 号</td><td>FDSC1103</td><td>输往国家</td><td>迪拜</td></tr>
<tr><td>托 单 号</td><td>YA222</td><td>启 运 地</td><td>义乌</td></tr>
<tr><td>货代公司</td><td colspan="3">浙江中外运金华分公司</td></tr>
<tr><td>检验情况</td><td colspan="5">货物情况（产品名称、款式规格、数量、装箱配比）：塑料拖鞋
包装情况：完好
相关证书/报告编号：</td></tr>
<tr><td>结果声明</td><td colspan="5">1．该批商品质量符合国家有关技术规范和标准及客户要求，结果合格。
2．验收报告所有内容真实无讹。
组货单位（签章）：义乌鹏达进出口贸易有限公司
质量监督员/日期： 单位负责人/日期：</td></tr>
<tr><td colspan="6">发货人声明：
1．本公司严格遵守国家出入境检验检疫法律法规和相关规定；
2．该批商品我公司已委托上述组货单位按相关要求进行验收，我公司认可该验收报告；
3．如果该批商品出口后因质量问题以及违反有关法律法规而造成国外客户异议，索赔或其他一切后果的，则由本公司承担一切法律责任。
发货人（公章）</td></tr>
<tr><td colspan="6">检验检疫部门意见：
经对该报检批所附证单记录进行审核，符合规定要求，予以放行。
检查人员： 日期： 审核人员： 日期：</td></tr>
</table>

图 5-3 市场采购出境货物验收报告

三、托运、报关、投保和装船

（一）出口托运

出口企业往往在备齐货物并审核信用证无误后，即开始着手办理租船或订舱、报关和投保等事宜。在实际业务中，除非大的外贸公司，我国许多进出口企业都将出口货物租船、订舱和装船工作，委托给货运代理公司（以下简称货代）办理。

1）出口企业，即货主在货、证齐备后，填制订舱委托书（booking note），随附商业发票（commercial invoice）、装箱单（packing list）及其他必要单据，委托货代代为订舱。有时还委托其代理报关，以及货物储运等事项。

2）货代接受订舱委托后，缮制集装箱货物托运单，随同商业发票、装箱单及其他必要的单证一同向船公司办理订舱。

3）船公司根据具体情况，如果接受订舱则在托运单的几联单证上编上与提单号码一致的编号，填上船名、航次，并签章，即表示已确认托运人的订舱，同时把配舱回单、S/O（shipping order，装货单，俗称“下货纸”）等与托运人有关的单据退给托运人。

4）托运人持船公司签署的 S/O，填制出口货物报关单，连同商业发票、装箱单等其他有关的出口单证向海关办理货物出口报关手续。

5）海关根据有关规定对出口货物进行查验，如果同意出口，则在报关单及 S/O 上盖放行章，并将 S/O 等单据退还给托运人。

6）托运人持海关盖章的由船公司签署的 S/O 要求船长装货。

7）装货后，由船上的大副签署 M/R（mate’s receipt，大副收据，也可称为“收货单”），交给托运人。

8）托运人持 M/R，向船公司换取正本已装船提单。

9）船公司凭 M/R，签发正本提单并交给托运人凭以结汇。

办理货物发运手续前，出口企业应了解和掌握装运港的情况，如港口是否拥挤等，密切注意国际运输的动向。在整个发运过程中，要与外运公司经常取得联系，密切配合，发现问题，共同研究解决，保证如期装船。外运公司定期编制的船期表上载有船名、航线、国籍、抵港日期、截止收单期（简称截单期）、受载日期、停挂港口等内容，是船、货衔接的依据，可以作为参考。如果出口货物具有自身的特点（如易腐、易燃、易爆），需要租用特种舱位或船舶，应在托运单上注明，以便使货物安全装运。

货物装运后，出口商应立即向进口商发出装船通知（shipping advice），以便对方及时办理保险（以 FOB/FCA、CFR/CPT 术语成交时）或做好接货准备工作。

（二）报关

报关是指出口货物出运前，由发货人或其代理在规定的期限内向海关交验有关单证，办理出口货物申报手续的法律行为。按照《中华人民共和国海关法》（以下简称《海关法》）规定：凡是进出国境的货物，必须通过设有海关的港口、车站、国际航空站进出，接受海关的监管，经过海关查验、放行后，货物才可提取或者装运出口。

目前，我国的出口企业在办理报关时，可以自行办理报关手续，也可以通过专业的报关经纪行或国际货运代理公司来办理。

我国海关总署于 2013 年 10 月 12 日发布公告决定自 2014 年起不再组织报关员资格全国统一考试，改革现行报关从业人员资质资格管理制度，取消报关员资格核准审批，对报关人员从业不再设置门槛和准入条件。至此之后，报关从业人员由企业自主聘用，由报关协会自律管理，海关通过指导、督促报关企业加强内部管理，实现对报关从业人员的间接管理。

单一窗口货物通关流程如图 5-4 所示。

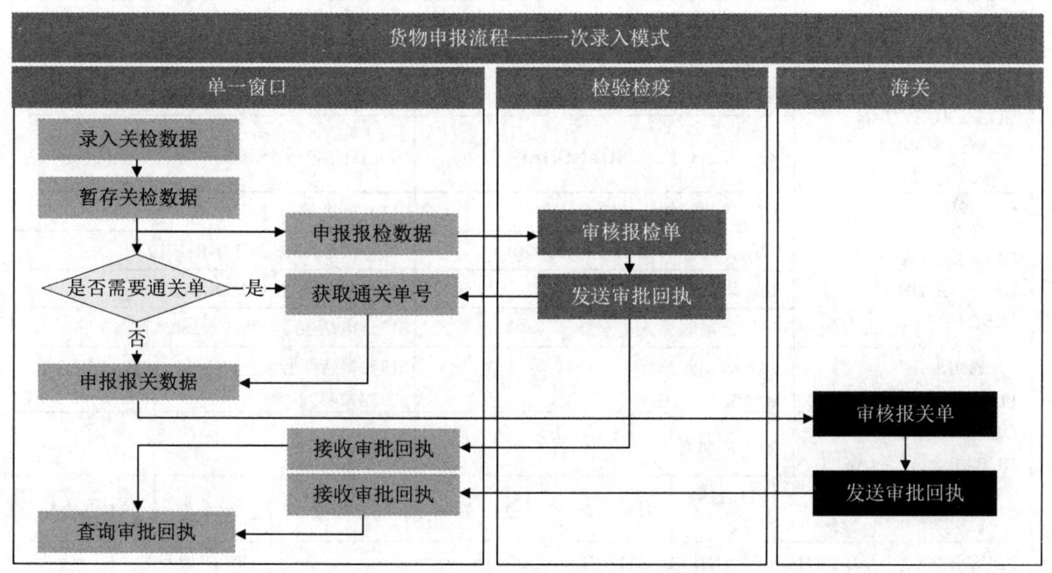

图 5-4　单一窗口货物通关流程

（三）投保

按 CIF/CIP 条件成交的出口合同，出口企业要在货物装运前，根据合同或信用证的有关规定向保险公司办理投保手续，取得保险单据，并在保险单背面空白背书，将受益人的权利（向保险代理提出索赔的权利）转让给进口商。投保的一般程序为：首先，由出口企业填写投保单，根据信用证规定，逐项如实地表明货物名称、数量、险别、保额、起讫地点、保险期限、投保人名称等；然后，交由保险公司签发正式保险单。货物投保后，在运输途中遇到风险，投保人即可按照保险单规定的权利和义务向保险公司提出索赔。该保险单既是索赔的主要依据，也是向银行议付货款必不可少的单据。

案例研究 5-5

外贸合同（FDSC1103）下的出口托运操作

接案例研究 5-4，业务员李舒即填写出口货物订舱委托书，连同商业发票和装箱单，委托义乌太平洋货代公司办理出口货物订舱及报关事宜。出口货物订舱委托书如图 5-5 所示。

出口货物订舱委托书

公司编号：BHP03FD　　　　日期：Mar 12，2019

<table>
<tr><td colspan="2" rowspan="4">1）发货人
YIWU PENGDA IMP.& EX P.CO.，LTD.
NO.1 XUEYUAN ROAD YIWU CHINA</td><td colspan="6">4）信用证号码 FDLC03</td></tr>
<tr><td colspan="6">5）开证银行　ALAHLI BANK OF DUBAI（KSC）</td></tr>
<tr><td colspan="3">6）合同号码　FDSC1103</td><td colspan="3">7）成交金额 USD 20 250.00</td></tr>
<tr><td colspan="3">8）装运口岸　SHANGHAI</td><td colspan="3">9）目的港　DUBAI</td></tr>
<tr><td colspan="2" rowspan="4">2）收货人
ORDER OF ALAHLI BANK OF DUBAI（KSC）</td><td colspan="3">10）转船运输　NO</td><td colspan="3">11）分批装运 NO</td></tr>
<tr><td colspan="3">12）信用证有效期 15-APR-2019</td><td colspan="3">13）装船期限 31-MAR-2019</td></tr>
<tr><td colspan="3">14）运费　PREPAID</td><td colspan="3">15）成交条件 CIF DUBAI</td></tr>
<tr><td colspan="3">16）公司联系人　李舒</td><td colspan="3">17）电话/传真 0579－380××××</td></tr>
<tr><td colspan="2" rowspan="2">3）通知人
FLESHHEAD LINK LTD.
DENSO HALL
DUBAI</td><td colspan="3">18）公司开户行
BANK OF CHINA</td><td colspan="3">19）银行账号
7938724374</td></tr>
<tr><td colspan="6">20）特别要求</td></tr>
<tr><td>21）标记唛码</td><td>22）货号规格</td><td>23）包装件数</td><td>24）毛重</td><td>25）净重</td><td>26）数量</td><td>27）单价</td><td>28）总价</td></tr>
<tr><td rowspan="2">FLESHHEAD
FDSC1103
DUBAI
C/NO.1-225</td><td colspan="5">JIAN HUA BRAND PLASTIC SLIPPERS</td><td colspan="2">CIF DUBAI</td></tr>
<tr><td>8130G</td><td>225CTNS</td><td>10 490 KGS</td><td>9 590KGS</td><td>5 400PAIRS</td><td>USD3.75</td><td>USD20 250.00</td></tr>
<tr><td colspan="8">29）备注</td></tr>
</table>

图 5-5　出口货物订舱委托书

四、制单结汇

出口企业在货物装运后，应立即按照信用证的要求，正确缮制各种单据，并在信用证规定的有效期和交单期内，将单据及有关证件送交银行，通过银行收取外汇，并将所得外汇出售给银行换取人民币的过程即为出口结汇。

（一）制单

1. 制单前的准备

信用证付款方式下，制单的主要依据是信用证，电汇、托收等付款方式下，制单的主要依据是合同。制单前的主要准备工作是找全合同或信用证，分析判断其对单证的具体要求，并将有关内容一一列表，以便办理单证时查核，防止发生差错和遗漏。

2. 制单的基本要求

制作结汇单据有“五要求”：正确、完整、及时、简洁、清晰。

1）“正确”包括两个方面：一方面，要求各种单据必须做到“三相符”（即单据与信用证相符、单据与单据相符、单据与实际货物相符）；另一方面，要求各种单据必须符合有关国际惯例和进出口国有关法令和规定。

2）“完整 ”包含三个方面的内容：①单据内容完整：每一种单据本身的内容（包括单据本身的格式、项目、文字、签章、背书等）必须完备齐全，否则，就不能构成有效文件，也就不能为银行所接受；②单据种类完整：单据必须是成套齐全而不是单一的，遗漏一种单据，就是单据不完整；③单据份数完整：在信用证项下的交易中，进出口商需要哪些单据、一式几份都已订明，应按要求出齐。

3）“及时”包括两个方面的内容：①各种单据的出单日期必须符合逻辑，也就是说，每一种单据的出单日期不能超过信用证规定的有效期限或按商业习惯的合理日期，如保险单、检验证的日期应早于提单的日期，而提单的日期不应晚于信用证规定的最迟装运期限，否则，就会造成单证不符；②交单议付不得超过信用证规定的交单有效期，如信用证不做规定，按国际商会 UCP 规定：“银行将拒绝接受迟于运输单据出单日期 21 天后提交的单据，但无论如何，单据也不得迟于信用证到期日提交。”

4）“简洁”是指单证的内容应力求简化，避免复杂烦琐，提高工作效率。

5）“清晰”是指单证表面的清洁、美观、大方。单证格式设计标准规范，内容排列整齐有序，字迹清晰，更改处要盖校对章或简签。如果单证涂改过多，应重新缮制单证。

3. 出口结汇的主要单据

（1）汇票

汇票是我国对外贸易货款结算中使用最多的一种票据，是一种要式性文件，在制作时，既要满足相关票据法的规定，又要符合合同或信用证的要求。汇票通常是一套单据中最晚使用的一份单据。

（2）商业发票

商业发票是出口商开立凭以向进口商收款的发货价目清单，是出口商对装运货物的总说明。商业发票是全套货运单据的中心，其他单据均参照发票内容缮制。发票的种类除了商业发票外，还包括形式发票、厂商发票、海关发票、领事发票等。

（3）装箱单

装箱单是商业发票的一种补充单据，着重表现货物的包装情况，包括从最小包装到最大包装及所使用的包装材料、包装方式及重量和尺码等内容。

（4）海运提单

海运提单是海运时使用的运输单据。出口商结汇时需要提交的运输单据取决于所使用的贸易术语，使用适合水上运输的 FOB、CFR、CIF 等术语时，出口商必须提交已装船海运提单。使用适合任何运输方式的 FCA、CPT、CIP 等术语时，根据采用的运输方式，提交相应的运输单据即可。运输单据是各种单据中最重要的单据，必须严格按照信用证的要求填制。

（5）保险单

使用 CIF 或 CIP 术语时，出口商结汇时必须提交保险单据。保险单可由被保险人背书随物权的转移而转让，保险单的签发日期不得晚于提单日期。保险单据除了保险单外，还包括保险证明书（insurance certificate）、预约保险单（open policy）等。

（6）其他单据

其他单据主要有一般产地证、普惠制产地证、检验检疫证书、装船通知、各种证明等，要根据信用证的规定缮制提交。

（二）结汇

选择的付款方式不同，其结汇流程有所不同。

1. 信用证方式结算

我国银行出口结汇的做法主要有以下几种。

1）收妥结汇。收妥结汇即先收后结，指议付行收到外贸企业提交的单据后，经审核无误，将单据寄往国外付款行索汇，待收到国外银行将价款转入议付行账户的贷记通知书时，即按当日外汇牌价，折成人民币付给外贸公司。

2）定期结汇。定期结汇指议付行根据向国外银行索偿的邮程远近，预先确定一个固定的结汇期限，到期后主动将票款金额折成人民币付给外贸公司。

3）买单结汇。买单结汇即“出口押汇”，指议付行在审单无误的情况下，按信用证条款买入受益人的汇票和单据，从票面金额中扣除从议付日到估计收到票款之日的利息，将净额按议付日外汇牌价折成人民币，付给信用证的受益人。议付行买入跟单汇票后，即成为汇票的正当持有人，可凭票向付款行索取票款。若汇票遭拒付，议付行有权向受益人追回票款。银行同意做出口押汇，是为了对出口公司提供资金融通，有利于出口公司的资金周转。

货物发出后，单证不符又无法补救时，出口商可以采取以下两种方式收款，或通过托收方式收款。

1）担保议付。担保议付即“表提”，也即在征得进口商同意的情况下，出口商向开证行出具担保书，要求议付行凭担保议付具有不符点的单据，议付行向开证行寄单时，在随附单据上注明单证不符点和“凭保议付”字样。

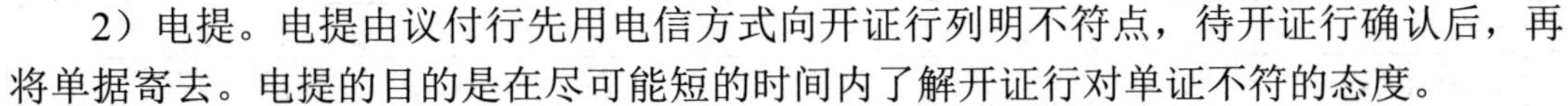

2）电提。电提由议付行先用电信方式向开证行列明不符点，待开证行确认后，再将单据寄去。电提的目的是在尽可能短的时间内了解开证行对单证不符的态度。

2. 托收方式结算

在D/P、D/A情况下，出口商要先行发货，取得货运单据，再根据合同要求缮制全套单据，委托国内托收行通过其国外代收行向进口商收取货款。进口商在付款（D/P）或承兑（D/A）的情况下，代收行将单据交给进口商，供进口商向承运人提货。虽然托收方式下，单据是通过银行传递给进口商的，但银行在此业务中仅提供服务而不提供信用，能否收回货款完全取决于进口商的信誉。

3. 汇付方式结算

汇付方式中，T/T使用最广泛，T/T又分前T/T、后T/T。前T/T是指出口商先收到进口商电汇的货款后，再安排货物托运，取得货运单据后，自行将货运单据连同其他单据一起邮寄给进口商，供进口商向承运人提货；后T/T是指出口商先行发货，取得货运单据后，自行将货运单据连同其他单据一起邮寄给进口商，待进口商提货后，再通过银行将货款电汇给出口商。对出口商来说，前T/T没有收汇风险，而后T/T则收汇风险较大。

案例研究5-6

外贸合同（FDSC1103）下的制单结汇操作

接案例研究5-5，办理完货物的装船之后，业务员李舒顺利收到船公司寄来的海运提单。李舒仔细研读信用证的条款，准备制单结汇。他先将已有的单据，如商业发票（图5-6）、装箱单（图5-7）、海运提单（图5-8）、保险单（图5-9）等按照信用证规定的份数准备好，并着手制作还需要的单据，如汇票（图5-10）等。然后向中国工商银行义乌分行交单议付。

COMMERCIAL INVOICE		
1) SELLER	3) INVOICE NO.	4) INVOICE DATE
YIWU PENGDA IMP.& EXP.CO.，LTD. NO.1 XUEYUAN ROAD YIWU CHINA	JL-LESINV04	12-Mar-2019
	5) L/C NO.	6) DATE
	A30-0305-001033	10-Feb-2019
	7) ISSUED BY	
	BANK OF MONTREAL	
2) BUYER	8) CONTRACT NO.	9) DATE
FLESHHEAD LINK LTD. DENSO HALL DUBAI	FDSC1103	1-Dec-2019
	10) FROM	11) TO
	SHANGHAI	DUBAI
	12) SHIPPED BY	13) PRICE TERM
	JIEFANG V.301	CIFC3DUBAI

14) MARKS	15) DESCRIPTION OF GOODS	16) QTY.	17) UNIT PRICE	18) AMOUNT
			CIFC3 VANCOUVER	
FLESHHEAD FDSC1103 DUBAI C/NO.1-225	JIAN HUA BRAND PLASTIC SLIPPERS 8130G	5 400PAIRS	USD3.75	USD20 250.00
19) TOTAL VALUE				
SAY UNITED STATES DOLLARS EIGHT THSOUSAND NINE HUNDRED AND TEN ONLY				
20) PACKING				
EACH 24 PAIRS PACKED IN ONE CARTON;TOTAL 225 CARTONS TO ONE 20' CONTAINER				
21) GROSS WEIGHT				
TOTAL 10490 KGS				

图 5-6 商业发票

PACKING LIST						
1) SELLER			3) INVOICE NO.		4) INVOICE DATE	
YIWU PENGDA IMP.& EXP.CO.，LTD. NO.1 XUEYUAN ROAD YIWU YIWU CHINA			JL-LESINV04		2019-3-12	
			5) FROM		6) TO	
			SHANGHAI		DUBAI	
			7) TOTAL PACKAGES（IN WORDS)			
			SAY TWO HUNDRED AND TWENTY-FIVE CARTONS ONLY			
2) BUYER			8) MARKS & NOS.			
FLESHHEAD LINK LTD. DENSO HALL DUBAI			FLESHHEAD FDSC1103 DUBAI C/NO.1-225			
9) C/NOS.	10) NOS. & KINDS OF PKGS.	11) ITEM	12) QTY.	13) G.W.(kg)	14) N.W.(Kg)	15) MEAS(m^3)
NO. 1-225	JIAN HUA BRAND PLASTIC SLIPPERS					
	225 CARTONS	8130G	5 400PAIRS	10 490 KGS	9 590KGS	24.98
L/C NO. A30-0305-001033						

图 5-7 装箱单

BILL OF LADING

<table>
<tr><td colspan="2">1) SHIPPER</td><td colspan="4">10) B/L NO.JL-LESBL04</td></tr>
<tr><td colspan="2">YIWU PENGDA IMP.& EXP.CO., LTD.
NO.1 XUEYUAN ROAD
YIWU CHINA</td><td colspan="4" rowspan="9">ORIGINAL

COSCO
中国远洋运输（集团）总公司
CHINA OCEAN SHIPPING (GROUP) CO.

Combined Transport BILL OF LADING</td></tr>
<tr><td colspan="2">2) CONSIGNEE</td></tr>
<tr><td colspan="2">TO ORDER</td></tr>
<tr><td colspan="2">3) NOTIFY PARTY</td></tr>
<tr><td colspan="2">FLESHHEAD LINK LTD.
DENSO HALL DUBAI</td></tr>
<tr><td>4) PLACE OF RECEIPT
SHANGHAI CY</td><td>5) OCEAN VESSEL
JIEFANG</td></tr>
<tr><td>6) VOYAGE NO.
V.301</td><td>7) PORT OF LOADING
SHANGHAI</td></tr>
<tr><td>8) PORT OF DISCHARGE
DUBAI</td><td>9) PLACE OF DELIVERY
DUBAI CY</td></tr>
</table>

<table>
<tr><td>11) MARKS</td><td>12) NOS. & KINDS OF PKGS.</td><td>13) DESCRIPTION OF GOODS</td><td>14) G.W.</td><td>15) MEAS</td></tr>
<tr><td rowspan="4">FLESHHEAD
FDSC1103 DUBAI
C/NO.1-225</td><td colspan="4">JIAN HUA BRAND PLASTIC SLIPPERS</td></tr>
<tr><td>225 CARTONS</td><td>8130G</td><td>10490 KGS</td><td>24.98m³</td></tr>
<tr><td colspan="4">CONTAINER NO.46532811</td></tr>
<tr><td colspan="3">L/C NO. A30-0305-001033</td><td>FREIGHT PREPAID</td></tr>
<tr><td colspan="2">16) TOTAL NUMBER OF CONTAINERS OR PACKAGES (IN WORDS)</td><td colspan="3">SAY TWO HUNDRED AND TWENTY-FIVE CARTONS ONLY</td></tr>
</table>

<table>
<tr><td>FREIGHT & CHARGES</td><td>REVENUE TONS</td><td>RATE</td><td>PER</td><td>PREPAID</td><td>COLLECT</td></tr>
<tr><td>PREPAID AT</td><td colspan="2">PAYABLE AT</td><td colspan="3">17) PLACE AND DATE OF ISSUE</td></tr>
<tr><td>TOTAL PREPAID</td><td colspan="2">18) NUMBER OF ORIGINAL B (S) L</td><td>SHANGHAI</td><td colspan="2">2019-3-20</td></tr>
<tr><td></td><td colspan="2">THREE</td><td>21)</td><td colspan="2">陈 永 海</td></tr>
<tr><td></td><td colspan="2">LOADING ON BOARD THE VESSEL</td><td colspan="3" rowspan="3">COSCO SHANGHAI SHIPPING CO., LTD.</td></tr>
<tr><td>19) DATE</td><td>20) BY</td><td>陈 永 海</td></tr>
<tr><td>2019-3-20</td><td colspan="2">COSCO SHANGHAI SHIPPING CO., LTD.</td></tr>
<tr><td colspan="6">ENDORSEMENT: YIWU PENGDA IMP.& EXP.CO., LTD.
王勇 31-Mar-2019 3 COPIES</td></tr>
</table>

图 5-8 海运提单

<table>
<tr><td colspan="8">中国人民保险公司
THE PEOPLE'S INSURANCE COMPANY OF CHINA
总公司设于北京　　一九四九年创立
Head office：BEIJING　　Established in 1949</td></tr>
<tr><td colspan="5">保险单
INSURANCE POLICY</td><td colspan="2">保险单号次
POLICY NO.</td><td>JL-LESBD04</td></tr>
<tr><td colspan="8">中国人民保险公司（以下简称本公司）根据义乌鹏达进出口贸易有限公司（以下简称被保险人）的要求，由被保险人向本公司缴付约定的保险费，按照本保险单承保险别和背面所载条款承保下述货物运输保险，特立本保险单</td></tr>
<tr><td colspan="8">THIS POLICY OF INSURANCE WITNESSES THAT THE PEOPLE'S INSURANCE COMPANY OF CHINA（HEREINAFTER CALLED "THE COMPANY"）AT THE REQUEST OF YIWU PENGDA IMP.& EXP.CO.，LTD.（HEREINAFTER CALLED " THE INSURED"） AND IN CONSIDERATION OF THE AGREED PREMIUM PAID TO THE COMPANY BY THE INSURED UNDERTAKES TO INSURE THE UNDERMENTIONED GOODS IN TRANSPORTATION SUBJECT TO THE CONDITIONS OF THIS POLICY AS PER THE CLAUSES PRINTED OVERLEAF AND OTHER SPECIAL CLAUSES ATTACHED HEREON</td></tr>
<tr><td colspan="2">标记
MARKS § NOS</td><td colspan="2">包装及数量
QUANTITY</td><td colspan="2">保险货物项目
DESCRIPTION OF GOODS</td><td colspan="2">保险金额
AMOUNT INSURED</td></tr>
<tr><td colspan="2">AS PER INVOICE
NO.JL-LESINV04</td><td colspan="2">225 CARTONS</td><td colspan="2">JIAN HUA BRAND
PLASTIC SLIPPERS</td><td colspan="2">USD 335.00</td></tr>
<tr><td colspan="2">总保险金额:
TOTAL AMOUNT INSURED:</td><td colspan="6">SAY US DOLLARS THREE HUNDRED AND THIRTY-FIVE ONLY</td></tr>
<tr><td>保费
PREMIUM</td><td>AS ARRANGED</td><td>费率
RATE</td><td>AS ARRANGED</td><td colspan="2">装载运输工具
PER CONVEYANCE SS.</td><td colspan="2">JIEFANG V.301</td></tr>
<tr><td>开航日期
SLG. ON OR ABT.</td><td colspan="3">AS PER BILL OF LADING</td><td>自
FROM</td><td>SHANGHAI</td><td>至
TO</td><td>DUBAI</td></tr>
<tr><td>承保险别:
CONDITIONS</td><td colspan="7">ALL RISKS AND WAR RISK AS PER OCEAN MARINE CARGO CLAUSES OF C.I.C., DATED 1/1/1981　　L/C NO. A30-0305-001033</td></tr>
<tr><td colspan="8">所保货物，若遇出险，本公司凭本保险单及其他有关证件给付赔款。所保货物，如果发生本保险单项下负责赔偿的损失或事故，应立即通知本公司下述代理人查勘。
CLAIMS, IF ANY, PAYABLE ON SURRENDER OF THIS POLICY TOGETHER WITH OTHER RELEVANT DOCUMENTSIN THE EVENT OF ACCIDENT WHEREBY LOSS OR DAMAGE MAY RESULT IN A CLAIM UNDER THIS POLICY IMMEDIATE NOTICEAPPLYING FOR SURVEY MUST BE GIVEN TO THE COMPANY'S AGENT AS MENTIONED HEREUNDER: FLESHHEAD LINK LTD. DENSO HALL DUBAI</td></tr>
<tr><td colspan="2">赔款偿付地点
CLAIM PAYABLE AT/IN</td><td colspan="3">DUBAI IN USD</td><td colspan="3" rowspan="3">中国人民保险公司上海分公司
THE PEOPLE'S INSURANCE CO. OF CHINA SHANGHAI BRANCH
何静芝
General Manager</td></tr>
<tr><td>日期
DATE</td><td colspan="2">19-Mar-2019</td><td colspan="2">义乌
YIWU</td></tr>
<tr><td colspan="5">地址:中国义乌学院路 1 号 TEL:0579-3802626
Address: 1 XUEYUAN ROAD, YIWU, China. TEL: 3802626 YIWU</td></tr>
<tr><td colspan="8">ENDORSEMENT: YIWU PENGDA IMP.& EX P.CO., LTD.
王勇　　31-Mar-2019　　2 copies</td></tr>
</table>

图 5-9　保险单

BILL OF EXCHANGE

No.　JL-LESINV04

For　USD20250.00　　　YIWU　　　31-Mar-2019

(amount in figure)　　　(place and date of issue)

At　*************　sight of this FIRST　Bill of exchange (SECOND being unpaid)

pay to　INDUSTRIAL AND COMMERCIAL BANK OF CHINA YIWU CITY BRANCH　　or order

the sum of

SAY UNITED STATES DOLLARS TWENTY THSOUSAND TWO HUNDRED AND FIFTY ONLY

(amount in words)

Value　received　for　225 CARTONS　of　JIAN HUA BRAND PLASTIC SLIPPERS

(quantity)　　(name of commodity)

Drawn under　ALAHLI　BANK　OF　DUBAI(KSC)

L/C No.　A30-0305-001033　dated　10-Feb-2019

To:　　　For and on behalf of

ALAHLI BANK OF DUBAI(KSC)　　　YIWU PENGDA IMP.& EXP.CO.,LTD.

P.O./C.P. 49350　　　王勇

Vancou B.C. V7X 1L5　　　(Signature)

2 copies

图 5-10　汇票

五、出口退税

出口产品退（免）税，简称出口退税，指对出口产品退还其在国内生产和流通环节实际缴纳的产品税、增值税、营业税和特别消费税等。通过退还出口产品的国内已纳税款来平衡国内产品的税收负担，使本国产品以不含税成本进入国际市场，与国外产品在同等条件下进行竞争，从而增强出口商品的国际竞争能力。

出口退税的详细流程如图 5-11 所示。

1）网上申领核销单（登录电子口岸执法系统，选择出口收汇—核销单申领）。

2）领取纸质核销单（凭申领过的电子口岸 IC 卡及加盖企业公章的“出口企业核销单介绍信”前往外汇管理局领取）。

3）进行纸质核销单备案（登录电子口岸执法系统，选择出口收汇—口岸备案）。

4）办理报关手续。

5）填出口商品专用发票（至国税局领出口专用发票）。

6）征免申报（在出口退税退免税申报软件上进行数据录入，打印两份，外汇局、出口单位各一份）。

7）登录电子口岸执法系统，选择出口收汇—企业交单。

8）进入出口收汇网上核销系统进行申报，并打印出口收汇批次核销信息登记表。

9）工行出口收汇核销（收汇日期、核销金额）。

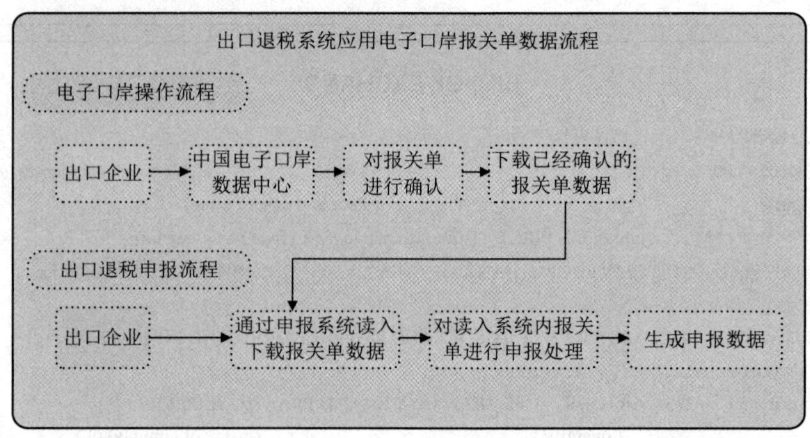

图 5-11　出口退税流程图

10）外汇局办核销（核销单、报关单、工行盖章的核销单、出口收汇批次核销信息登记表、电子口岸 IC 卡）。

11）进入国税系统输入报表及纳税申报表。

12）将出口货物退（免）税申报系统里的免税数据上传至国税局网站。

13）登录出口货物退（免）税申报系统进行退税申报（申报成功后另存入 U 盘）。

14）准备出口退税纸质材料（具体见出口退税资料封底）并带 U 盘到国税局申报。

15）等国税局电话通知拿退税批复。

16）等国税局电话通知，去国税局办理退税申请手续（带退税批复、公司公章及印鉴章）。

17） 一般办理过退税手续一周内银行从国家金库里拨入账款至公司账户。

案例研究 5-7

外贸合同（FDSC1103）下的核销退税操作

接案例研究 5-6，一个月后，业务员李舒接到中国工商银行义乌分行通知，信用证项下的款项到账，他立即到银行办妥结汇，取走出口收汇核销专用联，连同其他单据到外汇管理局办理出口收汇核销，并准备好所有的单据向国税局办理出口退税。

任务评价

同 步 训 练

实训项目：

学生扮演出口商，教师扮演进口商，设计一个进出口贸易的模拟情景，分别采用信用证、托收和汇付方式结算，模拟进出口贸易的整个操作流程，在情景中设置意外事故、投诉索赔等状况，并进入分支情景的模拟。

思考与练习

一、选择题

1．托运人是凭（　　）向船公司换取正本海运提单。

A．装货单　　B．装箱单　　C．大副收据　　D．托运单

2．进出口业务中，对 L/C 的审核机构为（　　）。

A．银行　　B．出口商　　C．出口商和银行　　D．均不是

3．若 L/C 的修改通知书包括多项内容，则卖方（　　）。

A．须全部接受　　B．须全部拒绝　　C．部分接受

D．部分拒绝　　E．全部接受或全部拒绝

4．对于下列单据，（　　）是银行有权拒收的。

A．迟于装运日期后 21 天提交的单据

B．迟于信用证规定的到期日提交的单据

C．单据之间内容有差异的单据

D．内容与信用证要求不相符的单据

5．国际货物买卖中，卖方的基本义务是（　　）。

A．提交合格货物　　B．提交合格的单据

C．办理运输　　D．办理保险

E．转移货物的所有权

6．我国出口结汇的方法是（　　）。

A．不定期结汇　　B．定期结汇　　C．押汇　　D．收妥结汇

7. 在出口结汇时，由出口商签发的，作为结算货款和报关纳税依据的核心单据是（　　）

A．海运提单　　B．商业汇票　　C．商业发票　　D．海关发票

8. 出口报关的时间是（　　）

A．备考前　　B．装船前　　C．装船后　　D. 货到目的港后

9. 出口货物的发货人及其代理人除海关特许外，根据规定应当在货物运抵海关监管区后，在装货的（　　）小时前向海关申报。

A．12　　B．48　　C．8　　D．24

二、案例分析题

出口合同规定某商品数量 1 200 万米，7—12 月每月各装运 200 万米，不可撤销即期议付信用证付款，装运月份开始前 15 天买方负责将信用证开至卖方。买方按约如期于 6 月 15 日将信用证开给卖方，经审查信用证总量与总额以及其他条款均与合同规定一致，但装运条款仅规定“允许分批”和最后装运日期为 12 月 31 日。由于出口企业备有库存现货，为争取早出口、早收汇，遂先后于 7 月 20 日和 10 月 5 日将货物分两批各

600 万米装运出口，由于提交的单据符合信用证条款规定，付款行及时履行了付款义务。但事后不久，收到国外进口人电传，声称我出口企业违反了合同，提出索赔。

思考：

我出口企业应如何处理？

任务评价答案 5-1

任务二 进口合同的履行

任务要求

具体任务：制作开证申请书，办理开证手续和信用证修改工作，配合开证行审核单据，完成信用证结算；在收到托收行寄来的单据后，按即期付款交单、远期付款交单和承兑交单等不同方式，完成托收业务流程；制作汇款申请书，办理汇款申请手续；办理入境货物报检、报关手续；提取货物。

作为进出口业务的双方，进口商与出口商在风险和成本等方面往往是不一致的，我们有必要从进口商的角度来重新认识信用证、托收、汇付的流程和特点，从而更好地掌握信用证、托收、汇付项下进口商的业务操作。

导入案例

安全、快捷地完成进口合同

义乌远大进出口公司是一家专业进出口贸易公司，主要代理小商品进出口业务。受国内某公司的委托，远大进出口公司从日本进口一批食品。为此，业务经理季先生与贸易伙伴日本东京进出口公司进行洽谈。在充分考虑了进出口双方履约风险和成本之后，双方达成了一份长期的合同：第一笔业务采用信用证支付方式；待顺利完成第一笔业务，双方建立起基本的信任关系后，第二笔业务采用托收支付方式；如果第二笔业务也能顺利完成，则以后的业务原则上均采用汇付支付方式。

合同签订后，远大进出口公司开始着手履行第一笔业务。季先生向义乌工商银行提供开证申请书、进出口合同、进口付汇备案表等资料，申请开立金额为 100 万美元、期限为提单后 100 天的承兑信用证。义乌工商银行按照外汇管理政策进行政策审查，要求远大进出口公司提供抵押担保措施的情况下，在其额度内开立了信用证。收到东京进出口公司寄来的商业发票、装箱单、提单等相关单据后，义乌工商银行对单据进行审查，在单据符合信用证规定的情况下，义乌工商银行向日本东京银行发出承兑电，并按期在提单后 100 天对外付款。远大进出口公司付款赎单后，根据合同、商业发票、装箱单等有关单据填制入境货物报检单和进口货物报关单，并办理报检和报关手续，并在义乌出入境检验检疫局和海关查验放行后提取货物，办理了付汇核销手续。进出口双方顺利完成了第一笔业务。

由于该日本食品深受消费者喜爱，进出口双方很快开始了第二笔业务，并按约定采用远期90天付款交单（D/P90 days after sight）方式。购货合同签订后，出口商按合同规定的时间按时发货，并通过东京银行进行托收。义乌工商银行收到托收行东京银行寄来的单据及委托义乌工商银行向进口商代收进口款项 500 万美元的托收委托书，遂对寄来的单据及托收委托书内容进行审核，核实无误后，通知远大进出口公司单据情况，要求其进行承兑并到期付款赎单。远大进出口公司对收到的全套托收单据进行审核，核准无误后进行承兑。90 天远期到期后，义乌工商银行按东京银行的指示对外付款。然后，远大进出口公司报检和报关，经检验检疫局和海关放行后提货拨交。进出口双方顺利完成了第二笔业务。

第三笔业务按合同约定采用汇付的方式进行。季先生填制境外汇款申请书，再到账户行义乌工商银行办理电汇手续。之后，远大进出口公司派外贸业务员李先生赴日本验货，并协助办理托运等工作。货物到达后，远大进出口公司办理报检和报关手续，并在义乌出入境检验检疫局和海关查验放行后提取货物，办理了付汇核销手续。进出口双方顺利完成了第三笔业务。

思考：

1）如何选择支付方式以安全、快捷地完成进口合同？

2）签订和履行进口合同之前，应做好哪些准备工作？

任务学习

在我国的进口业务中，按 FOB 价格条件成交的情况较多，如果是采用即期信用证方式结算，海运方式运输，进口合同履行的一般程序是：开立信用证，租船或订舱，办理保险，审单和付汇，办理进口商检，进口报关、提货，向用货单位拨交货物，进口索赔等。这些环节的工作，是由进出口公司、运输部门、商检部门、银行、保险公司，以及用货部门等各有关方面分工负责、紧密配合而共同完成的。以下分别介绍进口合同履行所涉及的各项业务。

一、信用证的开立

进出口双方首先签订合同，合同约定采用信用证方式结算货款。进口商在申请开立信用证前，一定要落实进口审批手续及外汇来源，以免信用证开立后无法履行。

（一）申请开证时应注意的问题

1. 掌握好开证时间

如果合同规定了开证日期，就必须在规定期限内开立信用证；如果合同有装运期的起止日期，那么，最迟必须让卖方在装运期开始前的最后一天收到信用证；如果合同只规定最后装运期，那么，买方应在合理的时间内开证，一般在合同规定的交货期前半个月或一个月开到卖方。总之，要让卖方在收到信用证以后能在合同规定的装运期内装运货物。

2. 开证时必须以签订的买卖合同为依据

合同中规定要在信用证上明确的条款都必须列明，一般不能使用“参阅第××号合同”或“第××号合同项下货物”等条款，也不能将有关合同作为信用证附件附在信用证后。信用证内容必须明确无误，应明确规定各类单据的出单人（商业发票、保险单和运输单据除外），明确规定各单据应表述的内容。

（二）申请开立信用证的程序

进口商在合同规定的时间向中国银行或其他经营外汇业务的银行办理申请开立信用证手续如下。

1. 递交有关合同的副本及附件

进口商在向银行申请开证时，要向银行递交进口合同的副本以及所需附件，如进口许可证等。

2. 填写开证申请书

进口商按贸易合同规定向当地银行申请开立信用证，填制开证申请书（irrevocable documentary credit application）。开证申请书是银行开具信用证的依据，是开证申请人与开证银行之间的有关开立信用证的权利与义务的契约。开证申请书是依据合同填写的，但信用证一经开出就成为独立于合同以外的自足的文件，因而在开立信用证时应审慎核查贸易合同的主要条款并将其列入开证申请书中。

开证申请书有正面和背面两部分内容。正面主要包括受益人名称和地址，信用证及合同号码，信用证的有效期及到期地点、装运期，信用证的性质，货物的描述，对单据的要求，信用证的金额、种类，信用证中的特别条款及其他一些条款等。背面内容是开证行与开证申请人之间的约定，一般由开证行根据相关的国际惯例和习惯做法事先确定并印制，申请人只需要签字盖章即可。进口商根据银行规定的开证申请书格式，一般填写一式三份，一份银行结算部门留存，一份银行信贷部门留存，一份开证申请人留存。

3. 缴付保证金

按照国际贸易的习惯做法，除非开证行对开证申请人有授信额度，进口商向银行申请开立信用证时，应向银行缴付一定比例的保证金，其金额一般为信用证金额的百分之几到百分之几十不等，通常根据进口商的资信情况而定。在我国的进口业务中，开证行根据不同企业和交易的情况，要求开证申请人缴付一定比例的人民币保证金，然后银行才会开证。

4. 支付开证手续费

进口商在申请开证时，必须按规定支付一定金额的开证手续费。

案例 5-1

张庆是浙江义乌鹏达经济发展有限公司的经理，正从泰国进口一批龙眼，合同（图 5-12）签订后，他就积极履行合同。他备齐所有的资料，向中国农业银行义乌支行申请开证。他仔细查看合同条款要求后，填写开证申请书，如图 5-13 和图 5-14 所示。

SISCO Siam Inter Sweet Co., Ltd.

128/563 PST Tower3, Nonsi Road, Yannawa, Bangkok 10120, Thailand.

E-mail : sisco@sisco.co.th Tel :（66-2） 681-3883

Fax: （+66-2） 681-3993

SALES CONTRACT

S/C NO. : SC070819

Date : Aug 19，2019

1. The Seller: Siam Inter Sweet Co. Ltd.

Address: 128/563 PST Tower3, Nonsi Road, Yannawa, Bangkok 10120, Thailand.

2. The Buyer: Zhejiang Yiwu Pengda Economy Development Co. Ltd.

Address: Agricultural Market， Yiwu City， Zhejiang， China.

3. Name of commodity: "Golden Eagle brand"

Thailand Fresh Longan packed in plastic basket

4. Specification:

Jumbo basket (Nw. 12 kgs Gw. 13 kgs)

No. 1 size LL belt color: Yellow 30%～50%

No. 2 size L belt color: Red 30%～50%

No. 3 size M belt color: Blue 20%～40%

No. 4 size S belt color: Green 5%～10%

5. Unit Price: USD 18 Per Basket CIF Shanghai Longwu

6. Quantity: 4000 Baskets 5% More Or Less.

7. Packing: Packed In Plastic Basket, By Reefer Container 40' Full Load

8. Port Of Loading: Bangkok, Thailand

9. Port Of Destination: Longwu, Shanghai

10. Terms Of Shipment: December, 2019, Partial Shipment And Transshipment Not Allowed.

11. Terms Of Payment: The Buyers Shall Open Through A Bank Acceptable To The Seller An Irrevocable Sight Letter Of Credit To Reach The Sellers 30 Days Before Shipment, Valid For Negotiation In Thailand Until The 15th Day After The Date Of Shipment.

12. The Seller Must Supply The Following Documents To The Buyer Before The Cargo Arrive The Port Of Destination.

(1) Certificate Of Origin

(2) Official Quarantine Certificate Of Plants Signed By Exporting Country In Duplicate

(3) Commercial Invoice In Triplicate

(4) Bill Of Lading Three Copies

(5) Packing List In Triplicate

(6) Insurance Policy/Certificate In Duplicate

图 5-12 进口合同

13. In Case All Disputes Arising Can Not Be Mediated, The Case Under Dispute May Then Be Submitted To The Court Located At The Buyer'S For Lawsuit.

The Buyer	The Seller
Zhejiang Yiwu Pengda Economy Development Co. Ltd. Yiwu, Zhejiang, China.	Siam Inter Sweet Co. Ltd. Bangkok, Thailand
Representative (Signed): 代表（签字）：	Representative (Signed): 代表（签字）：
张庆	Jack

图 5-12（续）

中国农业银行

AGRICULTURE BANK OF CHINA

IRREVOCABLE DOCUMENTARY CREDIT APPLICATION

开立不可撤销跟单信用证申请书 Date 日期 Nov.1st，2019

To：AGRICULTURE BANK OF CHINA YiWu BRANCH

致：中国农业银行 行 Credit No.信用证号码

<table>
<tr><td colspan="2">☐Issued by mail 信开
☐With brief advice by teletransmission 简电开
☒Issued by teletransmission(which shall be the operative instrument) 电开</td><td>Expiry Date and Place 有效期及地点
☒in the country of Beneficiary ☐ at Issuing Bank's counter
在受益人所在国家 在开证行柜台</td></tr>
<tr><td colspan="2">Applicant 申请人
Zhejiang Yiwu Pengda Economy Development Co. Ltd. Agricultural Market, Yiwu City, Zhejiang, China.</td><td>Beneficiary(with full name and address)受收益人(全称和详细地址)
Siam Inter Sweet Co. Ltd.
128/563 PST Tower3, Nonsi Road, Yannawa, Bangkok 10120, Thailand.</td></tr>
<tr><td colspan="2">Advising Bank(if bank at your option)通知行</td><td>Amount(in figures & words)金额(大、小写)
USD72000.00(say U.S.Dollars seventy-two thousand only)</td></tr>
<tr><td>Partial shipments 分批装运
☐ allowed 允许
☒ not allowed 不允许</td><td>Transshipment 转运
☐allowed 允许
☒ not allowed 不允许</td><td rowspan="3">Credit available with 此证可由______bank银行 By 凭
☐ sight payment 即期付款
☐ acceptance 承兑
☒ negotiation 议付
☐ deferred payment 迟期付款
Against the documents detailed herein 连同下列数据
☒ and beneficiary's draft(s) at××day(s) sight drawn on you for 100 % of invoice value
受益人按发票金额__%作成以___为付款人，期限为__天的汇票。</td></tr>
<tr><td colspan="2">Shipment from 装运从 Bangkok, Thailand
For transportation to 运至 Longwu,Shanghai
Not late than 不得迟于 Dec. 31, 2019</td></tr>
<tr><td colspan="2">Terms 价格条款
☐ FOB ☐ CFR ☒ CIF Shanghai Longwu
☐ FCA ☐ CPT ☐ CIP________
☐ or other terms 其他价格条款________</td></tr>
<tr><td colspan="3">Document required: (marked with "×")所需单据(用"×"标明):
☒ Signed Commercial Invoice in__3__copies indicating L/C No. and Contract No. SC070819
经签字的商业发票一式__份，标明信用证号和合同号________。
☒ Full set of clean on board Ocean Bill of Lading made out to order and blank endorsed, marked" freight [×]prepaid/[ ]to collect"[ ]showing freight amount and notifying________.
全套清洁已装船海运提单作成空白抬头、空白背书，注明"运费[ ]已付/[ ]待付"，[ ]标明运费金额，并通知_______。
☐ Clean Air Waybill consigned to____marked" freight[ ] prepaid /[ ]to collect" notifying________</td></tr>
</table>

图 5-13 开证申请书正面

清洁空运提单收货人为____，注明“运费[ ]已付/[ ]待付”，[ ]标明运费金额，并通知________。

☒ Insurance Policy/Certificate in duplicate for _____% of the invoice value, blank endorsed, showing claims payable at Yiwu__, in the currency of the draft, covering All risks,War risk and________.
保险单/保险凭证一式两份，按发票金额的__%投保，空白背书，注明赔付地在____，以汇票同种货币支付，投保一切险，战争险和__________________。

☒ Packing List/Weight Memo in_____copies indicating quantity, gross and net weight of each package.
装运单/重量证明一式__份，注明每一包装的数量、毛重和净重。

☐Certificate of Quantity/Weight in__copies issued by________.
数量/重量证明一式__份，由________出具。

☐Certificate of Quantity in__copies issued by________.
品质证一式__份，由________出具。

☒ Certificate of Origin in__copies issued by________.
产地证一式__份，由________出具。

☐ Beneficiary's Certified copy of fax/telex dispatched to the applicant within__day(s) after shipment advising L/C No., name of vessel, date of shipment, name of goods, quantity, weight and value of goods.
受益人传真/电传方式通知申请人装船证明副本。该证明须在装船后__天内发出，并通知该信用证号、船名、装运日以及货物的名称，货物的数量、重量和金额。

☒ Other documents, if any 其他单据
Official Quarantine Certificate Of Plants Signed By Exporting Country In Duplicate

Description of goods 货物描述
"Golden Eagle brand"Thailand Fresh Longan as per S/C NO. sc070819,USD 18 Per basket CIF Shanghai Longwu, 4000 baskets 5% more or less, packed in plastic basket, By Reefer container 40' full load.

Additional instructions：附加条款

☐ All banking charges outside the Issuing Bank including reimbursing charges are for account of Beneficiary.
开证行以外的所有银行费用（包括可能产生的偿付费用）由受益人承担。

☐ Documents must be presented within __days after date of the transport document but within the validity of the Credit.
所需单据须在运输单据出具日后__天内提交，但不得超过信用证有效期。

☒ Both quantity and Credit amount 5 % more or less are allowed.
数量及信用证金额允许有 5 %的增减。

☐ Other terms and conditions, if any 其他条款

申请人盖章：Zhejiang Yiwu Pengda Economy Development Co. Ltd.
张庆

图 5-13（续）

开证申请人承诺书

致：中国农业银行________

我公司已依法办妥一切必要的进口手续，兹谨请贵行直接或通过贵行上级行为我公司依照本申请书所列条款开立第________号国际货物买卖合同项下不可撤销跟单信用证，并承诺如下。

一、同意贵行依照国际商会第 600 号出版物《跟单信用证统一惯例》办理该信用证项下的一切事宜，并同意承担由此产生的一切责任。

二、及时提供贵行要求我公司提供的真实、有效的文件及资料，接受贵行的审查监督。

三、在贵行规定期限内支付该信用证项下的各种款项，包括货款及贵行和有关银行的各项手续费、杂费、利息，以及国外受益人拒绝承担的有关银行费用等。

四、在贵行到单通知书规定的期限内，书面通知贵行办理对外付款/承兑/确认迟期付款/拒付手续。否则，贵行有权自行确定对外付款/承兑/确认迟期付款/拒付，并由我公司承担全部责任。

五、我公司若因单证有不符之处而拟拒绝付款/承兑/确认迟期付款，将在贵行到单通知书规定期限内提出拒付请求，并附拒付理由书一式两份，一次列明所有不符点。对单据存在的不符点，贵行有独立的终结认定权和处理权。经贵行根据国际惯例审核认为不属可据以拒付的不符点，贵行有权主动对外付款/承兑/确认迟期付款，我公司对此放弃抗辩权。

图 5-14 开证申请书背面

六、该信用证若须修改，由我公司向贵行提出书面申请，贵行可根据具体情况确定能否办理修改。我公司确认所有修改当受益人接受时才能生效。

七、经贵行承兑的远期汇票或确认的迟期付款，我公司无权以任何理由要求贵行停止付款。

八、按上述承诺，贵行在对外付款时，有权主动借记我公司在贵行的账户款项。若发生任何形式的垫付，我公司将无条件承担由此而产生的债务、利息和费用等，并按贵行要求及时清偿。

九、在收到贵行开出信用证、修改书的副本之后，及时核对，若有不符之处，将在收到副本后的两个工作日内书面通知贵行。否则，视为正确无误。

十、该信用证若因邮寄、电信传递发生遗失、延误、错漏，贵行概不负责。

十一、本申请书一律用英文填写。若用中文填写引发的歧义，贵行概不负责。

十二、因信用证申请书字迹不清或词义含混而引起的一切后果均由我公司负责。

十三、如果发生争议需要诉讼的，同意由贵行住所地法院管辖。

十四、我公司已对开证申请书及承诺书各印就条款进行审慎研阅，对各条款含义与贵行理解一致。

申请人（盖章）
法定代理人
或授权代理人

年 月 日

同意受理
银行（盖章）
负责人
或授权代理人
年 月 日

图 5-14（续）

二、安排运输和办理保险

（一）安排运输

国外装船后，卖方应及时向买方发出装船通知，以便买方及时办理保险和做好接货等项工作。在 FOB 术语下的派船接货活动主要包括以下过程。

1）进口方必须在合同规定的装运期以前向船公司提出租船或订舱的申请，并告诉船公司预计的装船期和装运港。如果船公司可以接受该笔货物的运输业务，进口方就可与其签订租船合同。在办好租船或订舱手续后，进口方向出口方提供船名、船期等信息，以便出口方就备货及装船方面的情况与船方保持联系。

2）如果进口方在出口国设有办事处或代办处，进口方还会要求在合同中规定，由进口方派人到装运港验货、监装。这时，进口方可通过其代理在装运港履行监督的职责，以维护自身权益。

3）在装运过程中，进口方需要与船公司和出口方随时保持联系，以掌握装船的进度。当货物完成装货时，进口方可以及时向保险公司投保。因为有时会发生出口方在货物上船以后，没有及时发装运通知而造成货物漏保或迟保的事件。

（二）办理保险

FOB 或 CFR 交货条件下的进口合同，保险由买方办理。进口商（或收货人）在向保险公司办理进口运输货物保险时，有两种做法：一种是逐笔投保，另一种是预约保险。

逐笔投保是指收货人在接到国外出口商发来的装船通知后，直接向保险公司填写投保单，办理投保手续。保险公司出具保险单，投保人缴付保险费后，保险单随即生效。

预约保险是指进口商或收货人同保险公司签订预约保险合同，其中对各种货物应投保的险别做了具体规定，故投保手续比较简单。按照预约保险合同的规定，所有预约保险合同项下的按 FOB 及 CFR 条件进口货物保险，都由该保险公司承保。因此，每批进口货物，在收到国外装船通知后，即直接将装船通知寄到保险公司或填制国际运输预约保险启运通知书，将船名、提单号、开船日期、商品名称、数量、装运港、目的港等内容通知保险公司，即作为已办妥保险手续，保险公司则对该批货物负自动承保责任，一旦发生承保范围内的损失，由保险公司负责赔偿。

三、审单和付款

在信用证支付方式下，进口方在确认对方已完成发货义务后，将凭出口方提交的符合信用证规定的单据进行付款。

在我国，一般情况下出口方提供的全套单据会通过信用证的开证行转让给进口方，由进口方负责对单据进行全面的审核。进口方在审核单据时一定要把单据与信用证逐字逐句地进行核对。

（一）审核的单据

出口方在完成出口义务之后缮制并提交的单据就是进口方需要审核的单据。审单的内容主要包括单据是否齐全，单据的名称、份数、内容等与信用证是否一致，各单据之间是否矛盾，各种单据签发的日期之间是否存在矛盾（如装运期早于货物检验日期）等。

（二）审单的时间限制

UCP600 第十四条 b 款规定：按指定行事的指定银行、保兑行（如果有的话）及开证行各有从交单次日起至多 5 个银行工作日用以确定交单是否相符，这一期限不因在交单日当天或之后信用证截止日或最迟交单日届至而受到缩减或影响。即开证行和进口方进行的审单活动不得超过 UCP600 所规定的时间。如果超过了时间限制，则认为开证行已接受了所有单据，开证行必须无条件付款。因此，我国的进口企业在拿到单据后一定要抓紧时间审单，以免超过审单期限而被动。

（三）审单的结果

在信用证支付方式下，进口方审单是一项非常重要的工作。进口方审单的目的是要保证“单单相符、单证相符”。只有做到这点，才能基本保证出口方提交的货物符合合同和信用证的要求，符合进口方的进货需要。

进口方的审单可能出现以下两种结果。

1）进口方把出口方提交的单据与信用证条款进行严格对比，发现单据正确无误后，进口方即可通知开证行对外付款。

2）进口方通过审单，发现单据和信用证规定存在不符。如果不符点对货物交付没有严重影响，进口方可以通知开证行暂时拒绝付款，并要求出口方进行修改；如果进口方发现不符点影响到合同履行的核心内容，如货物规格、数量、品质等重要条款与信用证不符，则进口方可拒绝付款提货，并可对由此造成的损失向对方提出索赔。

银行收到国外寄来的汇票及单据后，对照信用证的规定，核对单据的份数和内容。如果内容无误，则由银行对国外付款。同时，进口方按照国家规定的有关外汇牌价向银行买汇赎单。如果审核国外单据发现单证不符，则应做出适当处理。例如，停止对外付款；相符部分付款、不符部分拒付；货到检验合格后再付款；凭卖方或议付行出具担保付款；要求国外改正单据；在付款的同时，提出保留索赔权等。

四、进口商检、报关及验货

（一）进口报检

根据我国有关检验检疫法规的规定，法律、行政法规规定必须由检验检疫机构实施检验检疫的入境货物，有关国际条约、协议、协定规定必须经检验检疫的入境货物，以及对外贸易合同约定须凭检验检疫机构签发的证书进行交接、结算的入境货物该货物的货主或其代理人必须向检验检疫机构报检，以取得相应的准许入境货物销售、使用及其他证单。

对于一般的入境货物，货主或其代理人应在入境前或入境时向报关地检验检疫机构报检。申请货物品质检验和鉴定的，一般应在索赔有期到期前不少于 20 天内报检。法律、法规规定必须经检验检疫机构检验的进口商品的收货人或者其代理人，应当向报关地检验检疫机构报检；审批、许可证等有关政府批文中规定了检验检疫地点的，在规定的地点报检。

入境报检时，应填写入境货物报检单，并提供外贸合同、发票、提（运）单、装箱单等有关单证。凡实施安全质量许可、卫生注册、强制性产品认证、民用商品验证或其他须经审批审核的货物，应提供有关审批文件。报检品质检验的还应提供国外品质证书或质量保证书、产品使用说明书及有关标准和技术资料；凭样成交的，须加附成交样品；以品级或公量计价结算的，应同时申请重量鉴定。申请重（数）量鉴定的应提供重量明细单、理货清单等。

报检人要认真填写入境货物报检单（里面的内容应按合同、发票、提单、运单上的内容填写），报检单应填写完整、无漏项，字迹清楚，不得涂改，且中英文内容一致，并加盖申请单位公章。

（二）进口报关

进口商用提单换来的提货单第一、第三联并附上报关单据办理进口货物的报关手续。海关查验放行后，在提货单上加盖放行章，发还给进口商作为提货的凭证。在报关前，应先准备好正本发票、装箱单、合同等随附单证，确认货物的商品编码，然后查阅海关税则，确认进口税率、货物的监管条件。如果该货物需要做检验，则应在报关前向有关机构报检。换单时应催促船舶代理部门及时给海关传舱单，若有问题应与海关舱单室联系，确认舱单是否转到海关。

进口环节增值税是在货物、物品进口时，由海关依法向进口货物、物品的法人或自然人征收的一种增值税，基本涉及所有进口货物。进口环节增值税计税价格由关税完税价格加上关税税额组成，应征消费税的商品品种在增值税组成价格上要另加上消费税税额。完税价格是经海关审查确定并作为计征关税的物品价格，包括货物运抵我国境内输入地点起卸前的运输及保险费相关费用。纳税义务人应当在货物的进出境地向海关缴纳税款，经海关批准也可以在纳税义务人所在地向其主管海关缴纳税款，即属地纳税。进口货物收货人或其代理人缴纳税款后，应将“海关专用缴款书”第一联送签发海关验核，海关凭以办理有关手续。

一切进口货物的收货人，或者他们委托的代理人，都必须填写进口货物报关单并向海关进行申报。

（三）验收和拨交货物

进口货物运达港口卸货时，港务局要进行卸货核对。若发现短缺，应及时填制“短卸报告”交由船方签认，并根据短缺情况向船方提出保留索赔权的书面声明。卸货时，若发现残损，货物应存放于海关指定仓库，待保险公司同商检机构检验后做出处理。对于合同规定的卸货港检验的货物，或已发现残损短缺、有异状的货物，或合同规定的索赔期将届满的货物等，都需要在港口进行检验。

一旦发生索赔，有关的单证，如国外发票、装箱单、重量明细单、品质证明书、使用说明书、产品图纸等技术资料、理货残损单、溢短单、商务记录等都可以作为重要的参考依据。

在办完上述手续后，如果订货或用货单位在卸货港所在地，则就近转交货物；如果订货或用货单位不在卸货地区，则委托货运代理将货物转运内地并转交给订货或用货单位。

五、争议与违约的救济

（一）争议与违约

争议是指买卖双方或有关当事人中一方认为有关方未能全部或部分履行合同规定的责任和义务所引起的纠纷。由争议导致索赔和理赔。引起争议的原因有买方违约、卖方违约、合同条款不明确、各国法律和惯例解释不同等。

违约是指合同的当事人全部或部分地未履行合同所规定的义务，或者拒绝履行合同义务的行为。

一方当事人违约，就应承担违约的法律责任，即有赔偿另一方当事人的损失，或采取其他相应的补救措施的责任；另一方当事人作为受害方，也有依照合同或有关法律规定向违约方提出损害赔偿或主张其他相应的权利。各国法律对违约行为的处分各不相同。

《公约》将违约分为根本违约和非根本违约两种。

1）根本违约（fundamental breach）：一方当事人违反合同的结果，如使另一方当事人蒙受损害，以至于实际上剥夺了其根据合同规定有权期待得到的东西，即为根本违反合同，除非违反合同一方并不预知而且一个同等资格、通情达理的人处于相同情况中也没有理由预知会发生这种结果；如果一方当事人根本违反合同，另一方当事人可以宣告合同无效并要求损害赔偿。

2）非根本违约（non-fundamental breach）：受害方只能要求损害赔偿，而不能主张合同无效。

（二）违约的救济

违约救济是指一方违约致使另一方的合法权益受侵害时法律所给予的补偿办法。各国有关违约的救济办法一般有以下几种。

1. 实际履行

实际履行有两重意思：一是指债权人要求债务人按合同的规定履行合同；二是指债权人向法院提起实际履行之诉，由执行机关运用国家的强制力，使债务人按照合同的规定履行合同。

2. 损害赔偿

各国法律都认为，损害赔偿是对违约的一种必不可少的救济办法，但对损害赔偿责任的成立、损害赔偿的方法及损害赔偿的计算，也各有不同的规定和要求。关于损害赔偿责任的成立，中国内地的法律认为，必须具备三个条件：①必须有损害的事实；②必须有归责于债务人的原因；③损害发生的原因与损害之间必须有因果关系。英美法律不同于中国内地法律。根据英美法的解释，只要一方当事人违反合同，对方就可以提起损害赔偿之诉，而不以违约一方有无过失为条件，也不以是否发生实际损害为前提。

3. 解除合同

按英美法律的规定，只有在违反条件或重大违约时，才能要求解除合同。如果一方仅仅是违反担保或轻微违约，对方只能请求损害赔偿，不能解除合同。《中华人民共和国合同法》对解除合同的限制十分严格，只有在出现下列情形时，才允许当事人解除合同。

1）当事人可以在合同中约定解除合同的条件，解除合同的条件成就时。

2）当事人经协商一致。

3）因不可抗力致使不能实现合同目的。

4）在履行期届满之前，当事人一方明确表示或者以自己的行为表明不履行主要债务。

5）当事人一方迟延履行主要债务，经催告后在合理期限内仍未履行。

6）当事人一方迟延履行债务或者有其他违约行为致使不能实现合同目的。

7）法律规定或者当事人约定解除权行使期限，期限届满当事人不行使的，该权利消灭。法律没有规定或者当事人没有约定解除权行使期限，经对方催告后在合理期限内不行使的，该权利消灭。

8）当事人一方主张解除的，应当通知对方。合同自通知到达对方时解除。对方有异议的，可以请求人民法院或者仲裁机构确认解除合同的效力。法律、行政法规规定解除合同应当办理批准、登记等手续的，依照其规定。

9）合同解除后，尚未履行的，终止履行；已经履行的，根据履行情况和合同性质，当事人可以要求恢复原状、采取其他补救措施，并有权要求赔偿损失。

由此可见，并不是一方的任何违约行为都足以使对方有权解除合同的，只有当一方出现重大违约、根本违约或违反合同条件时，对方才能解除合同。如果属部分违约，可协商部分解除，其余部分仍然有效。当然，解除合同不影响当事人要求赔偿的权利。另外，如果属政府批准成立的合同，其解除时还应报批准单位备案。

4. 禁令

这是英美法采取的一种特殊的救济方法，是指由法院做出禁止，强制执行合同所规定的某项消极义务，即由法院判令被告不能做某种行为。禁令是衡平法上的一种救济方法，英美法院仅在两种情况下才会给予这种救济：一是采取一般损害赔偿的救济方法不足以补偿债权人所受的损失；二是禁令必须符合公平合理的原则。

5. 违约金

这是违约补救的最常用办法之一，但各国规定有所不同。中国内地法律认为违约金具有两重性，即惩罚性和赔偿性；英美法律认为，对于违约只能赔偿，而不能予以惩罚。在数额上，法国、日本等国认为，法院对于当事人约定的违约金的金额原则上不得予以增减；德国、瑞士等国法律却规定，违约金过高者，法院得斟酌予以减少。

任务评价

同 步 训 练

实训项目：

请找一家外贸公司，跟踪并记录其一项进口交易合同履行的全过程，写好过程日记。

思考与练习

一、选择题

1．开证申请书填制的依据是（　　）。

A．进出口合同　　B．信用证　　C．商业发票　　D．UCP600

2．UCP600 规定，银行审核单据的期限不超过（　　）。

A．3 个银行工作日　　B．5 个银行工作日

C．7 个银行工作日　　D．10 个银行工作日

3．不可撤销的信用证的修改需要经过（　　）的同意，方可修改。

A．开证行　　B．通知行　　C．开证申请人　　D．受益人

4．如果信用证的规定与《跟单信用证统一惯例》有抵触时，应该遵循（　　）原则，审核单据。

A．《跟单信用证统一惯例》　　B．《合同法》

C．《公约》　　D．信用证优于《跟单信用证统一惯例》

5．进口企业审核单据时，处于单据中心位置的单据是（　　）。

A．进口报关单　　B．进口许可证

C．商品检验证书　　D．商业发票

6．在进口贸易中，进口关税的计算是以（　　）术语为基础的。

A．FOB　　B．CFR　　C．CIF　　D．EXW

7．如果按 FOB 价格条件成交，信用证付款方式下，进口合同履行的程序是（　　）。

A．开立信用证

B．催证、审证、改证

C．租船订舱，并通知船期和催装

D．制单结汇

E．审单付款

8．进口货物的收货人或他们的代理人在货物抵达卸货港后，即应向海关申报。法定申报限位自运输工具申报进境之日起（　　）天内。

A．3　　B．7　　C．14　　D．15

二、案例分析题

我 A 公司向日本 B 公司进口马口铁一批，计 30 万美元，合同规定以信用证方式付款。A 公司按合同规定开出信用证，开证银行在信用证有效期内收到议付行寄来的单据，经审查单证一致，单单一致，即向外付款。货到后，A 公司却发现 B 公司在集装箱内装的全是烂铁，根本没有装运合同规定的马口铁，始知上当受骗。

思考：

1）开证行是否应该向外付款？

2）A 公司在这一事件中应吸取什么教训？

任务评价答案 5-2

参考文献

国际商会中国国家委员会，2011．国际贸易术语解释通则：英汉对照[M]．北京：中国民主法制出版社．

马洪，2002．合同法案例精解[M]．上海：上海财经大学出版社．

倪军，2016．新编国际贸易实务[M]．3 版．北京：电子工业出版社．

朱榄叶，2018．世界贸易组织法经典案例选编[M]．北京：北京大学出版社．

朱榄叶，2018．世界贸易组织国际贸易纠纷案例评析（2010—2012）[M]．北京：法律出版社．